KB122057

컴퍼스와 막대자로 즐기는 다짜고짜 기하학

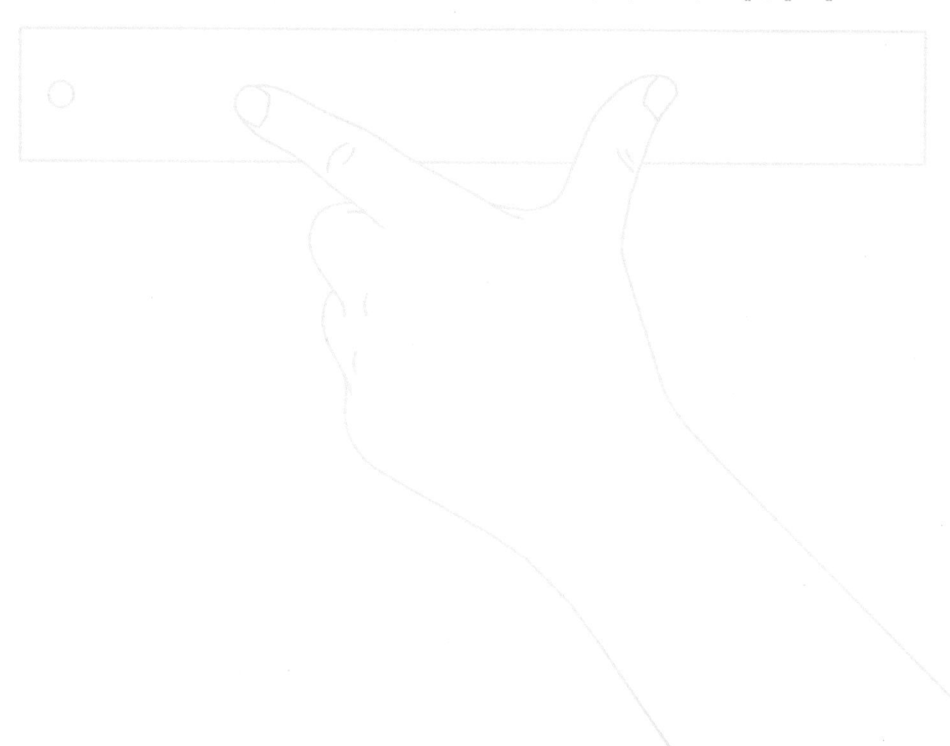

컴퍼스와 막대자로 즐기는
다짜고짜 기하학

초판 1쇄 인쇄 2023년 5월 2 일
초판 1쇄 발행 2023년 5월 18일

지은이 김태주
펴낸이 이송준
펴낸곳 인간희극
등 록 2005년 1월 11일 제319-2005-2호
주 소 서울특별시 동작구 사당동 1028-22
전 화 02-599-0229
팩 스 0505-599-0230
이메일 humancomedy@paran.com

ISBN 978-89-93784-76-3 03650

• 잘못 만들어진 책은 구입하신 곳에서 바꾸어 드립니다.
• 값은 뒤표지에 표기되어 있습니다.

본 도서는 펼침성이 좋고 내구성이 우수한 PUR(Poly Urethane Reactive) 제본으로 제작 되었습니다.

컴퍼스와 막대자로 즐기는

다짜고짜 기하학

김태주

인간희극

이 책의 구성

4 이 책의 구성

6 시작하는 글

8 이 책의 활용법

기초 다지기 문제

12 기초 다지기 문제 1 주어진 선분의 길이를 복사하기

14 기초 다지기 문제 2 주어진 선분의 길이가 반지름인 원 그리기

16 기초 다지기 문제 3 수직이등분선 그리기

18 기초 다지기 문제 4 직선에서 떨어진 점을 지나는 수직선 그리기

22 기초 다지기 문제 5 직선 위의 점을 지나는 수직선 그리기

24 기초 다지기 문제 6 직각(90° 각도) 그리기

28 기초 다지기 문제 7 주어진 각도를 이등분하는 직선 그리기

30 기초 다지기 문제 8 주어진 직선의 평행선 그리기

36 기초 다지기 문제 9 주어진 선분을 3등분하기

38 기초 다지기 문제 10 원의 중심점 그리기

42 기초 다지기 문제 11 원의 지름 그리기

44 기초 다지기 문제 12 각도 복사하기

파트 I

48 문제 13 45° 각도 그리기

52 문제 14 60°와 30° 각도 그리기

54 문제 15 60° 각도 그리기

56 문제 16 120° 각도 그리기

58 문제 17 30° 각도 그리기

60 문제 18 15° 각도 그리기

62 문제 19 75° 각도 그리기

64 문제 20 2배각 그리기

66 문제 21 두 각도 더하기

68 문제 22 한 각도에서 다른 각도 빼기

70 문제 23 정삼각형 그리기

72 문제 24 직각삼각형이자 이등변삼각형인 도형 그리기

74 문제 25 주어진 빗변과 높이로 직각삼각형 그리기

76 문제 26 주어진 빗변과 한 변의 길이로 직각삼각형 그리기

78 문제 27 주어진 빗변과 한 인접변으로 직각삼각형 그리기

80 문제 28 주어진 한 변과 높이로 이등변삼각형 그리기

82 문제 29 주어진 세 변의 길이로 이등변삼각형 그리기

84 문제 30 주어진 세 변의 길이로 삼각형 그리기

86 문제 31 주어진 한 각과 두 변의 길이로 삼각형 그리기

88 문제 32 주어진 두 각과 한 선분으로 삼각형 그리기

90 문제 33 주어진 점이 외심이 되도록 삼각형 그리기

92 문제 34 주어진 3개의 점이 3변의 중점인 삼각형 그리기

파트 Ⅱ

94 문제 35 주어진 한 변으로 정사각형 그리기
96 문제 36 주어진 길이를 대각선으로 하는 정사각형 그리기
98 문제 37 주어진 정사각형에 내접하는 정사각형 그리기
100 문제 38 주어진 한 변과 대각선의 길이로 직사각형 그리기
102 문제 39 주어진 측변과 밑변의 길이로 직사각형 그리기
104 문제 40 주어진 두 대각선의 길이로 마름모 그리기
106 문제 41 주어진 한 내각과 한 변의 길이로 마름모 그리기
108 문제 42 주어진 한 변의 길이와 한 내각으로 마름모 그리기
110 문제 43 주어진 한 변의 길이로 정오각형 그리기
112 문제 44 주어진 한 변의 길이로 정육각형 그리기
114 문제 45 마주보는 두 변의 거리로 정육각형 그리기
116 문제 46 중심에서 변까지의 거리로 정육각형 그리기
118 문제 47 주어진 한 변의 길이로 정팔각형 그리기
120 문제 48 마주보는 두 변의 거리로 정팔각형 그리기
122 문제 49 주어진 한 변의 길이로 정십각형 그리기
126 문제 50 원에 내접하는 정삼각형 그리기
128 문제 51 원에 내접하는 정사각형 그리기
132 문제 52 원에 외접하는 정사각형 그리기
134 문제 53 주어진 직선과 평행한 원 외접 정사각형 그리기
136 문제 54 원에 내접하는 정오각형 그리기
138 문제 55 원에 내접하는 정육각형 그리기
140 문제 56 원에 내접하는 정팔각형 그리기
142 문제 57 원에 외접하는 정팔각형 그리기
144 문제 58 원에 내접하는 정십각형 그리기
146 문제 59 원에 내접하는 정12각형 그리기
148 문제 60 주어진 세 개의 점을 지나는 원 그리기
150 문제 61 주어진 길이만큼의 간격을 둔 평행선 그리기
152 문제 62 마름모의 내접원 그리기
154 문제 63 삼각형의 내심과 내접원 그리기
156 문제 64 삼각형의 외심과 외접원 그리기
158 문제 65 삼각형의 무게중심 그리기
160 문제 66 삼각형의 수심 그리기
162 문제 67 나선 그리기
164 문제 68 장축의 길이를 아는 타원 그리기
166 문제 69 단축의 길이를 아는 타원 그리기
168 문제 70 변심거리를 아는 정오각형 그리기
170 문제 71 공통된 측변의 거리를 아는 정오각별 그리기
172 문제 72 두 점 사이의 중점 찾기
174 문제 73 원들 사이의 원 그리기

응용 문제

178 응용 문제 1 도형 복사하기
180 응용 문제 2 ∠22.5°의 각도 그리기
181 응용 문제 3 ∠75°의 각도 그리기
182 응용 문제 4 ∠105°의 각도 그리기
183 응용 문제 5 ∠135°의 각도 그리기
184 응용 문제 6 선분 5등분
185 응용 문제 7 정오각별 그리기
186 응용 문제 8 정육각별 그리기
187 응용 문제 9 정팔각별 그리기
188 응용 문제 10 태극 모양 그리기
190 응용 문제 11 삼각형의 오일러선 그리기

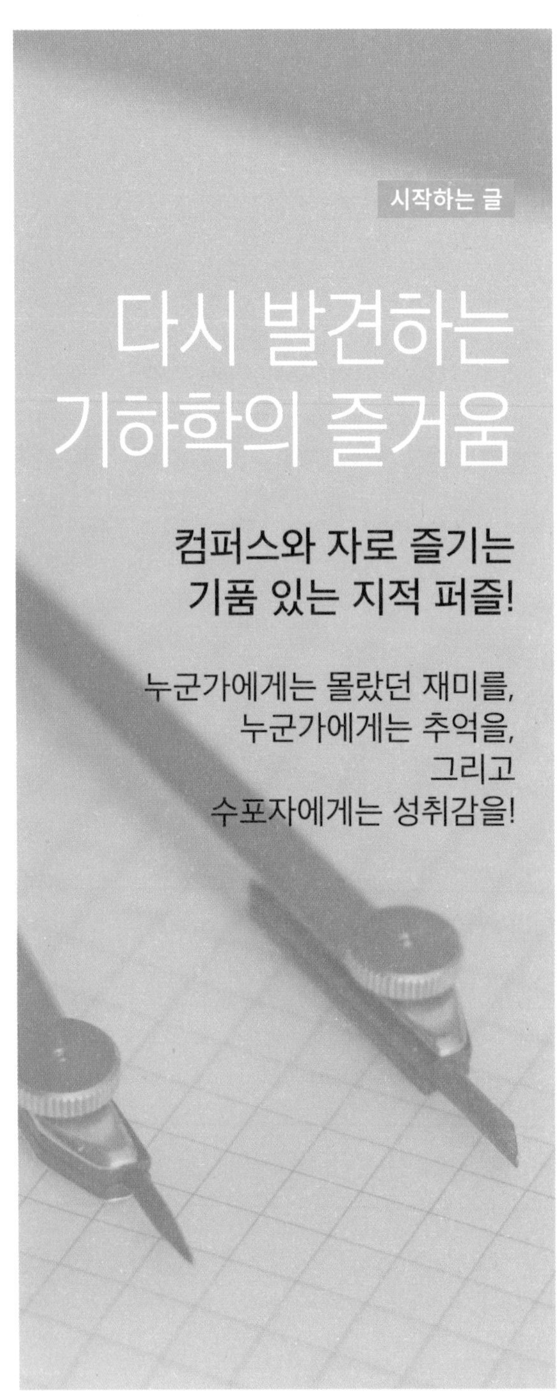

다시 발견하는 기하학의 즐거움

컴퍼스와 자로 즐기는 기품 있는 지적 퍼즐!

누군가에게는 몰랐던 재미를,
누군가에게는 추억을,
그리고
수포자에게는 성취감을!

1. 수학이라는 악몽

학창 시절 수학은 차등을 가르기 위한 고약한 장치라는 이미지로 남아있습니다. 변별력이라는 명분으로 순위를 쉽게 가르고 수포자와 아닌 부류를 잔혹하게 나누는! 가르치는 교사에게도 배우는 학생에게도 그것은 당연하였고, 왜? 라고 의문을 가질 겨를이 없었습니다. 공식과 원리를 달달달 외워야 했고, 대입하고 응용해서 정해진 답을 찾기 바빴습니다. 학교 수학이라는 것은 한 단계 올라서지 못하면 그다음 단계로 나아갈 수 없는 세계였고, 진도는 가혹하게 낙오자를 짓밟고 저만치 달려가 버렸습니다.
그러한 학교 수학은 수학 본래의 아름다움도, 발견과 감탄과 즐거움도 앗아가 버렸습니다. 아니 수학에 그런 것이 있는지도 몰랐습니다. 많은 이들이 그렇게 수학을 다시 돌아보기 싫은 곳으로 떠나보냈습니다.

지금 이 책은, 성적과 순위와 촉박한 시간의 압박 없이 다시 수학을 돌아볼 계기를 만들려고 합니다. 기억 속 뒤편에 '수학'이라는 하나의 범주로 뭉뚱그려진 여러 분야 중에서 기하학의 묘미를 새롭게 느끼는 기회가 되었으면 좋겠습니다.

2. 왜 다시 기하학인가?

기하학은 공간에 있는 도형의 치수, 모양, 위치 등을 연구하는 수학의 한 분야로, 점, 선, 면 등의 시지각적 요소를 대상으로 이뤄집니다.
원래 기하학은 손 닿기 어려운 심오하고 먼 세계를 다루는 학문이 아니라, 철저히 인간 생활의 필요에서 땅의 면적이나 거리 또는 물길을 측정하기 위한 목적으로 시작된 학문입니다.
그래서 그 이름의 유래 또한 얼마나 솔직합니까! '밭이 얼마나 넓은가?'를 과거에 한문으로 '為田幾何'라고 표기했는데, 여기서 '넓이(크기)가 어느 정도인가?'를 뜻하는 '幾何(기하)'에서 기하학이라는 이름이 만들어졌습니다.
Geometry는 그리스어로 '땅'을 뜻하는 γε(게)와 '측정하다'를 뜻하는 μετρία(메트리아)를 합하여 만든 말입니다.
이렇듯 고대 문명과 함께 시작했으며 여전히 우리 생활과 밀접히 함께하는, 인류의 지혜가 축적된 오랜 역사를 가진 학문입니다.

고대 그리스 철학자 플라톤은 자신이 세운 아카데메이아의 정문에 '기하학을 모르는 자는 이 문을 들어오지 말라'라고 적었으며, 그의 저서 <국가>에서는 기하학을 아래로 향하는 우리의 영혼을 진리로 이끌어가는 학문이라고 했습니다. 기하학의 원리와 논리 구조가 진리를 탐구하기 위한 사고의 기본자세를 갖게 한다는 의미겠지요.

3.
쉬운 접근

기하학이라면 당연히 피타고라스, 유클리드, 데자르그, 오일러, 가우스 등 내로라하는 수학자들의 이론이 등장하고 학술적 입장에서 정색하고 캐며 논증할 법하지만, 마음 놓으십시오.
대수기하학, 해석기하학, 미분기하학, 위상수학, 프랙탈 등 분화된 현대 기하학의 시각 또한 다루지 않습니다. 친근하고 익숙한 고전적 기하학의 세계를 재미있게 접근할 수 있도록 하는 것이 이 책의 존재 이유입니다.

학창 시절 암기했던 공식이나 정리 등을 기억해 낼 필요가 없습니다. 이 책은 대입하고 활용할 공식 같은 것은 필요하지 않습니다. 그냥 문제에 집중하면 됩니다. 문제를 풀어가다 보면 기하학의 심오한 원리와 개념들의 한가운데를 지나가고 있을 것입니다.

수학이지만 수의 계산을 우선하지 않습니다. 숫자라야 도형의 면과 꼭짓점의 개수나 각도의 수치 정도입니다. 숫자가 주는 압박감이 없기 때문에 우선 접근하기 마음 편합니다.

이 책은 기하학의 매력과 즐거움을 느낄 수 있는 문제와 풀이 형태로 이뤄졌습니다. 컴퍼스와 눈금 없는 자를 이용하여 선분의 중심 찾기, 정삼각형 그리기 등 시시해 보이는 문제에서부터 꽤 골똘히 생각하게 만드는 문제들로 나아갑니다.
눈금 없는 자와 컴퍼스로 여러 도형을 그리는 일을 고전 기하학에서 '작도'라고 하지만 여기서는 같은 용어를 사용하되, 굳이 그렇게 딱딱한 개념에 갇혀 있을 필요는 없습니다. 수학 문제라기보다 일종의 퍼즐이라고 보는 게 더 어울릴 것 같습니다.

4.
품위 있는 아날로그 퍼즐

이 책에 소개된 기하학적 도전 과제들은 생각하는 힘을 길러 줄 뿐만 아니라 손으로 뭔가를 정밀하게 그리는 즐거움을 줄 것입니다.

눈뜰 때부터 잠들기까지 손에서 놓지 않는 스마트폰은 현대인에게 매우 편리한 도구이며 재미난 장난감이기도 합니다. 그러나 스마트폰을 잠시 내려놓고 대신 컴퍼스를 잡아 보십시오. 잊고 있던, 또는 새로운 즐거움을 여기에서 만날 수 있을 것입니다.

이 책의 활용법

컴퍼스를 손에서 놓은 지 얼마나 되었나요? 학창 시절의 책상 서랍 속에 어쩌면 아직 있을 컴퍼스를 다시 꺼내세요. 오랜만에 문구점에 다녀오셔도 좋습니다. 이 책은 컴퍼스와 눈금 없는 자만 가지고 능동적으로 즐겨야 하는 퍼즐 같은 문제집이니까요.

번호 순서대로 하나씩 기본 문제가 주어질 것입니다. 직접 그려야 하는 것들입니다. 먼저 문제가 무엇을 요구하는지 잘 이해하고, 풀어 갈 실마리를 곰곰이 생각해보십시오. 너무 막막해하지 않아도 됩니다. 바로 옆에 하나 또는 여러 개의 풀이법이 있습니다. 결과는 같을지라도 그것을 찾는 방법은 여러 가지 있을 수 있음을 보여줍니다. 제시된 풀이법을 따라 그리며 방법을 익히십시오. 그리고 기본 문제 이외에 그 풀이법을 적용하여 그려볼 같은 성격의 다른 문제들이 주어집니다.

3종류의 문제

문제들은 크게 3부류로 나뉩니다.

'기초 다지기 문제'는 워밍업이라고 할 만합니다. 컴퍼스의 이용 방법과 점·선·각·도형 등에 대한 기초 개념을 정리하면서 고급 문제들을 풀어갈 기본 원리들을 다잡는 부분이라 하겠습니다. 이 책의 모든 문제가 '기초 다지기 문제' 풀이의 원리들을 바탕으로 하고 있기 때문에 여러 번 반복하여 활용될 것입니다. 그러니 충분히 알아두기를 바랍니다.

'파트 I'과 **'파트 II'**는 본격적인 문제입니다. 쉬운 것에서부터 시작하지만 점점 어려워져 갑니다. 그러나 그 단계는 계단과 같은 것이어서 매번 적당한 도전과 성취감을 느낄 것입니다. 풀어가다 보면 높은 단계에 이르러 있을 것입니다.

'파트 I' 부분은 각도, 삼각형, 사각형, 오각형, 육각형, 팔각형, 십각형 등에 대한 여러 조건의 도형 그리기 문제입니다.

'파트 II' 부분은 원에 내접하거나 외접하는 다양한 도형과 원, 평행선, 삼각형의 내심·내접원·외심·외접원·무게중심·수심, 그리고 타원, 나선, 별 모양 등에 대한 문제입니다.

'응용 문제'는 앞부분의 문제들을 풀어왔다면 그 풀이법을 응용하여 해결할 수 있는 문제들입니다. 풀이법은 주어지지 않지만 문제 해결의 실마리가 적혀 있습니다. 앞서 익힌 원리들을 응용하여 충분히 즐길 수 있을 것입니다.

필요한 도구

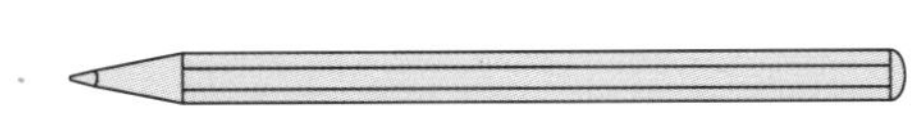

필기구

가는 선을 그릴 수 있는 필기구가 필요합니다. 작도하다 보면 여러 선이 겹쳐서 혼란스러울 수 있으니 색깔이나 진하기가 다른 필기구를 함께 이용하는 것도 좋을 겁니다.

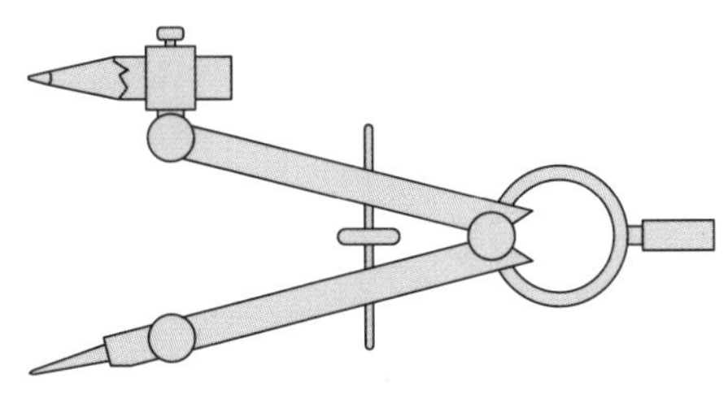

컴퍼스

원이나 호를 그리기 위한 도구이지만, 그 기능을 이용하여 다양한 작업을 할 수 있고, 선분이나 각도도 복사할 수 있습니다. 컴퍼스의 중심축 바늘은 날카로우니 다치지 않게 조심하십시오. 정교한 작도를 위해 컴퍼스 한쪽의 연필심은 뾰족하게 깎으십시오. 샤프펜슬이나 펜을 이용하는 컴퍼스도 있습니다.

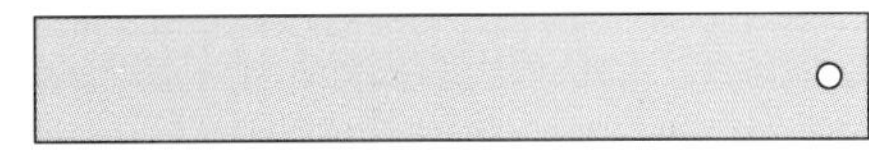

막대자

직선을 그리기 위해 필요합니다. 눈금이 없는 자라면 좋지만, 있다 하더라도 무시하고 사용하십시오. 눈금이 필요할 일은 없으니까요.

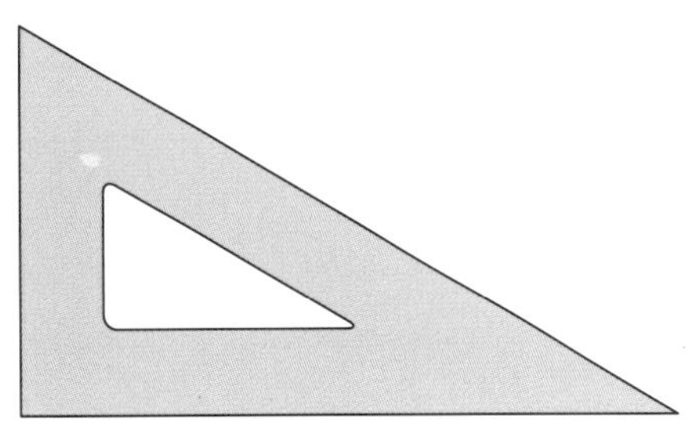

삼각자

삼각자가 없이도 평행선을 그리는 방법이 있지만, 삼각자가 있다면 막대자와 곁들여 평행선을 그릴 때 편리합니다.

책받침

꼭 있어야 하는 것은 아니지만, 컴퍼스는 날카로운 바늘이 있어서 사용하다 보면 책의 종이에 구멍이 뚫릴 수 있으니 뒷면에 책받침을 받치면 좋을 겁니다. 좋아하는 캐릭터나 연예인의 사진이 새겨진 것이라면 흐뭇하겠지요.

각도기

기하학 하면 왠지 있어야 할 것 같지만 여기선 필요하지 않습니다. 자신의 풀이를 꼭 검증해봐야 하는 강박증이 있다면 말리지는 않겠습니다.

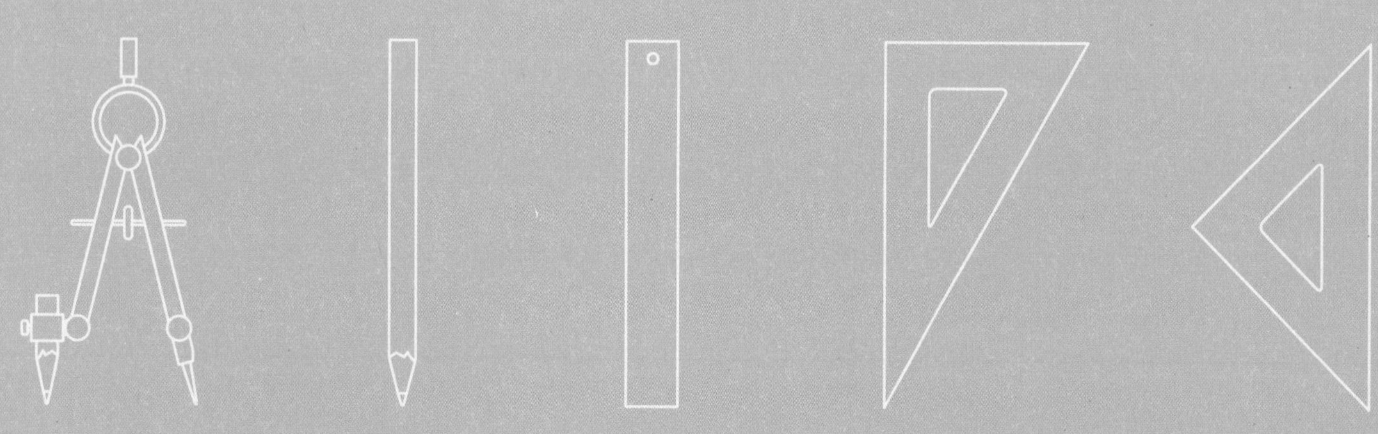

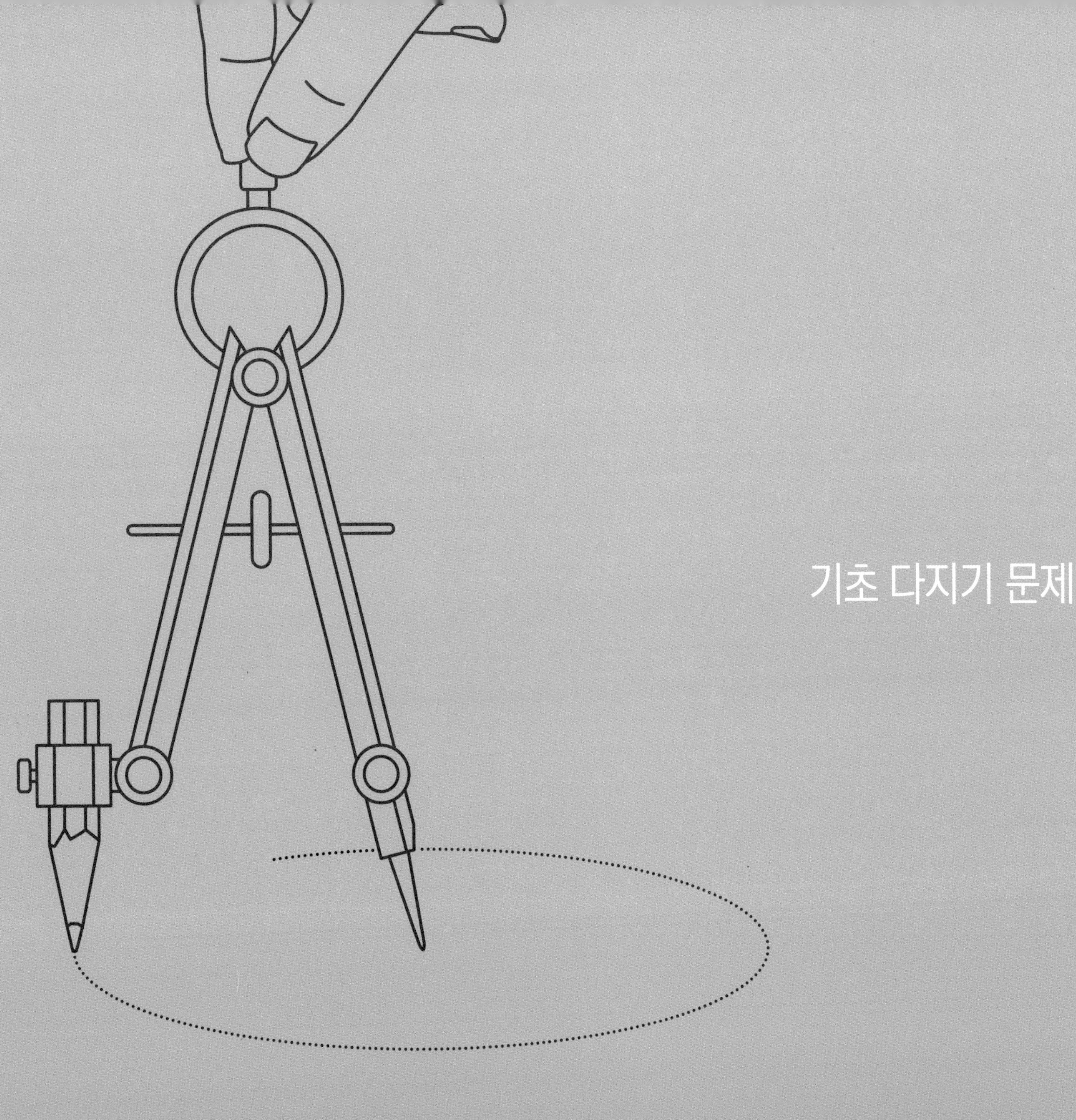

기초 다지기 문제

문제

주어진 선분 $\overline{AB}$만큼의 길이를 아래 직선C 위에 표시하려면 어떻게 해야 할까요? 컴퍼스만을 사용해야 합니다.

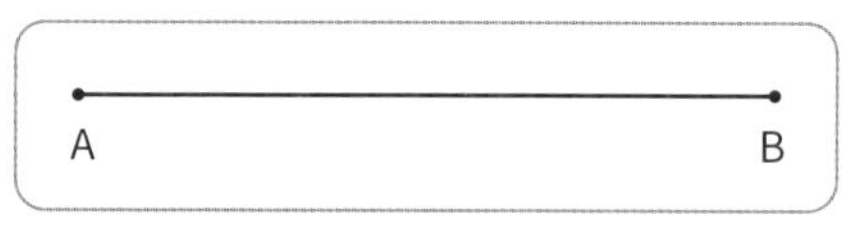

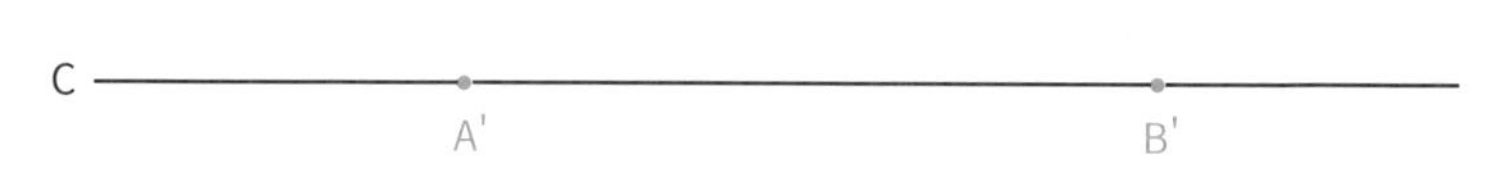

풀이

1. 주어진 직선C 위에 한 점(A')을 표시한다.

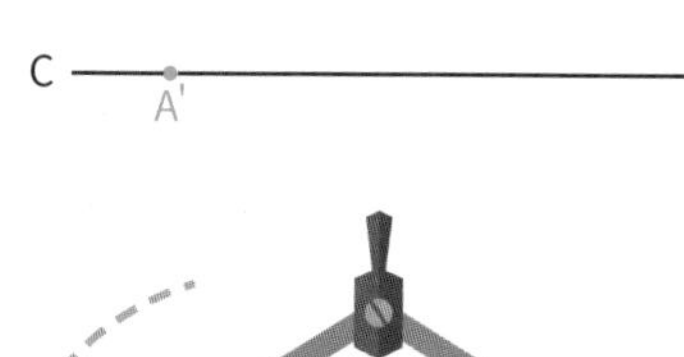

2. 컴퍼스의 중심축 바늘을 주어진 선분 $\overline{AB}$의 점A에 두고 점B까지 폭을 벌린다.
3. 컴퍼스의 폭을 유지하여 직선C로 가져온다. 컴퍼스의 중심축 바늘을 A'점에 두고 벌린 폭만큼의 지점(B')을 표시한다.

작도 1

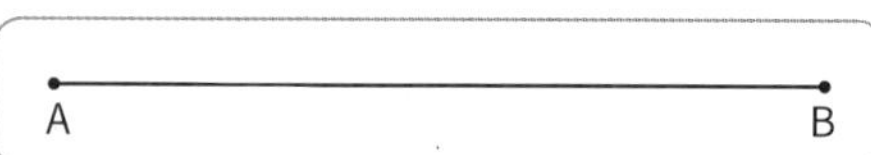

C

작도 2

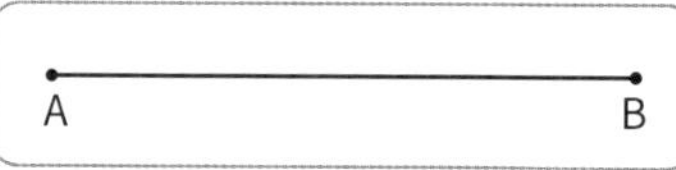

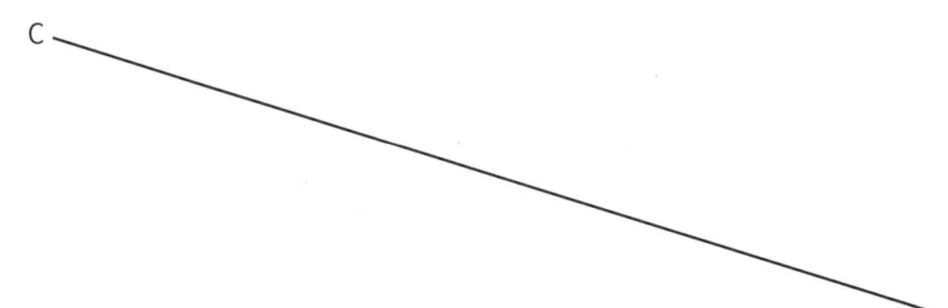

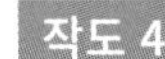

작도 3

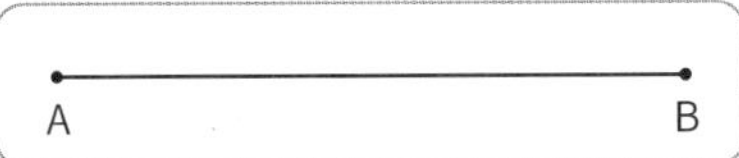

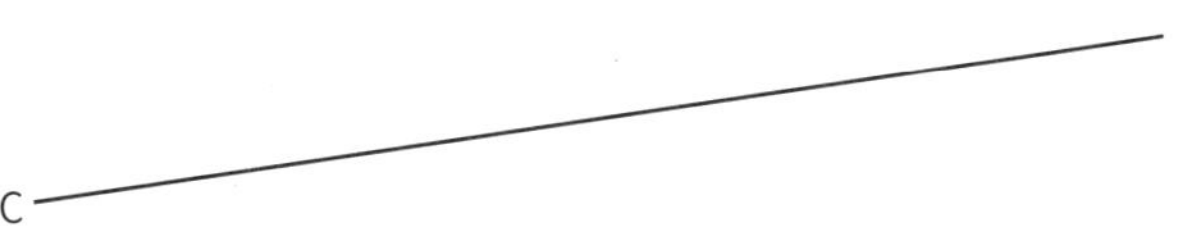

작도 4

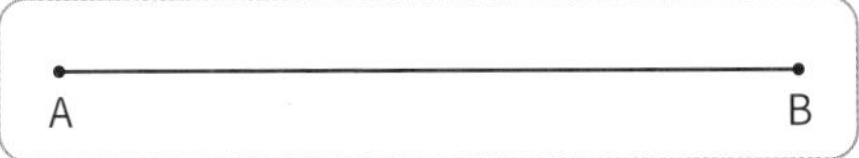

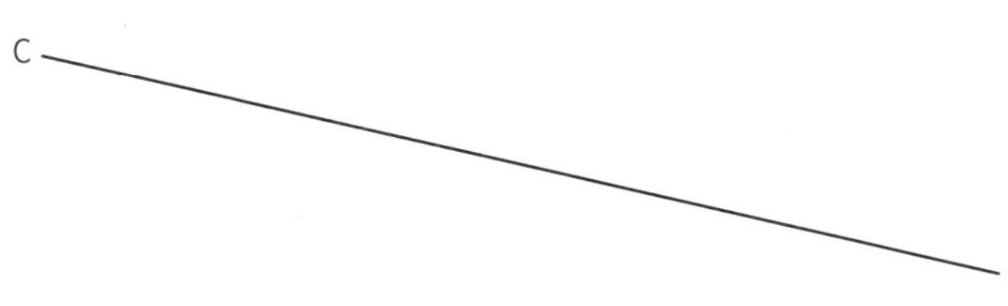

작도 5

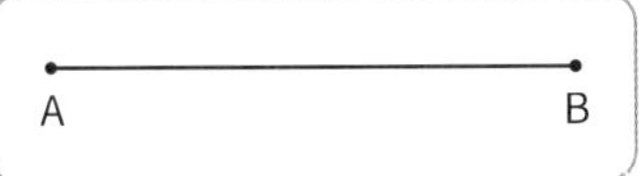

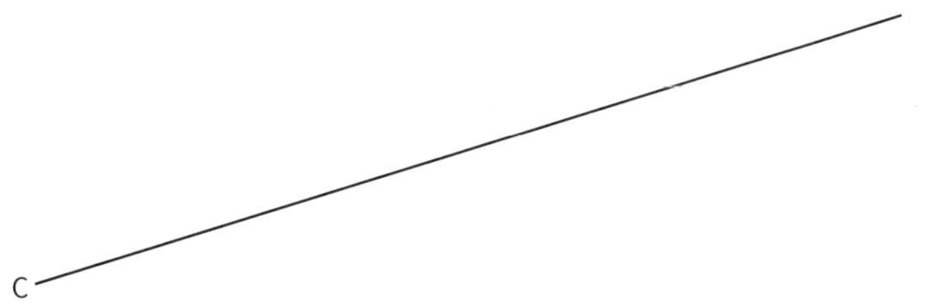

작도 6

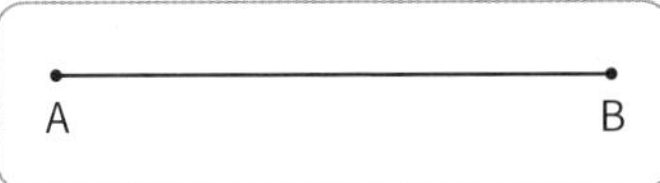

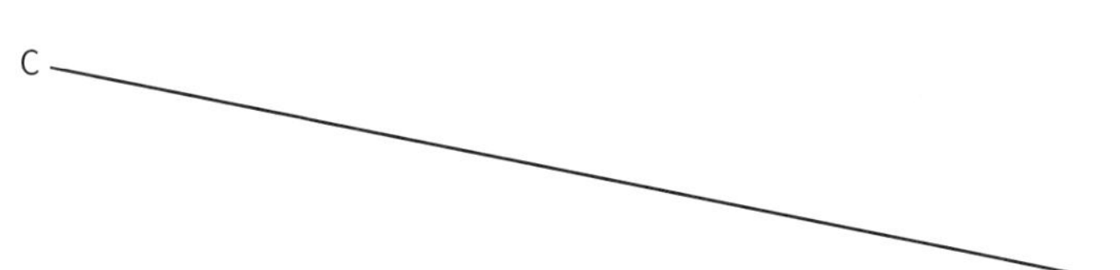

문제

주어진 선분의 길이를 반지름으로 하고, 주어진 점이 원의 중심이 되도록 원을 그리세요.

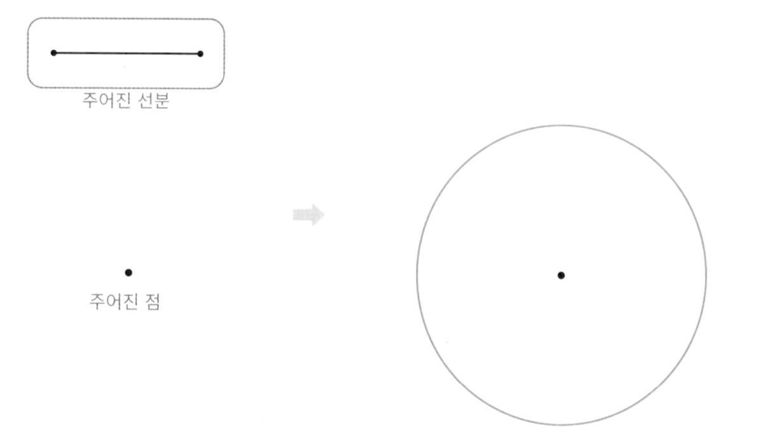

풀이

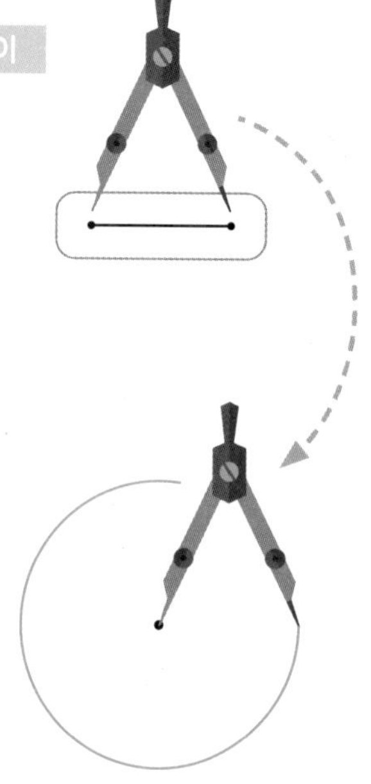

1. 주어진 선분의 길이만큼 컴퍼스의 폭을 넓힌다.
2. 컴퍼스의 폭을 그대로 유지하여 주어진 점으로 옮겨온다.
3. 컴퍼스의 중심축 바늘을 주어진 점에 두고 원을 그린다.

작도 1

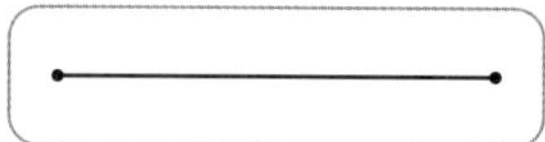

작도 2

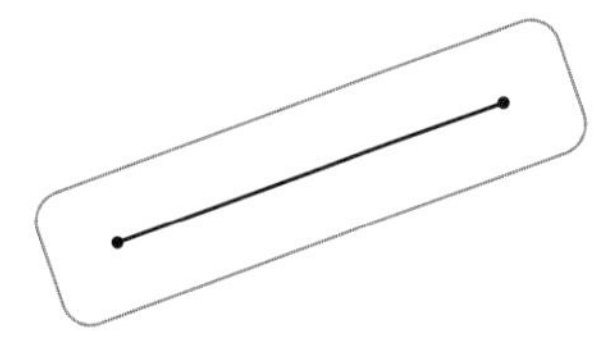

작도 3

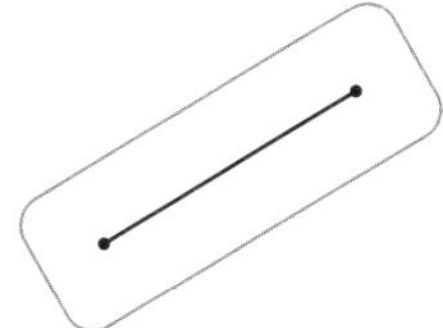

작도 4

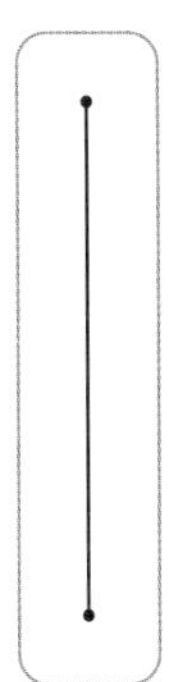

작도 5

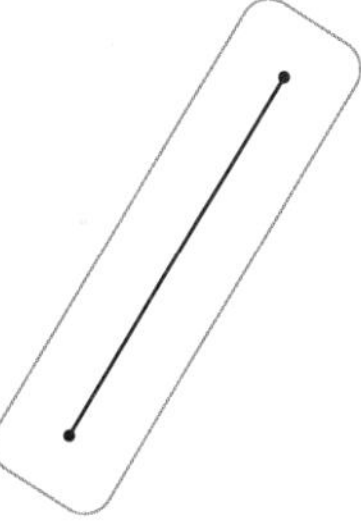

작도 6

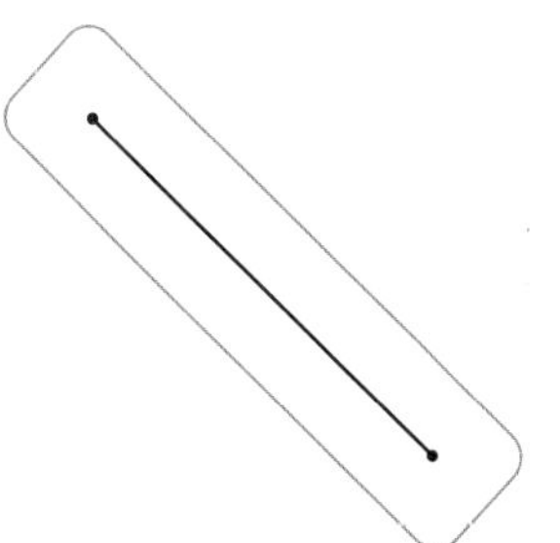

문제

주어진 선분 $\overline{AB}$의 수직이등분선을 그리세요.

[수직이등분선이란 주어진 선분과 수직을 이루면서, 이 선분을 길이가 같은 두 선분으로 이등분하는 직선입니다.]

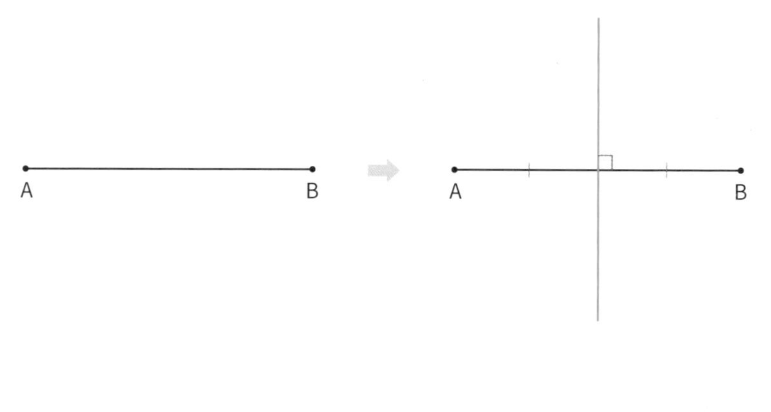

작도 1

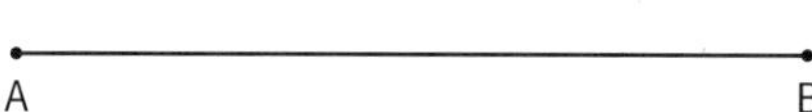

풀이

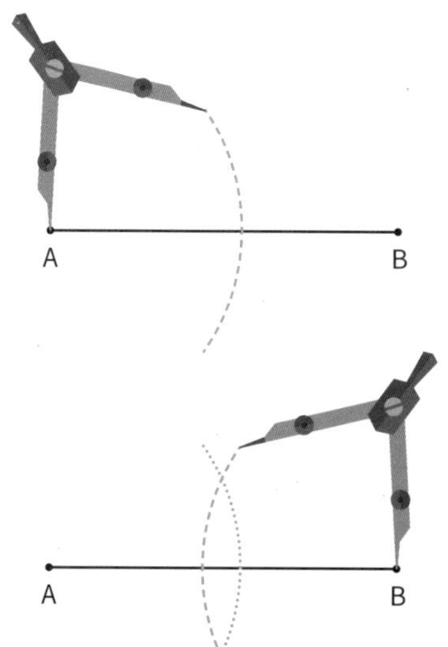

1. 점A에 컴퍼스의 중심축 바늘을 두고 선분의 절반 이상으로 폭을 넓혀 호를 그린다.

2. 컴퍼스의 폭을 유지하여 점B에 컴퍼스 중심축 바늘을 두고 호를 그린다.

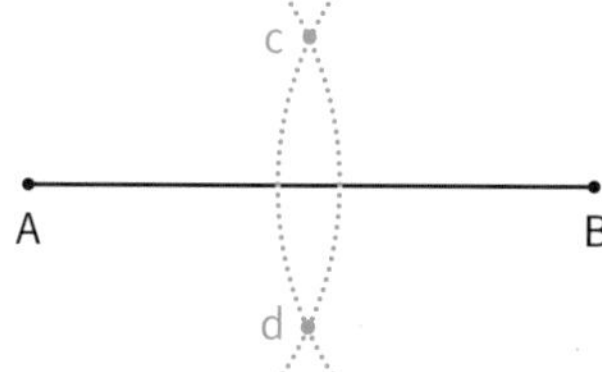

3. 두 호가 만나는 두 점을 각각 c와 d라 정한다.

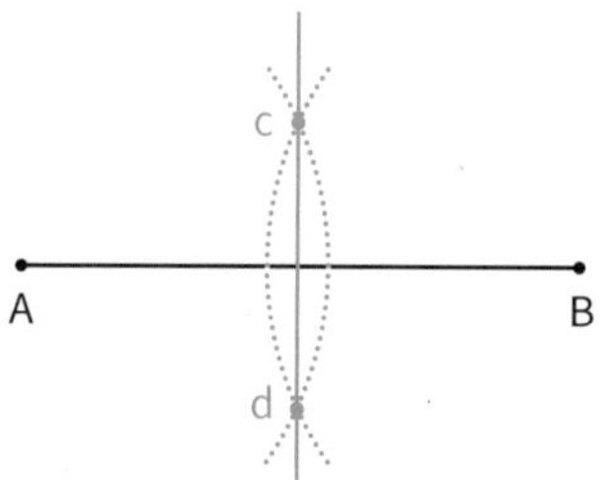

4. 점c와 점d를 지나는 직선을 자를 대고 그리면 수직이등분선이 완성된다.

작도 2

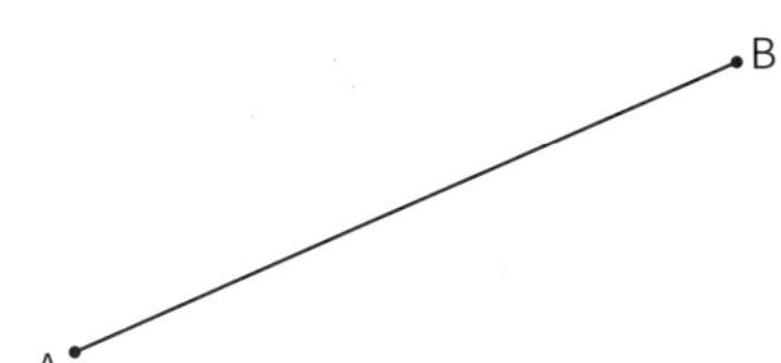

작도 3

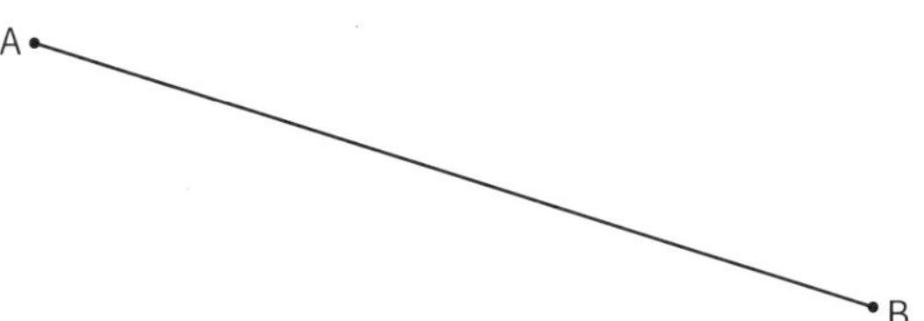

작도 4

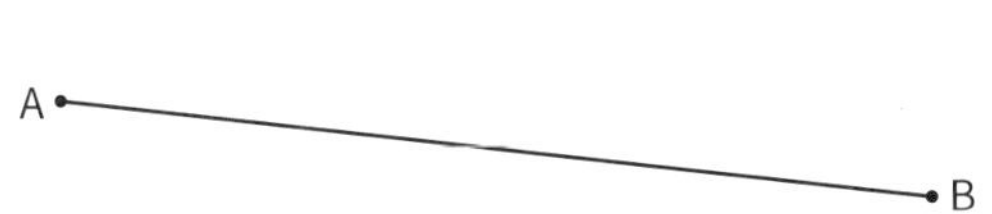

작도 5

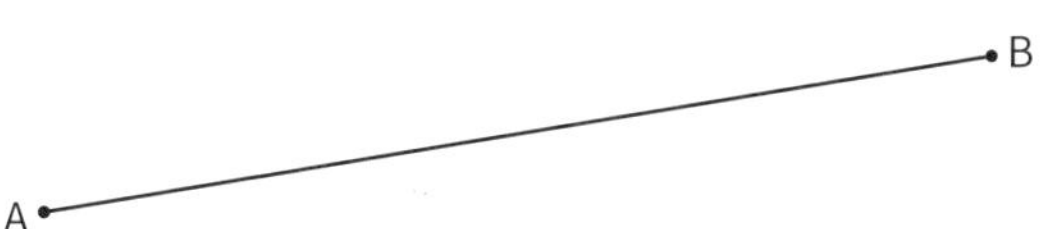

기초 다지기 문제 4 [2개의 풀이법]、 #수직선

문제

주어진 직선과 점A가 있습니다.
주어진 직선의 수직선을 그리되 점A를 지나야 합니다.

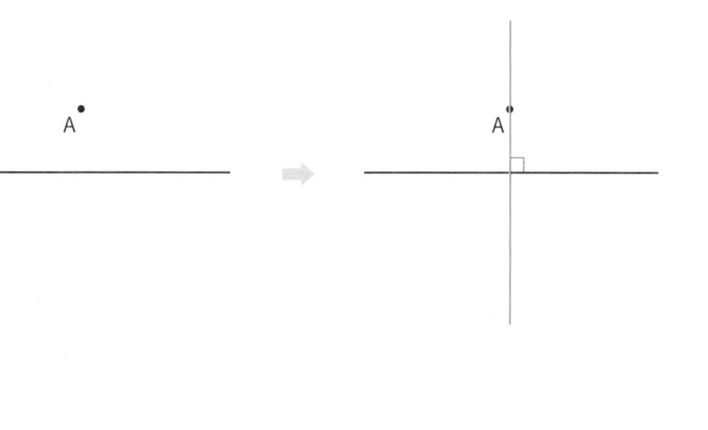

작도 1

풀이 A

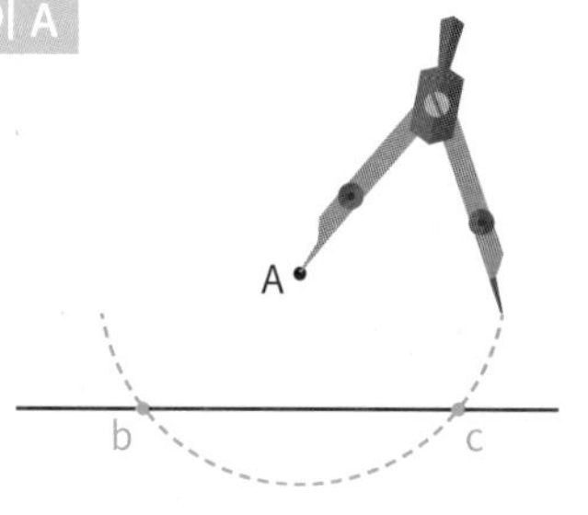

1. 점A에 컴퍼스의 중심축 바늘을 두고 직선 위를 지나는 호를 그린다. 호와 직선이 만나는 두 지점을 각각 b와 c라 정한다.

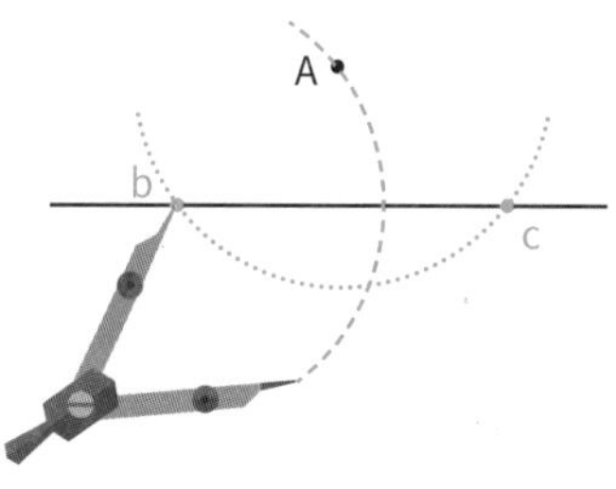

2. 컴퍼스 폭을 유지하여 점b에 컴퍼스 중심축 바늘을 두고 호를 그린다.

3. 컴퍼스 폭을 유지하여 점c에 컴퍼스 중심축 바늘을 두고 호를 그린다.

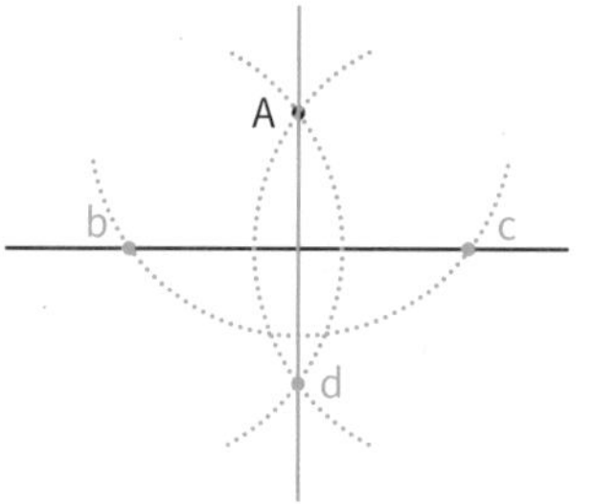

4. 두 호가 만나는 점A의 반대쪽 지점을 d라 정한다.
점A와 점d에 자를 대고 직선을 그으면 수직선이 완성된다.

작도 2

A

작도 3

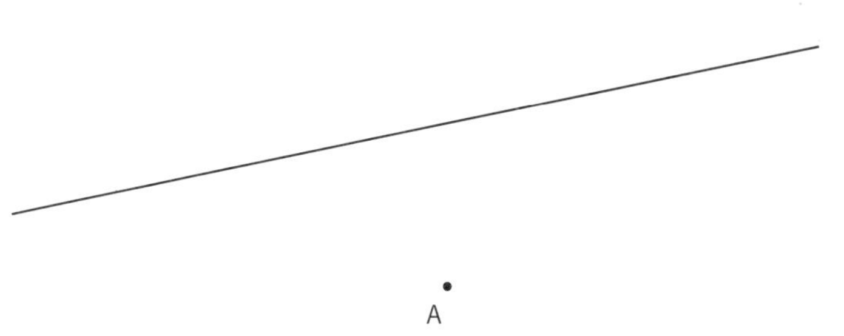

작도 4

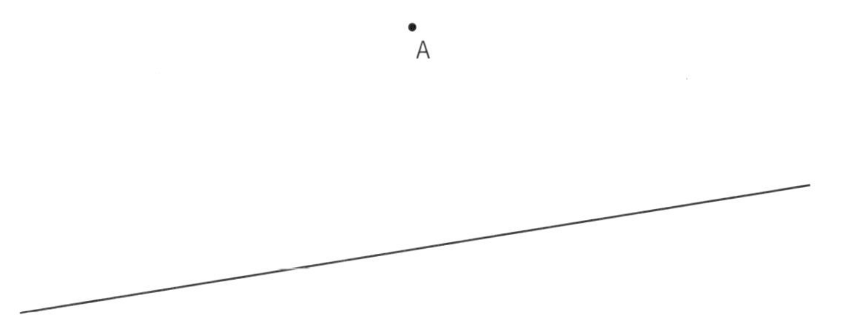

작도 5

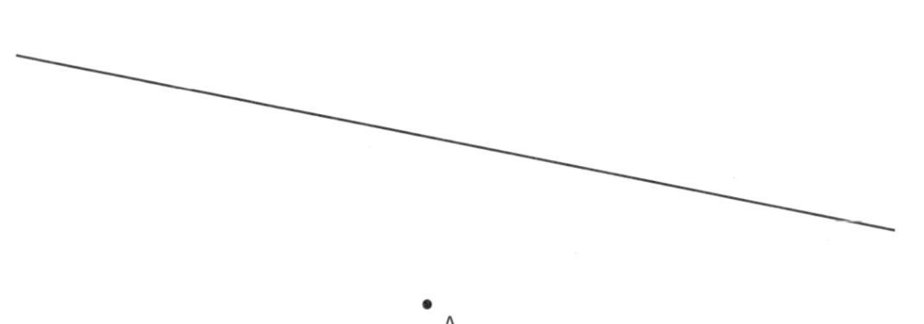

풀이 B

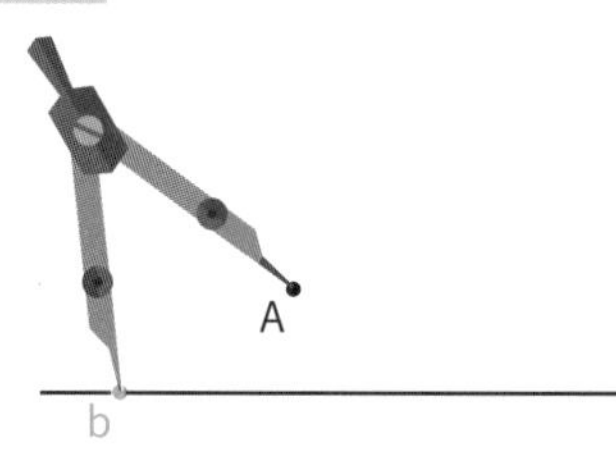

1. 직선 왼쪽의 적당한 지점에 컴퍼스의 중심축 바늘을 두고 이 지점을 b라 정한다.
   컴퍼스의 폭을 점A까지 넓힌다.

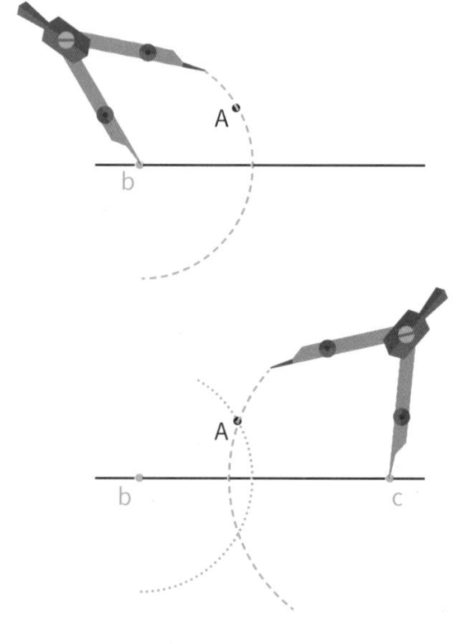

2. 점A를 지나는 호를 그린다.

3. 직선 오른쪽의 적당한 지점에 컴퍼스의 중심축 바늘을 두고 이 지점을 c라 정하고,
   컴퍼스의 폭을 점A까지 넓힌다.
   점A를 지나는 호를 그린다.

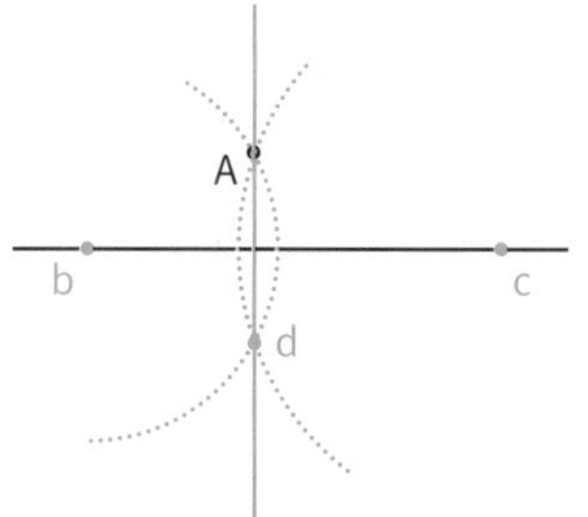

4. 두 호가 만나는 점A의 반대쪽 지점을 d라 정한다.
   자를 대고 점A와 점d를 지나는 직선을 그으면 수직선이 완성된다.

작도 1

작도 2

A

작도 3

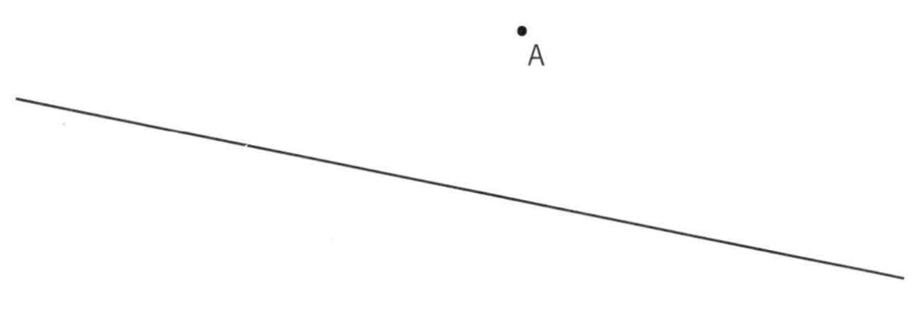

작도 4

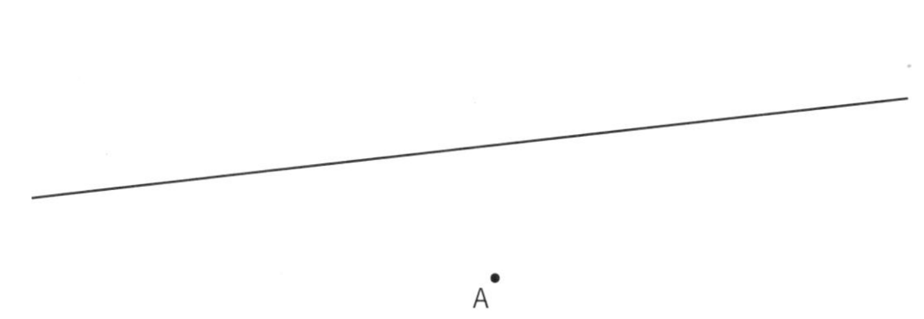

작도 5

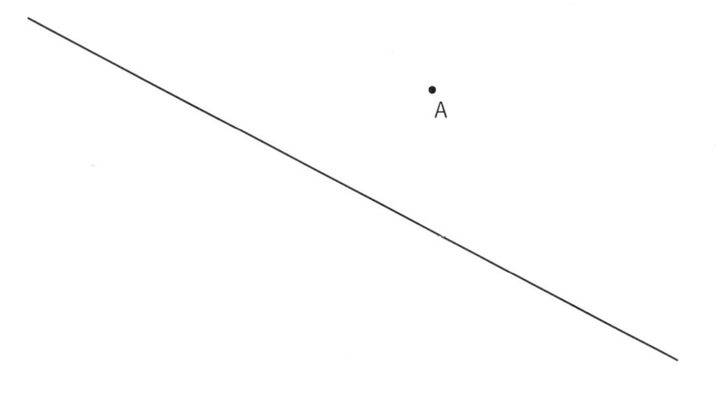

작도 6

A

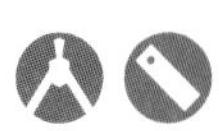

문제

직선 위에 점A가 있습니다.
이 점A를 지나는 수직선을 그리세요.

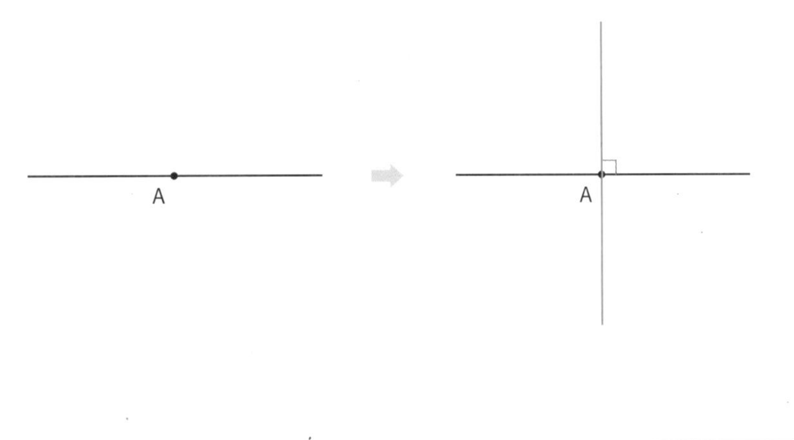

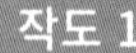

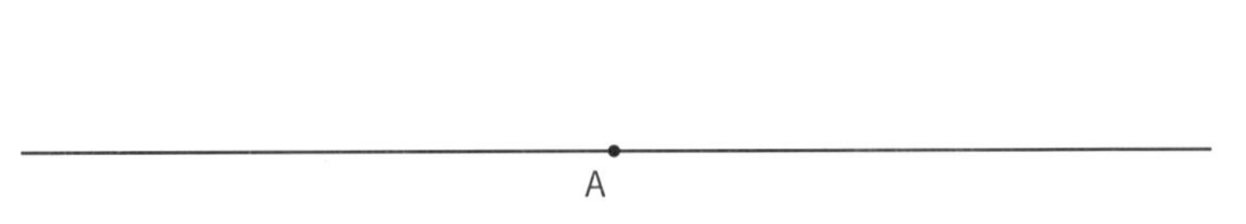

풀이

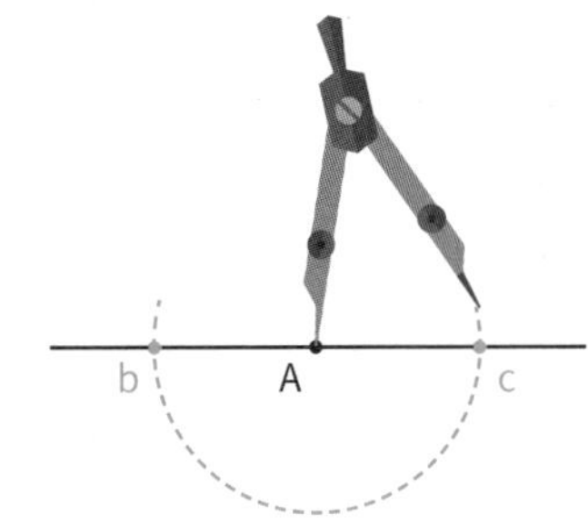

1. 점A에 컴퍼스의 중심축 바늘을 두고 적당히 폭을 넓혀 호를 그린다. 호가 지나는 직선 위의 두 지점을 각각 b와 c라 정한다.

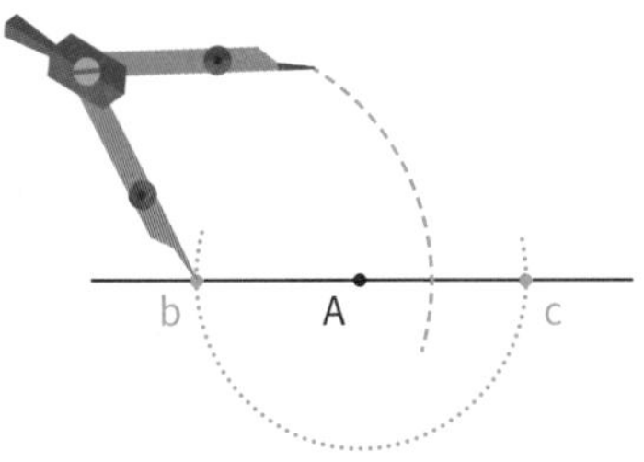

2. 컴퍼스의 중심축 바늘을 점b에 두고 폭을 넓혀 점A와 점c 사이를 지나는 호를 그린다.

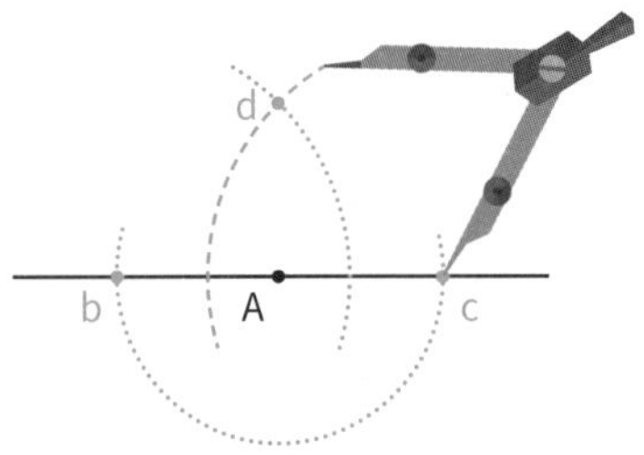

3. 폭을 그대로 유지하여 컴퍼스의 중심축 바늘을 점c로 옮겨 호를 그린다.
두 호가 만나는 지점을 d라고 정한다.

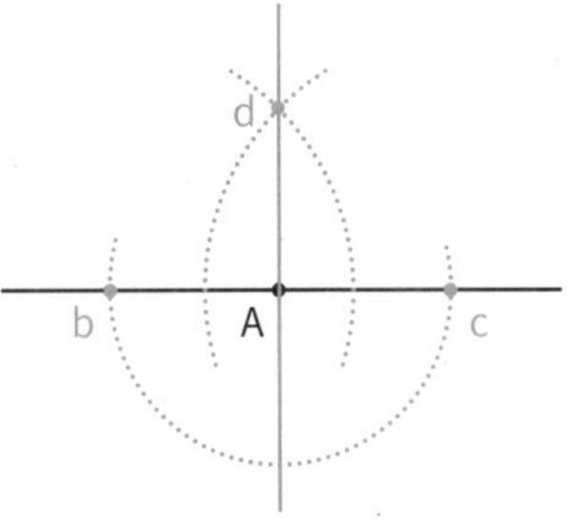

4. 자를 대고 점A와 점d를 지나는 직선을 그리면 수직선이 완성된다.

작도 2

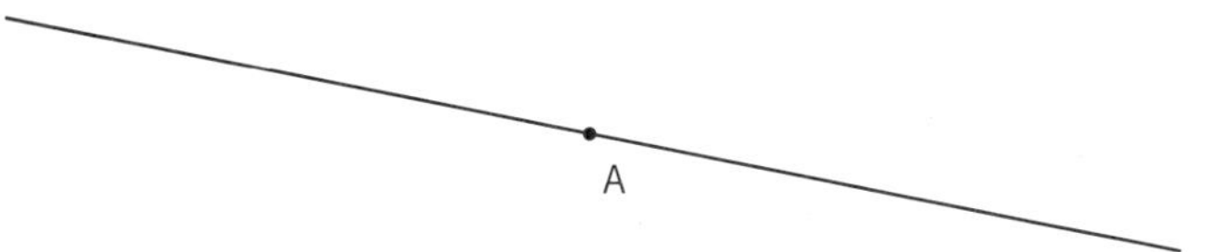

작도 3

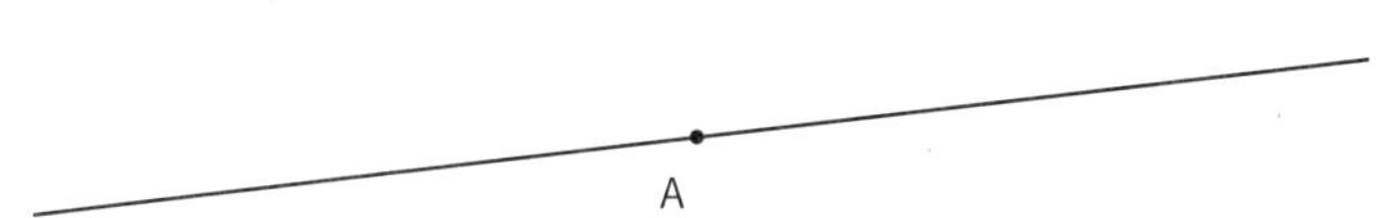

작도 4

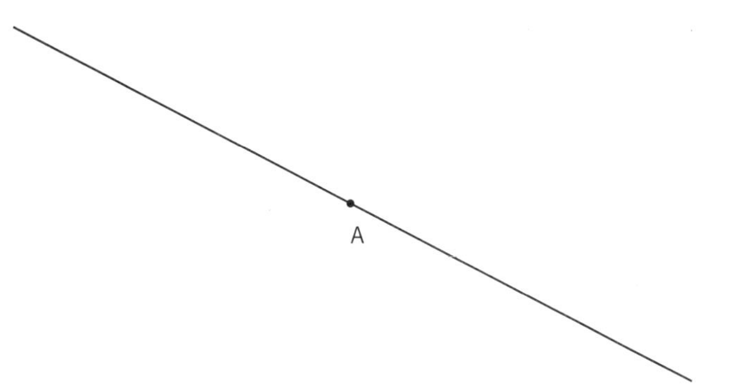

작도 5

A

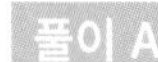

문제

주어진 반직선의 점A에서 직각(90° 각도)을 이루는 수직선을 그리세요.

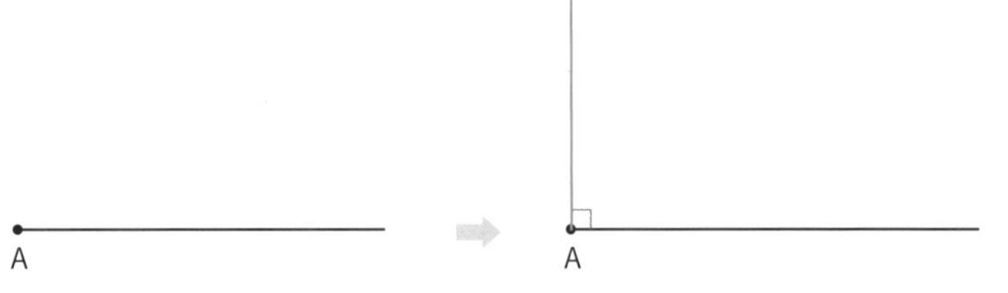

풀이 A

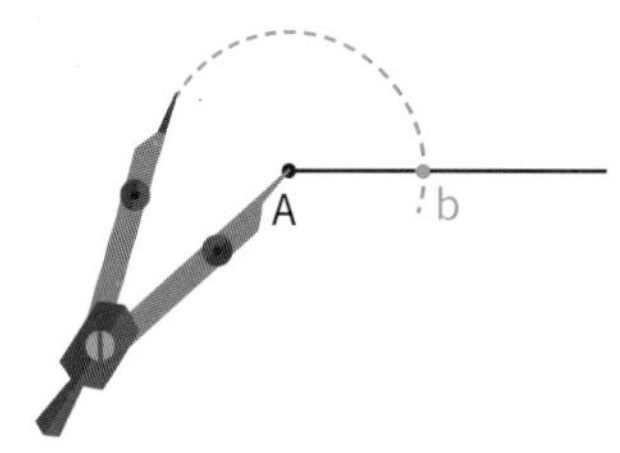

1. 직선 끝점 A에 컴퍼스 중심축 바늘을 두고 적당히 폭을 넓혀 호를 그린다. 직선과 호가 만나는 지점을 b라 정한다.

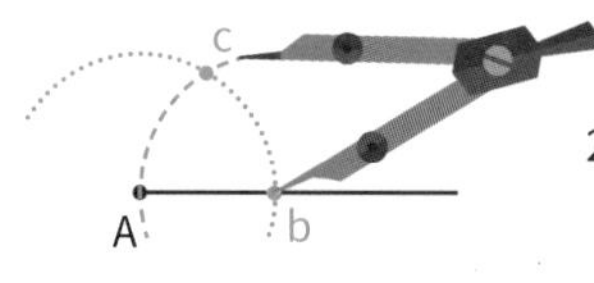

2. 컴퍼스의 폭을 그대로 유지하여 중심축 바늘을 점b에 두고 호를 그린다. 호와 호가 만나는 지점을 c라 정한다.

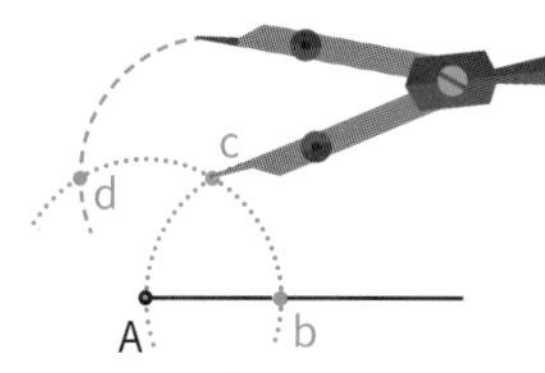

3. 컴퍼스의 폭을 그대로 유지하여 중심축 바늘을 점c에 두고 호를 그린다. 첫번째 호와 세번째 호가 만나는 지점을 d라 정한다.

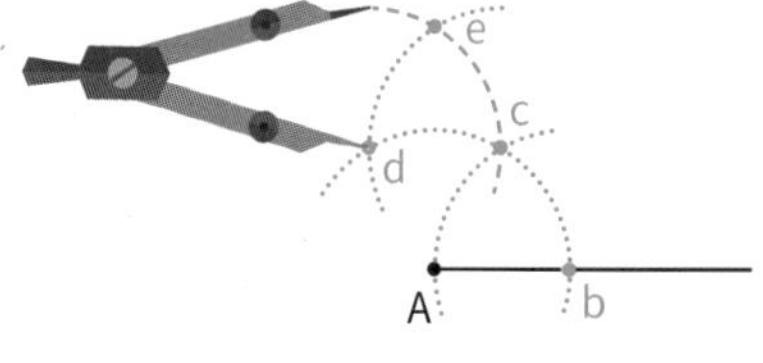

4. 컴퍼스의 폭을 그대로 유지하여 중심축 바늘을 점d에 두고 호를 그린다. 세번째 호와 네번째 호가 만나는 지점을 e라 정한다.

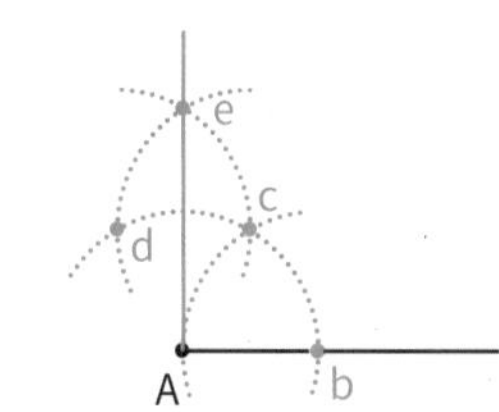

5. 자를 대고 점e와 점A를 지나는 직선을 그으면 직각(90° 각도)이 완성된다.

작도 1

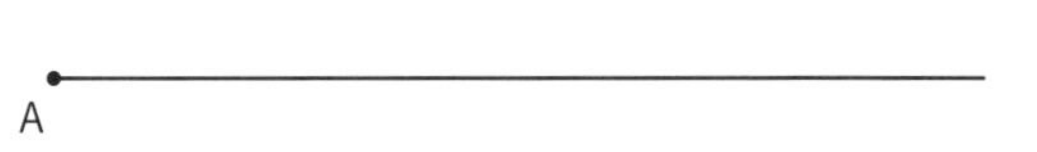

작도 2

A

작도 3

A

작도 4

A

작도 5

A

풀이 B

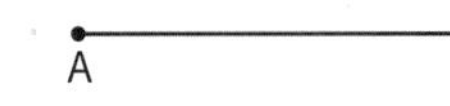

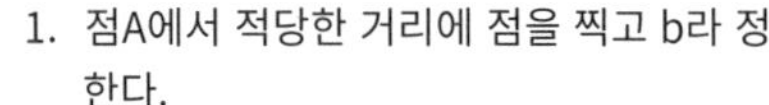

1. 점A에서 적당한 거리에 점을 찍고 b라 정한다.

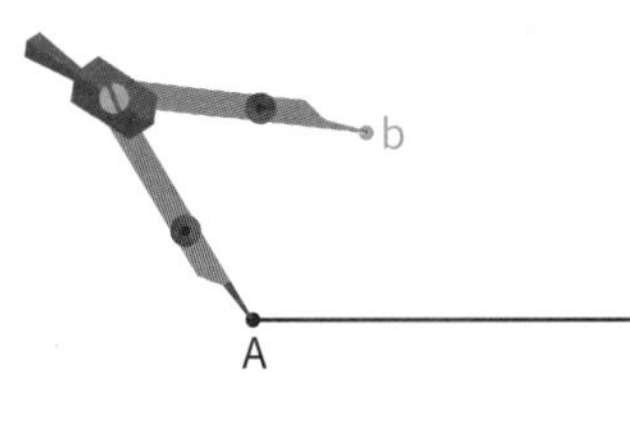

2. 점b에 컴퍼스의 중심축 바늘을 두고 점A까지 넓힌다.

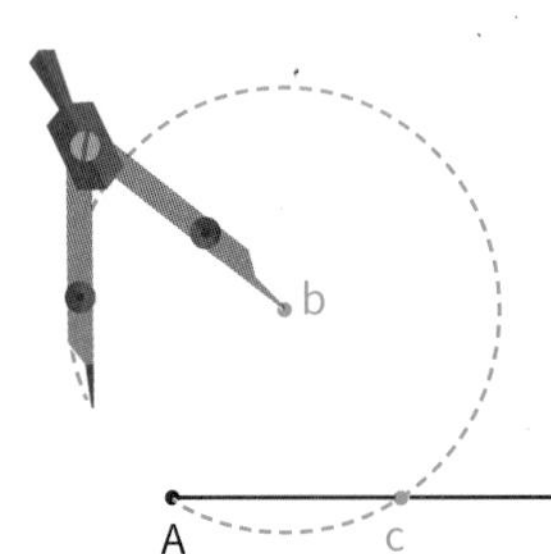

3. 그대로 원을 그린다. 원과 주어진 반직선이 만나는 지점을 c라고 정한다.

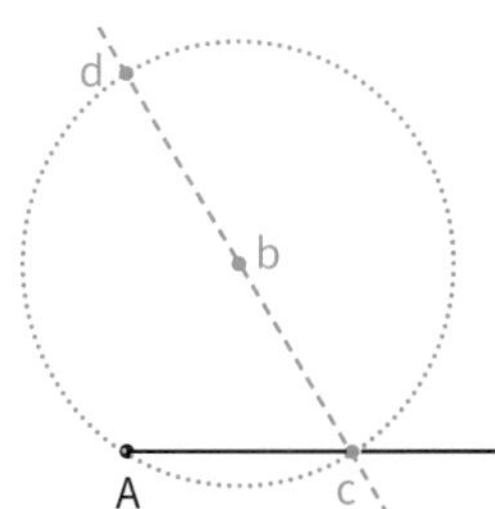

4. 자를 대고 점c와 점b를 지나는 직선을 그린다. 그 직선이 원둘레와 마주치는 지점을 d라 정한다.

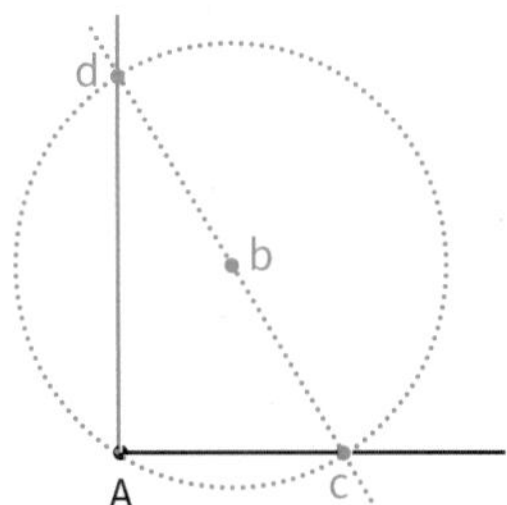

5. 자를 대고 점A와 점d를 지나는 직선을 그리면 직각이 완성된다.
(직각을 그리는 이 방법은 수직선을 그릴 때 그대로 응용할 수 있다.)

작도 1

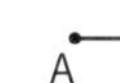

작도 2

A

작도 3

A

작도 4

A

작도 5

A

작도 6

A

문제

주어진 각을 이등분하는 직선을 그리세요.

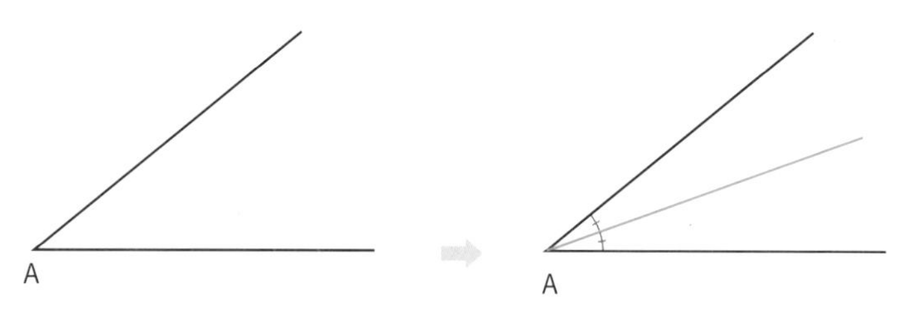

작도 1

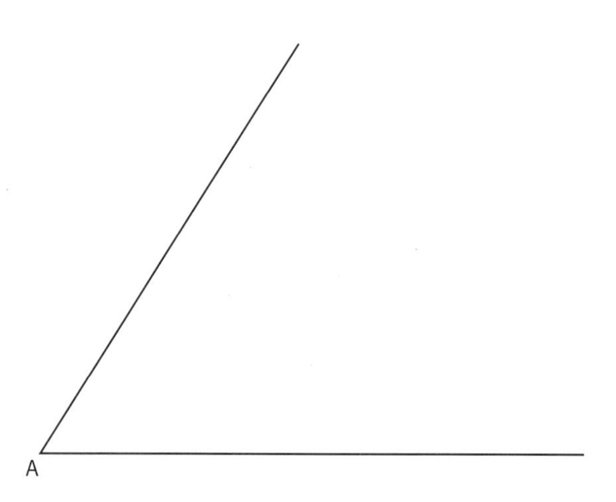

풀이

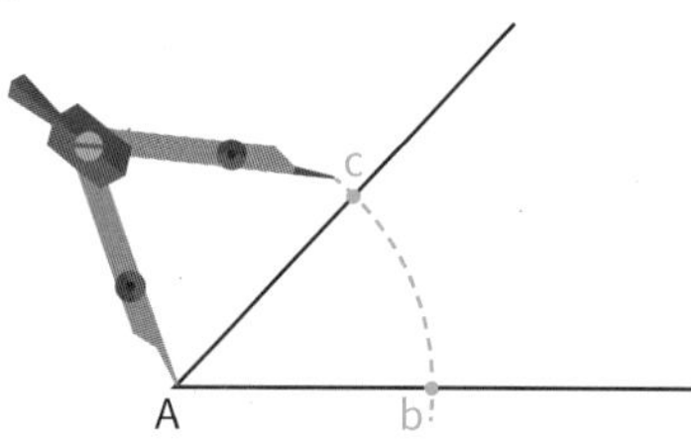

1. 주어진 각A에 컴퍼스 중심축 바늘을 두고 적당히 폭을 넓혀 호를 그린다.
호와 두 직선이 만나는 지점을 각각 b와 c라 정한다.

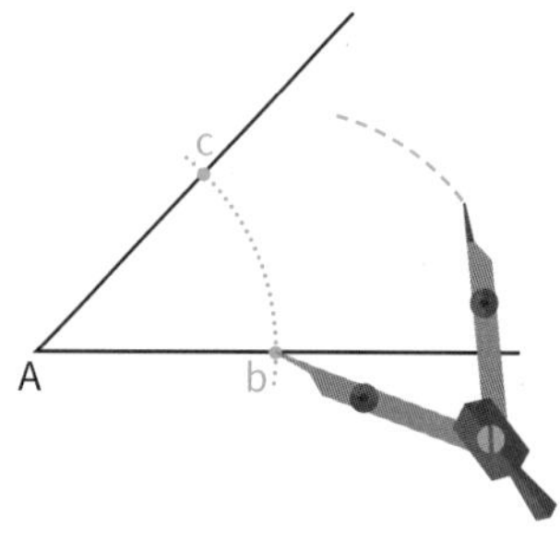

2. 컴퍼스의 중심축 바늘을 점b에 두고 같은 폭으로 호를 그린다.

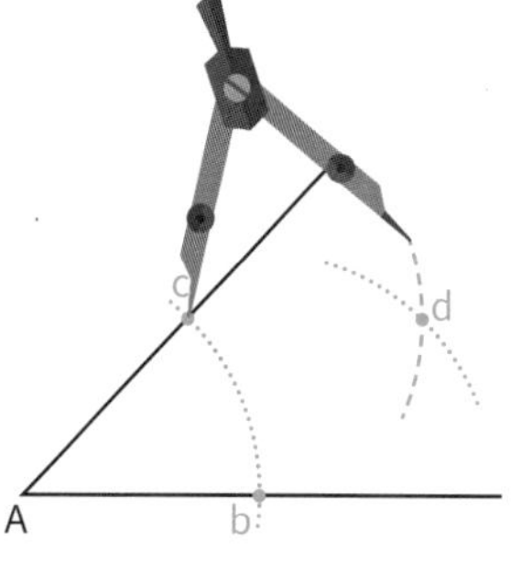

3. 컴퍼스의 폭을 그대로 유지하여 중심축 바늘을 점c에 두고 호를 그린다.
두 호가 만나는 지점을 d라 정한다.

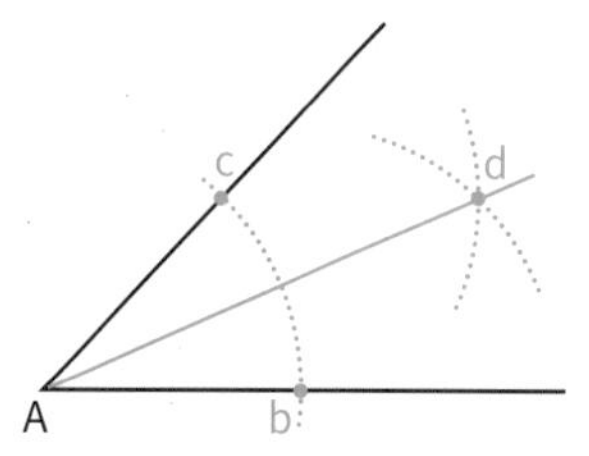

4. 자를 대고 각A에서 점d를 지나는 직선을 그린다. 이렇게 그린 직선은 주어진 각을 이등분하는 각이등분선이다.

작도 2

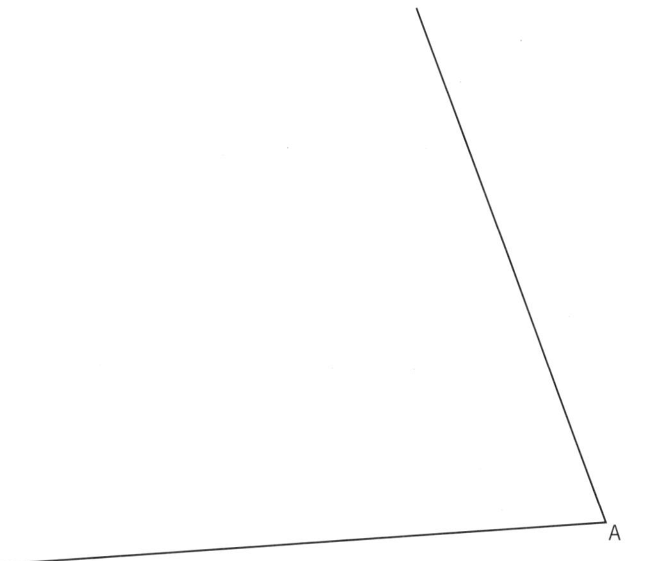

작도 3

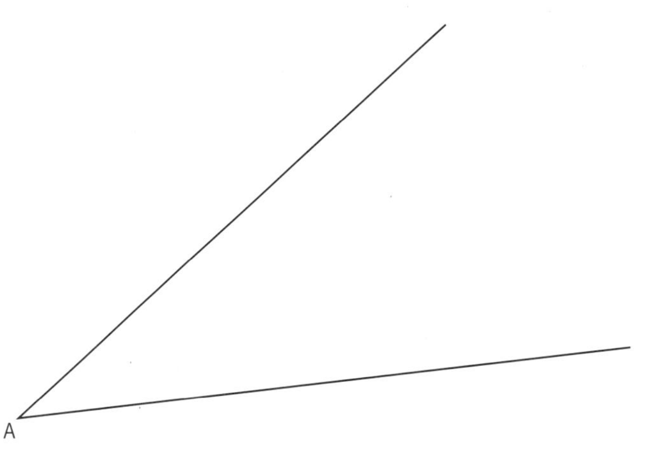

작도 4

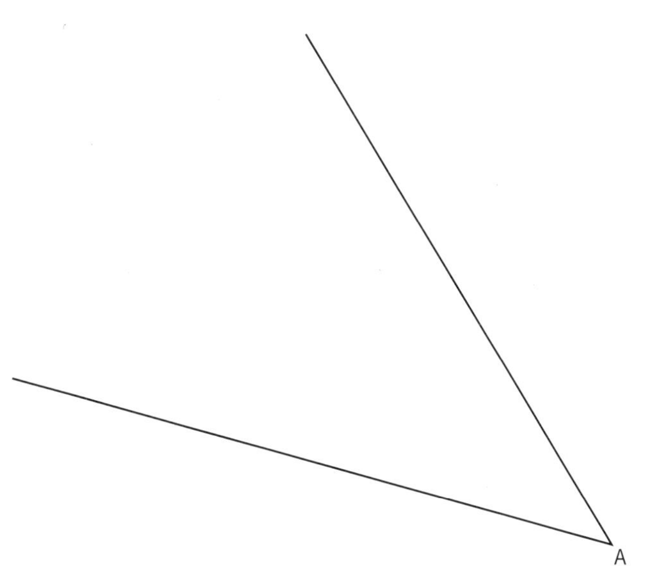

작도 5

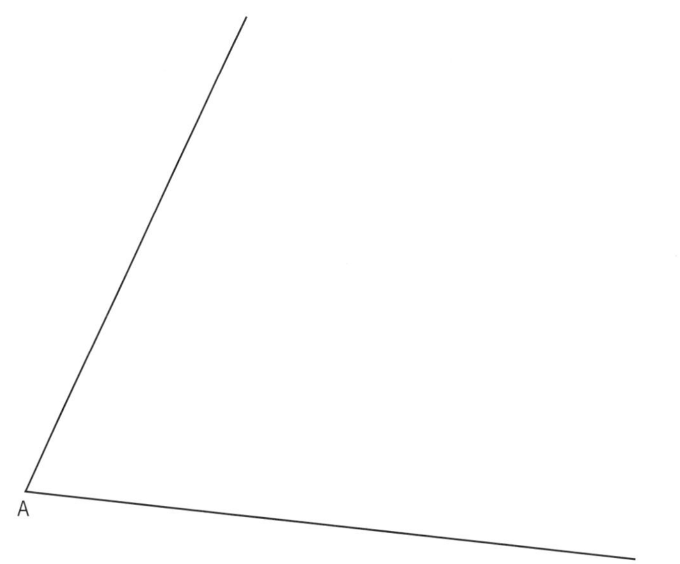

문제

주어진 직선과 평행을 이루며 점a를 지나는 직선을 그리세요.

a

a

작도 1

a

풀이 A

1. 직선 위에 임의의 점b를 찍고, 거기에 컴퍼스의 중심축 바늘을 두고 점a까지 폭을 넓혀 호를 그린다.
   직선과 호가 만나는 지점을 c라 정한다.

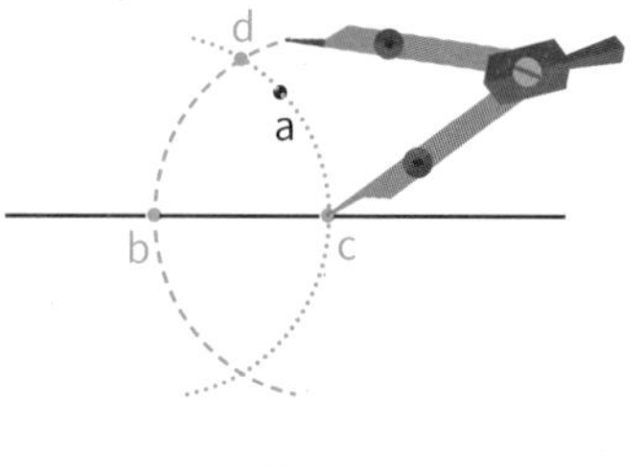

2. 컴퍼스의 폭을 그대로 유지하여 중심축 바늘을 c에 두고 호를 그린다.
   호와 호가 만나는 지점을 d라 정한다.

3. 컴퍼스의 중심축 바늘을 점d에 두고 점a까지의 폭으로 호를 그린다.
   점b를 지나는 호와 만나는 지점을 e라 정한다.

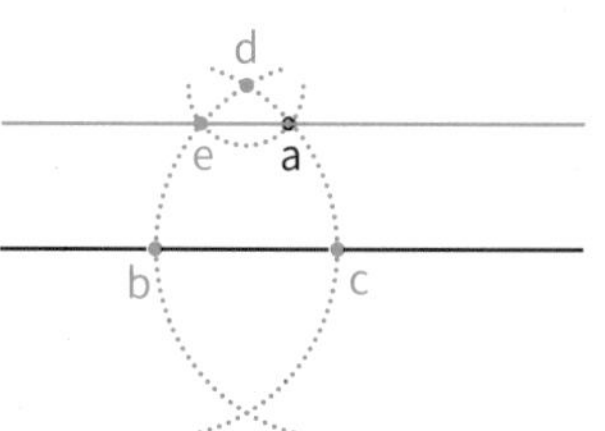

4. 자를 대고 점e와 점a를 지나는 직선을 그리면 평행선이 완성된다.

작도 2

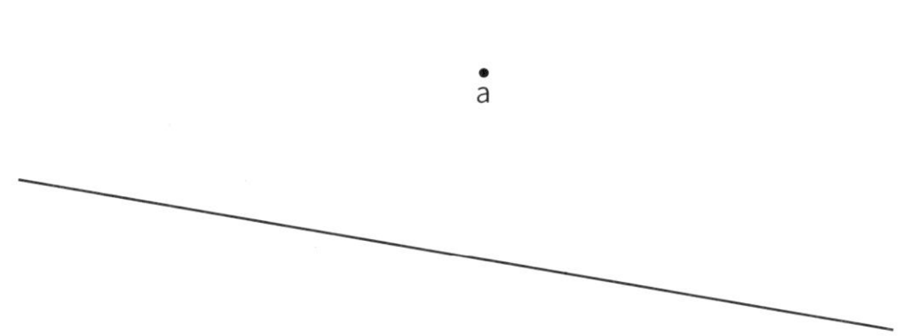

작도 3

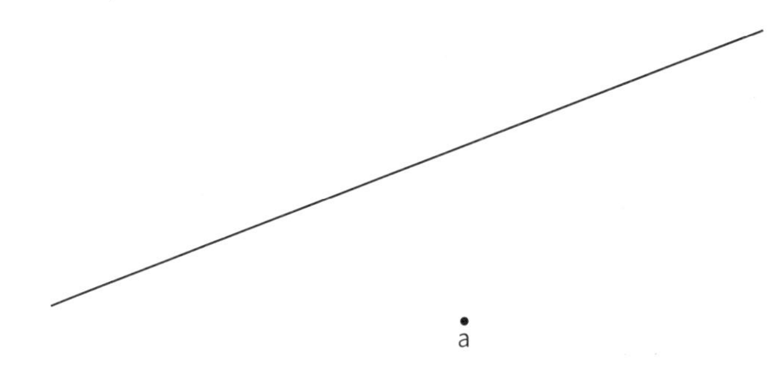

작도 4

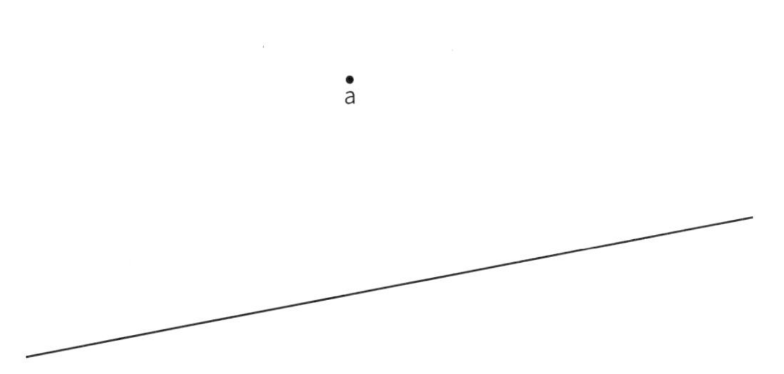

작도 5

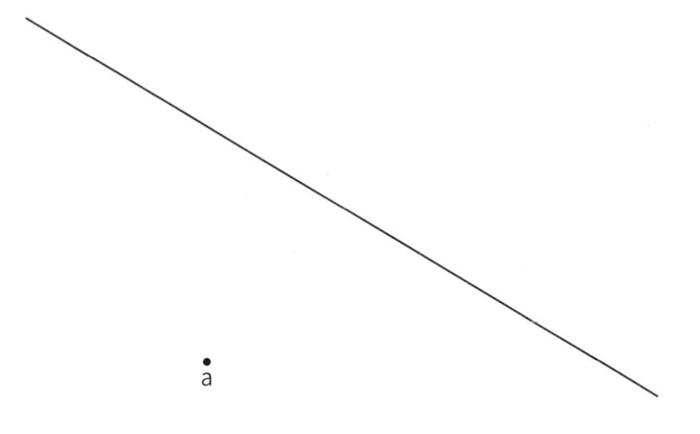

풀이 B

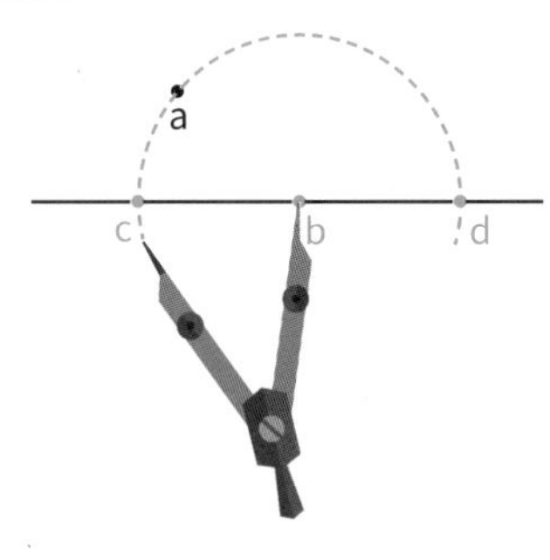

1. 직선 위에 임의의 점b를 찍고, 거기에 컴퍼스의 중심축 바늘을 두고 점a까지 폭을 넓혀 호를 그린다.
   직선과 호가 만나는 지점을 각각 c와 d라 정한다.

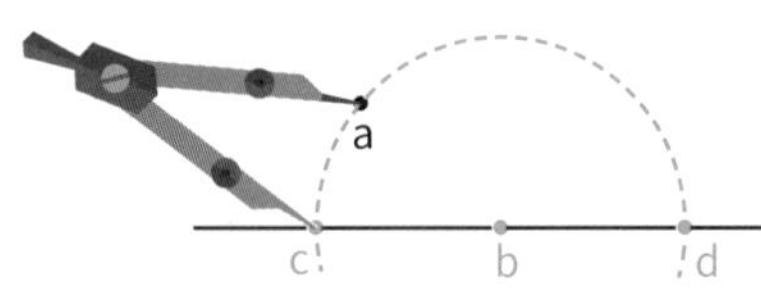

2. 컴퍼스의 폭을 점c에서 점a까지로 맞춘다.

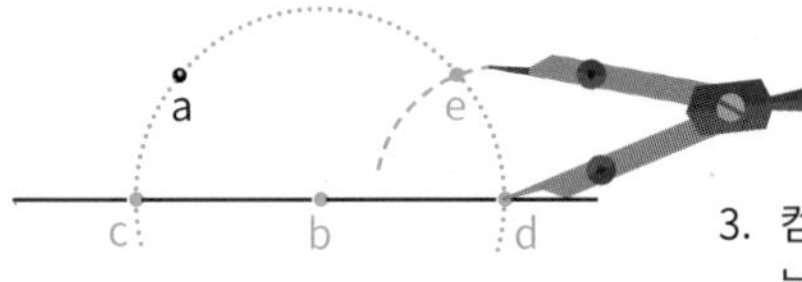

3. 컴퍼스의 폭을 그대로 유지하여 중심축 바늘을 점d에 두고 호를 그린다. 두 호가 만나는 지점을 e라 정한다.

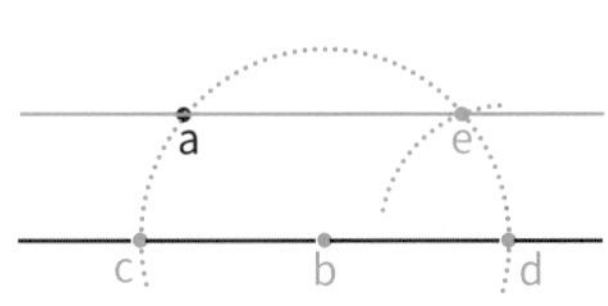

4. 자를 대고 점a와 점e를 지나는 직선을 그리면 평행선이 완성된다.

작도 1

a

작도 2

a

작도 3

a

작도 4

a

작도 5

a

작도 6

a

풀이 C

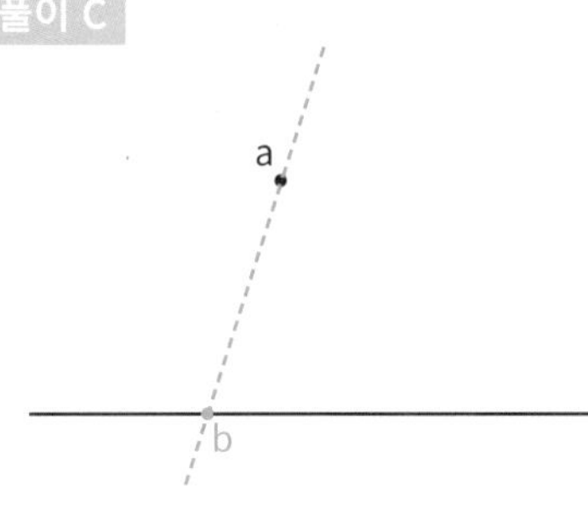

1. 직선 위에 임의의 점b를 찍고, 점a와 점b를 지나는 직선을 그린다.

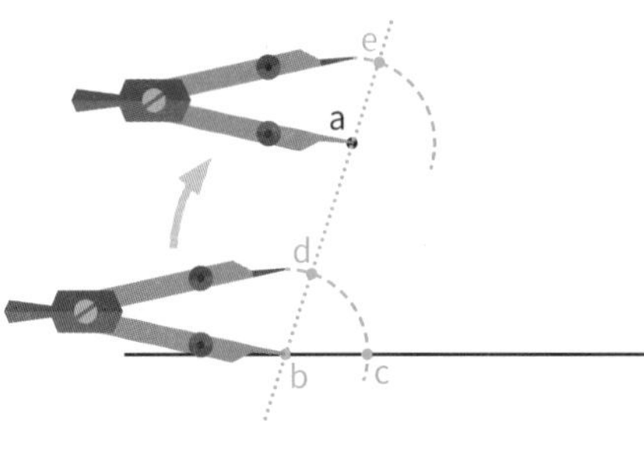

2. 컴퍼스의 중심축 바늘을 점b에 두고 적당히 폭을 넓혀 호를 그린다. 그 호가 두 직선과 만나는 지점을 각각 c와 d라 정한다. 컴퍼스 폭을 그대로 유지하여 점a에 컴퍼스 중심축 바늘을 두고 호를 그리고 직선과 만나는 지점을 e라 정한다.

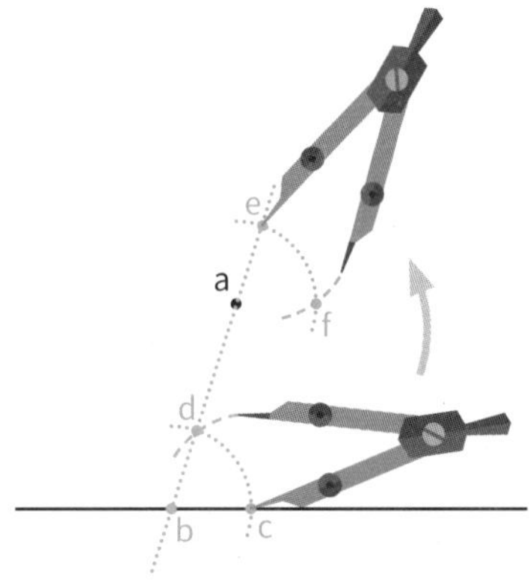

3. 컴퍼스 중심축 바늘을 점c에 두고 점d를 지나는 호를 그린다. 컴퍼스 폭을 그대로 유지하여 중심축 바늘을 점e로 옮기고 아래로 호를 그린다. 두 호가 만나는 지점을 f라 정한다.

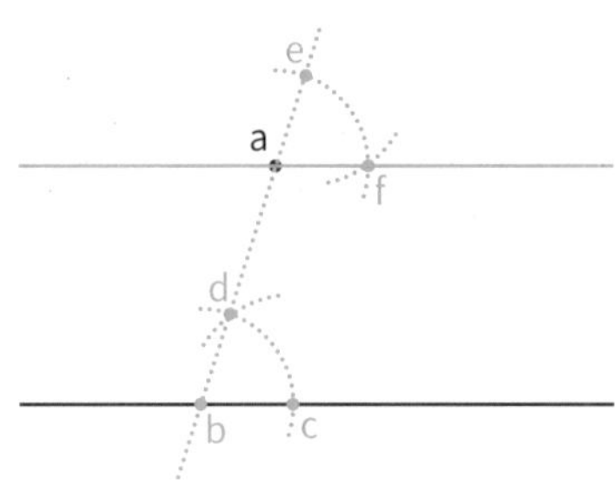

4. 점a와 점f를 지나는 직선을 그리면 문제가 요구하는 평행선이 완성된다.

작도 1

a

작도 2

a

작도 3

a

작도 4

a

작도 5

a

작도 6

a

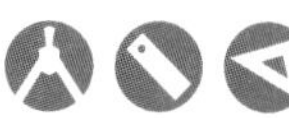

문제

주어진 선분을 같은 길이로 3등분하세요.
삼각자를 사용해도 됩니다.

풀이

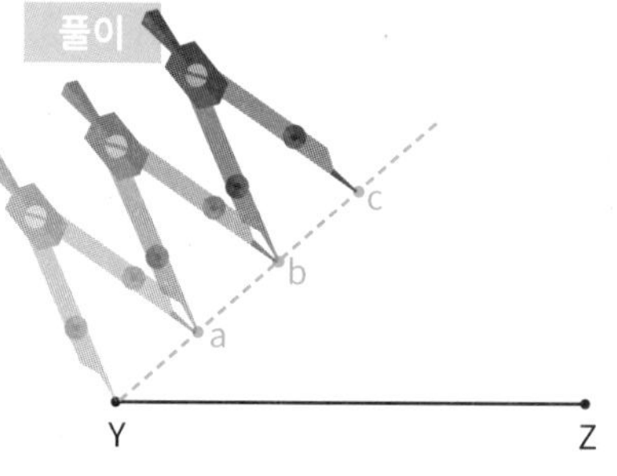

1. 주어진 선분의 점Y에서 자를 대고 사선을 그린다. 컴퍼스로 임의의 일정한 간격으로 세개의 점을 차례로 사선에 표시한다. 각 점을 a, b, c라 정한다.

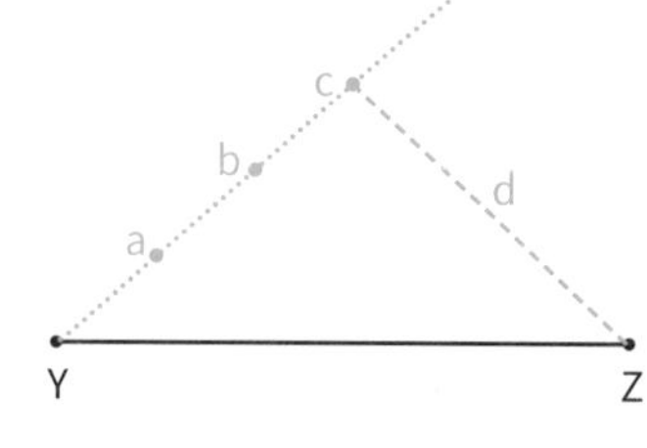

2. 자를 대고 점c와 점Z를 잇는 선을 긋고 그 직선을 d라 정한다.

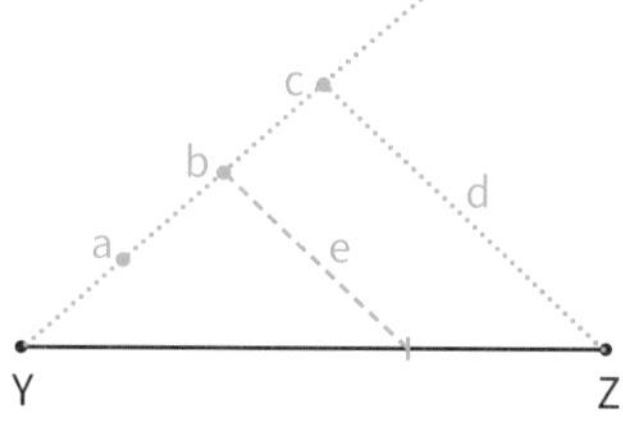

3. 점b에서 선분 $\overline{YZ}$까지 직선을 그리되 직선d와 평행하게 그린다. 그 직선을 e라 정한다.
   직선을 평행하게 그리는 방법은 옆 페이지 [삼각자로 평행선 그리는 방법]이나 [기초 다지기 문제 8]의 풀이 방법을 이용한다.

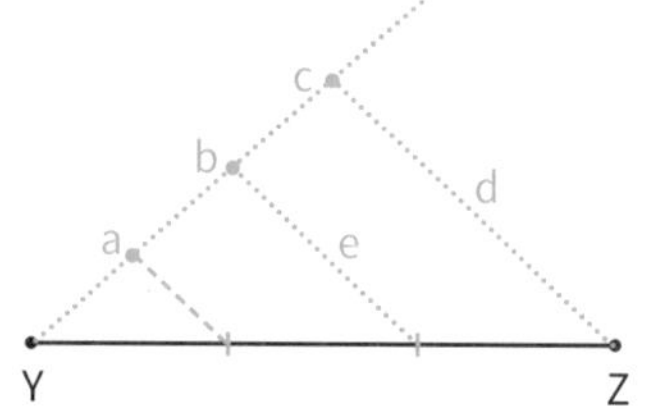

4. 같은 방법으로 점a에서 선분 $\overline{YZ}$까지 직선을 그리되 직선e와 평행하게 그린다.
   이로써 주어진 선분을 3등분 할 수 있다.

작도 1

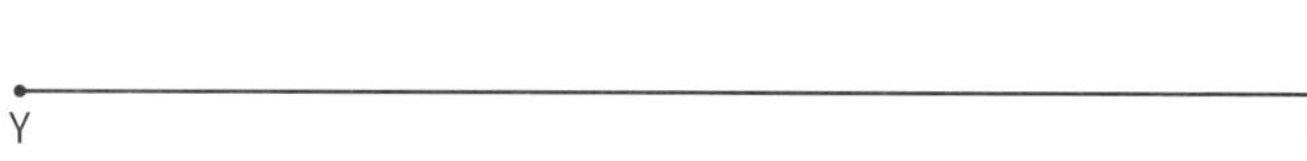

참고

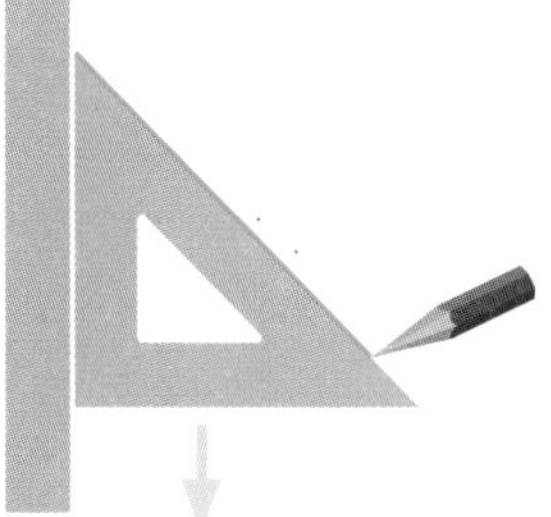

[삼각자로 평행선 그리는 방법]

1. 삼각자의 한쪽 변을 다른 자와 맞댄 채 직선을 긋는다.

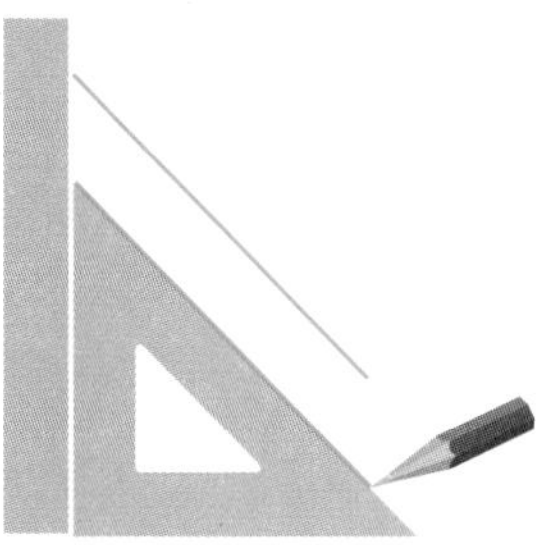

2. 맞댄 자의 위치를 움직이지 않고 삼각자만 맞댄 채 움직여 다른 직선을 그으면 먼저 그린 선과 평행선이 된다.
   그대로 삼각자를 또 움직여 직선을 그으면 평행선이 계속 추가된다.

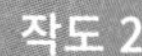

작도 2

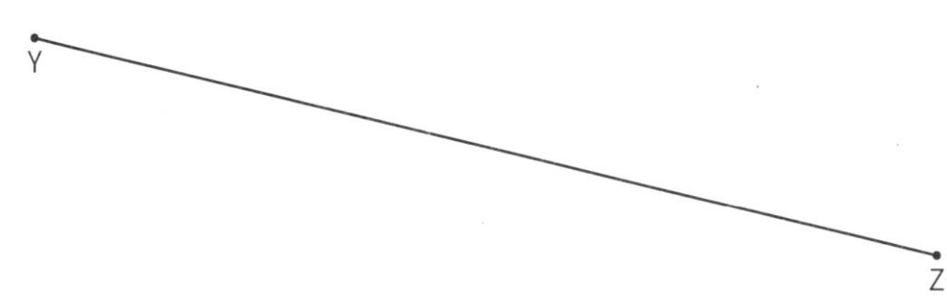

작도 3

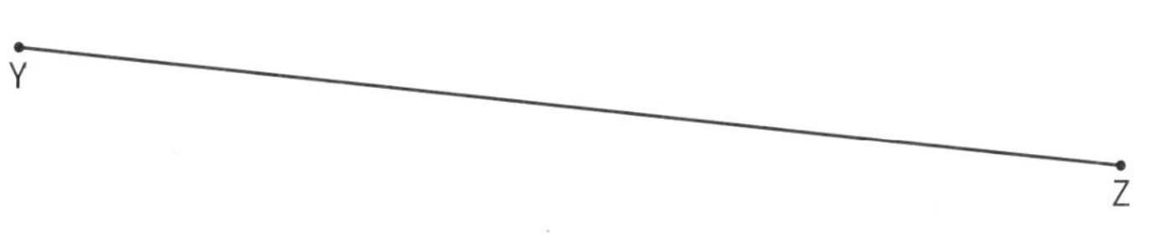

작도 4

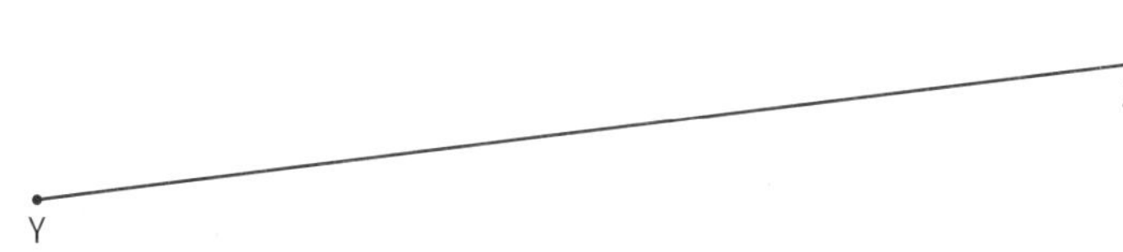

문제

주어진 원의 중심점을 그리세요.

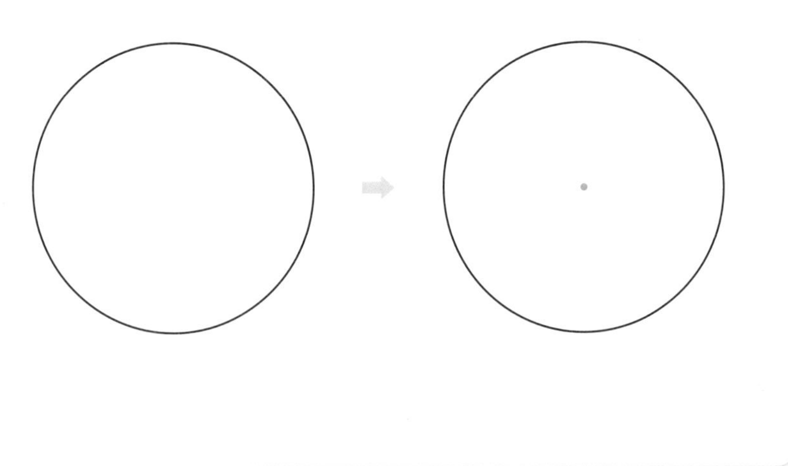

작도 1

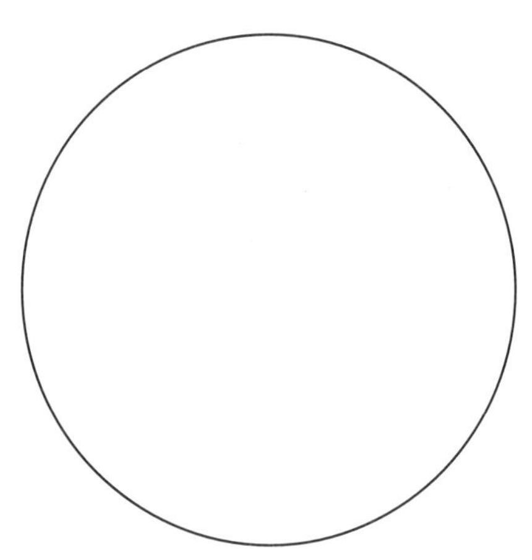

풀이 A

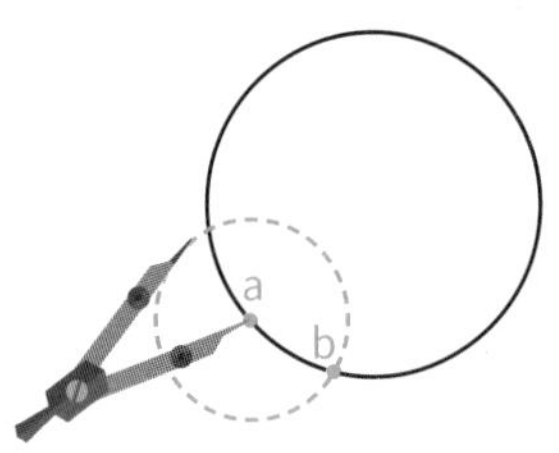

1. 주어진 원의 원주(원둘레) 위에 임의의 점 a를 찍고, 그곳에 컴퍼스의 중심축 바늘을 두고 적당한 폭으로 원을 그린다. 그 원과 주어진 원주(원둘레)가 만나는 지점을 b라 정한다.

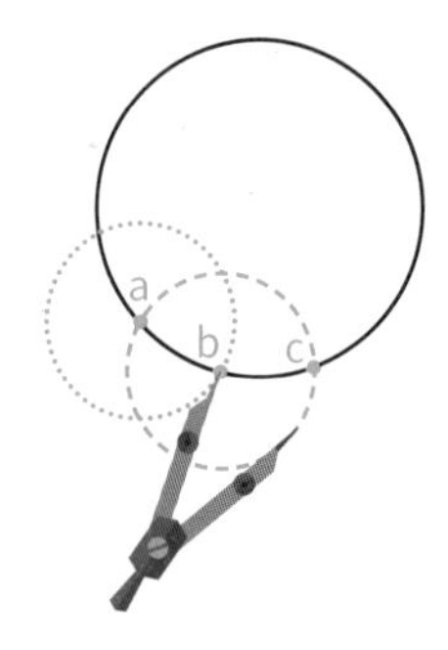

2. 컴퍼스 폭을 유지한 채 중심축 바늘을 점b에 두고 새로운 원을 그린다. 새로 그린 원과 주어진 원주(원둘레)가 만나는 지점을 c라 정한다.

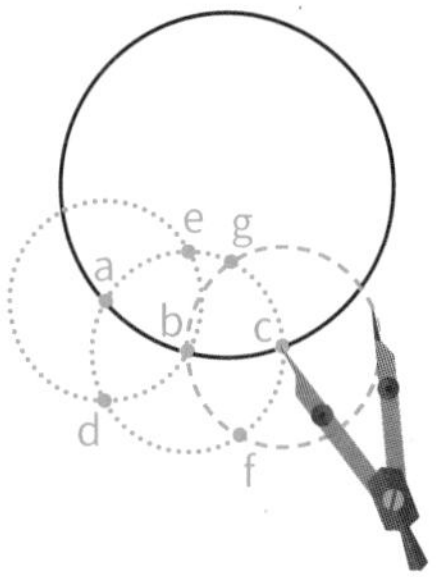

3. 컴퍼스 폭을 유지한 채 중심축 바늘을 점c에 두고 새로운 원을 그린다. a원과 b원이 교차하는 두 지점을 각각 d와 e라 정한다. b원과 c원이 교차하는 두 지점을 각각 f와 g라 정한다.

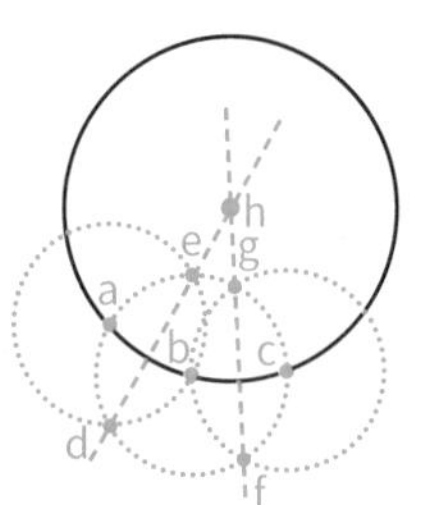

4. 자를 대고 점d와 점e를 지나는 직선을 그린다. 점f와 점g를 지나는 직선을 그린다. 두 직선이 만나는 지점을 h라 정한다. 이 점h가 주어진 원의 중심이다.

작도 2

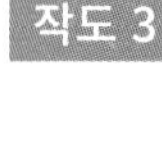

작도 3

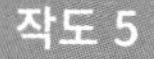

작도 4

작도 5

풀이 B

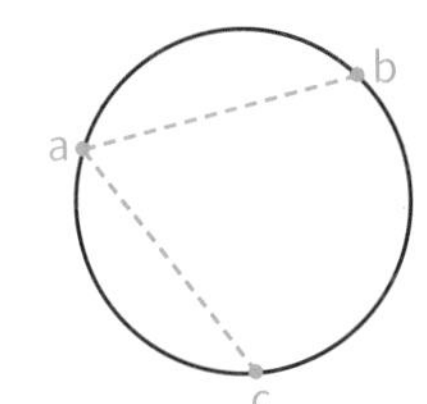

1. 주어진 원의 원주(원둘레) 위에 임의의 점 세개를 찍고 각각 a, b, c라 정한다. 자를 대고 점a와 점b, 점a와 점c를 잇는 직선을 그린다.

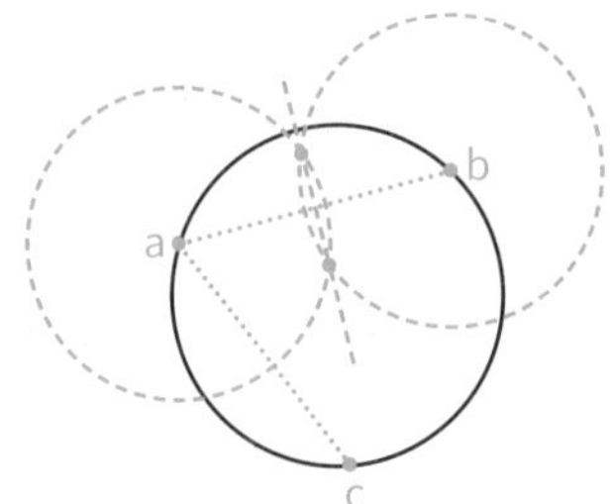

2. [기초 다지기 문제 3]의 풀이법을 이용하여 점a와 점b를 잇는 직선에 수직이등분선을 그린다.

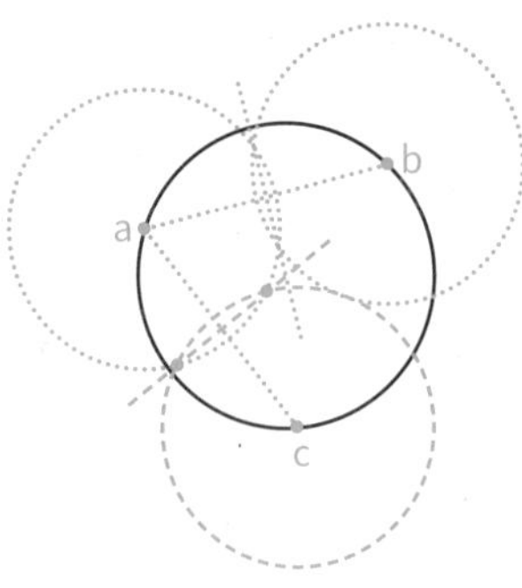

3. [기초 다지기 문제 3]의 풀이법을 이용하여 점a와 점c를 잇는 직선에 수직이등분선을 그린다.

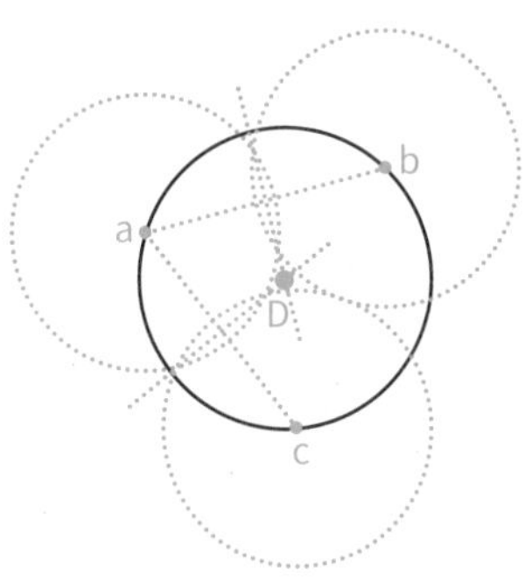

4. 두 수직이등분선이 만나는 지점에 점을 찍고 D라 정한다. 이 점D가 주어진 원의 중심이다.

작도 1

작도 2

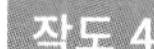

작도 3

작도 4

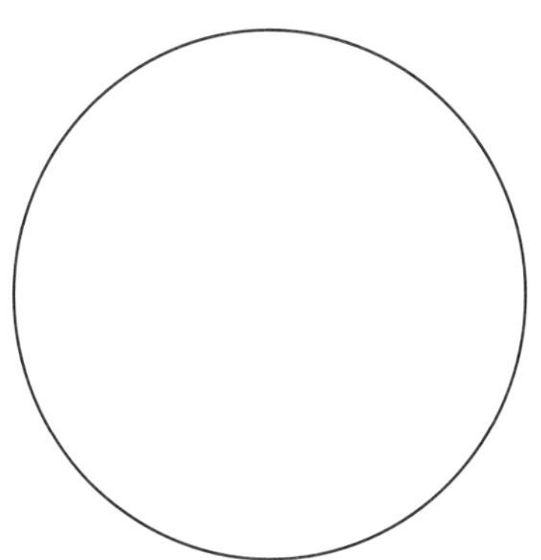

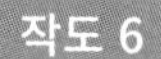

작도 5

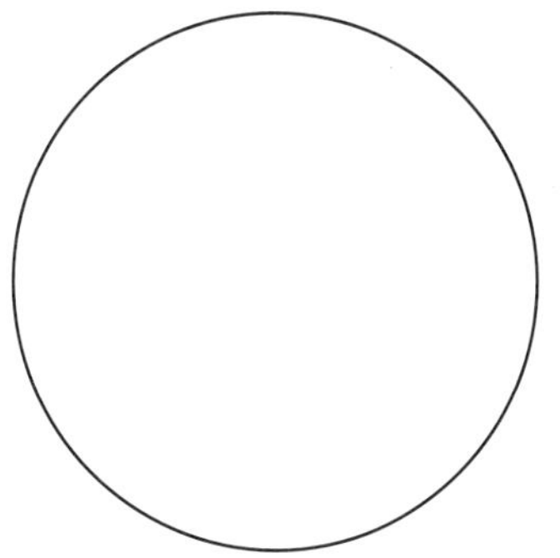

작도 6

문제

중심점이 표시되지 않은 원의 지름을 그리세요.
[지름은 원 또는 구의 중심을 지나가는 직선으로, 반지름의 두 배입니다.]

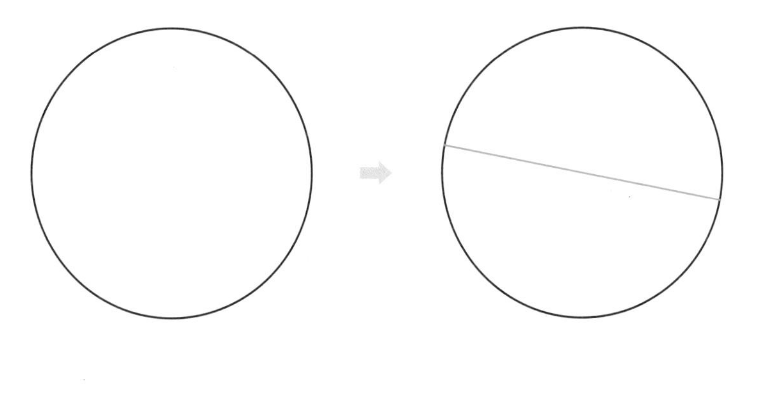

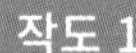

작도 1

풀이

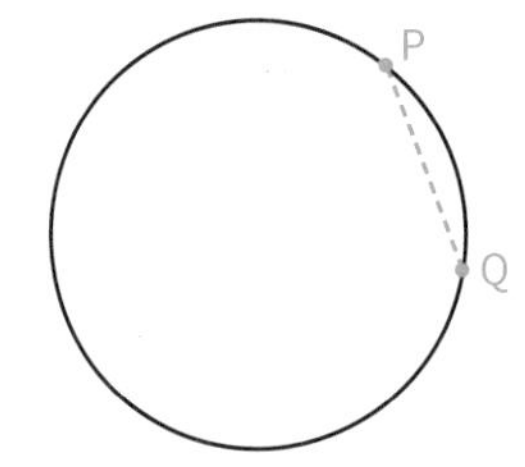

1. 주어진 원의 둘레(원주) 위에 임의의 점P와 점Q를 찍는다. 이 두 점을 잇는 직선을 그린다.

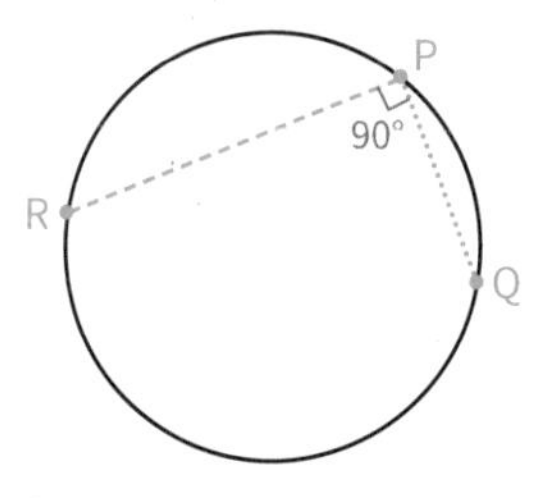

2. 점P에서 [기초 다지기 문제 6] 풀이법을 이용하여 직각인 직선을 그린다. 그 직선이 원둘레(원주)와 만나는 지점을 R이라 한다.

P
R
Q

3. 점Q와 점R을 잇는 직선을 그리면 그 직선이 원의 지름이다.

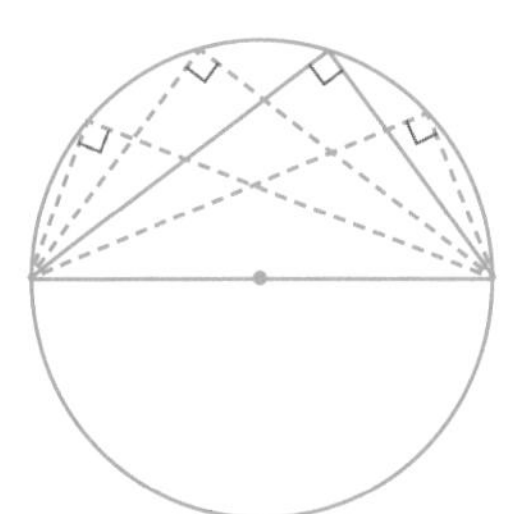

이 풀이법은 '원의 지름의 원주각은 어느 지점에서건 직각'이라는 탈레스 정리(Thales' theorem)를 반대로 적용한 것이다.

작도 2

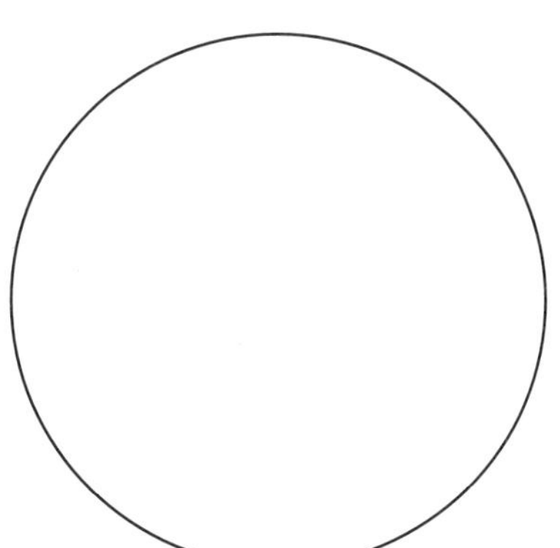

작도 3

작도 4

작도 5

 #각 #각도복사

문제

주어진 각을 점D에 복사하세요.

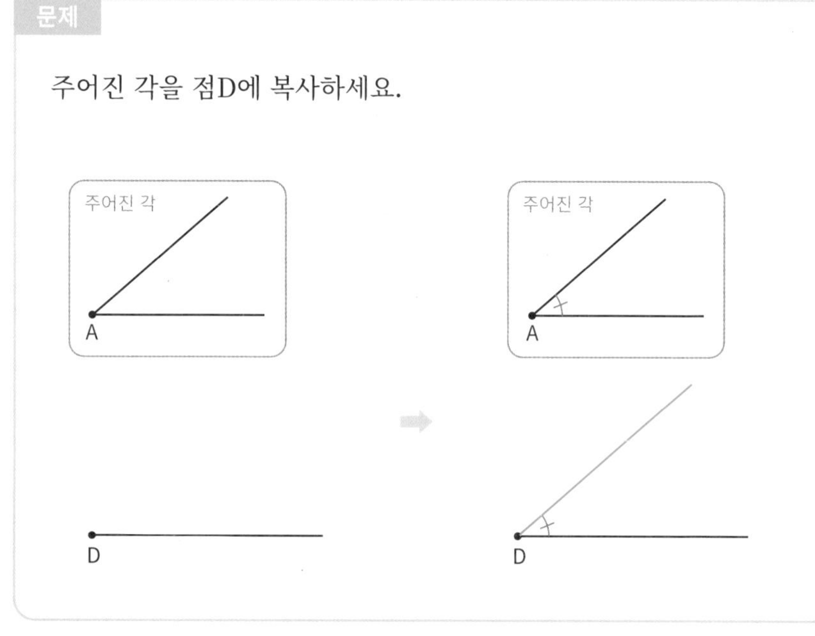

작도 1

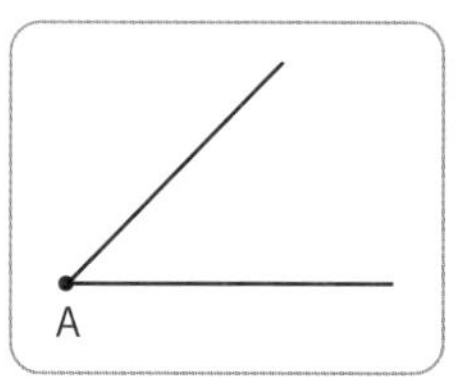

D

풀이

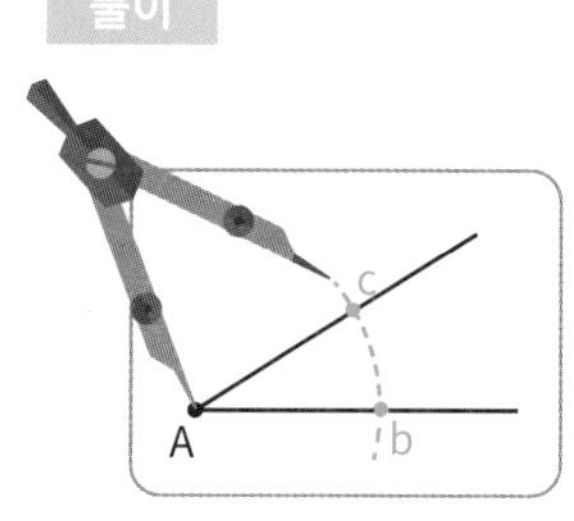

1. 주어진 각의 꼭짓점A에 컴퍼스의 중심축 바늘을 두고 적당히 폭을 넓혀 호를 그린다. 호와 각의 두 변이 만나는 지점을 각각 b와 c라 정한다.

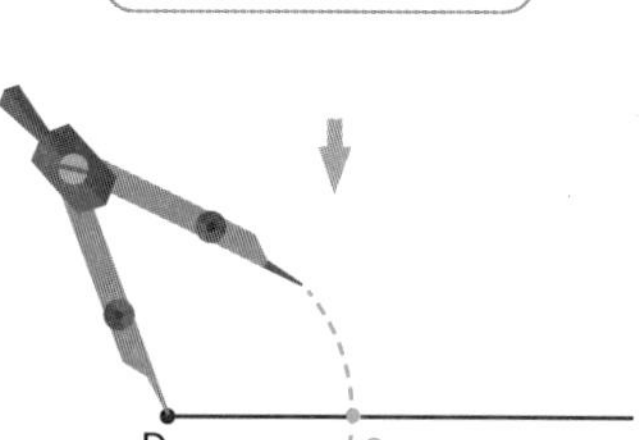

2. 컴퍼스의 폭을 그대로 유지한 채 중심축 바늘을 반직선의 점D에 두고 호를 그린다. 호와 반직선이 만나는 지점을 e라 정한다.

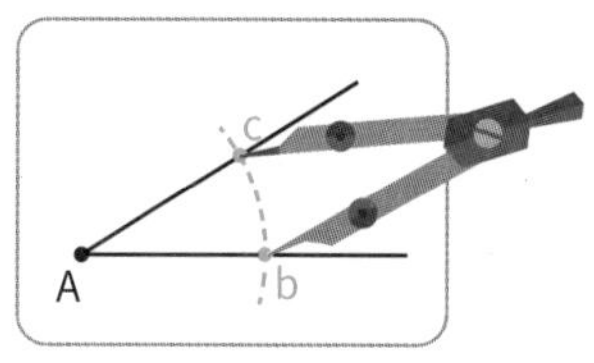

3. 컴퍼스를 다시 주어진 각으로 가져와 컴퍼스의 폭을 점b에서 점c만큼 넓힌다.

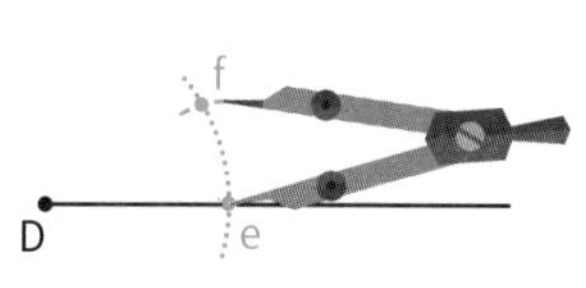

4. 컴퍼스를 다시 반직선으로 가져와 중심축 바늘을 점e에 두고 짧은 호를 그린다. 먼저 그린 호와 만나는 지점을 f라 정한다.

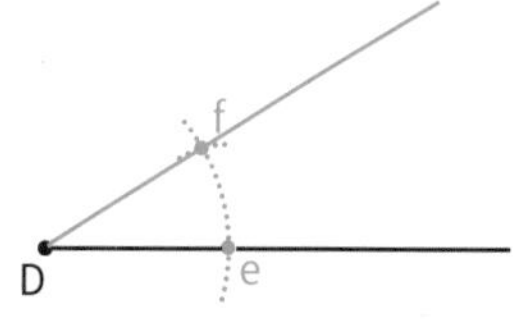

5. 자를 대고 반직선의 점D에서 점f를 지나는 직선을 그리면 주어진 각도가 복사된다.

작도 2

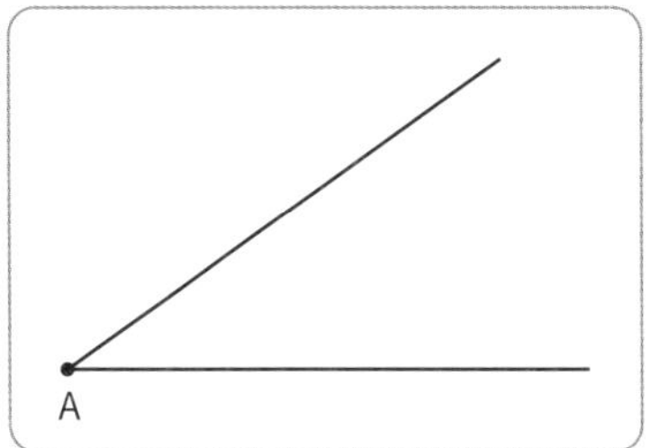

D

작도 3

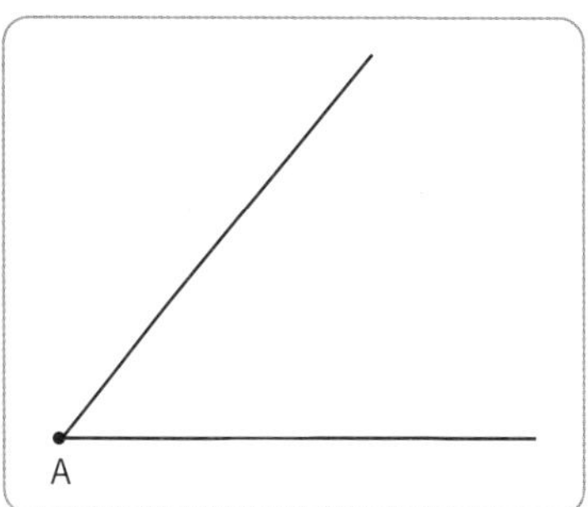

D

작도 4

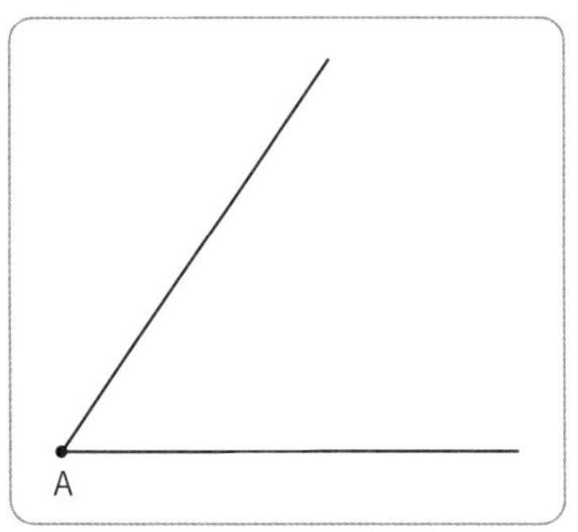

D

작도 5

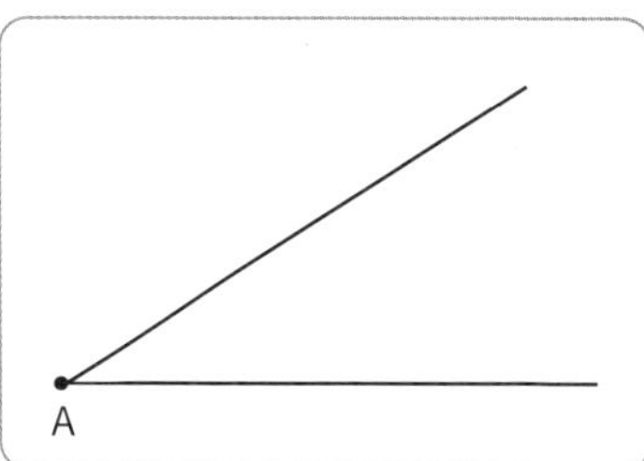

D

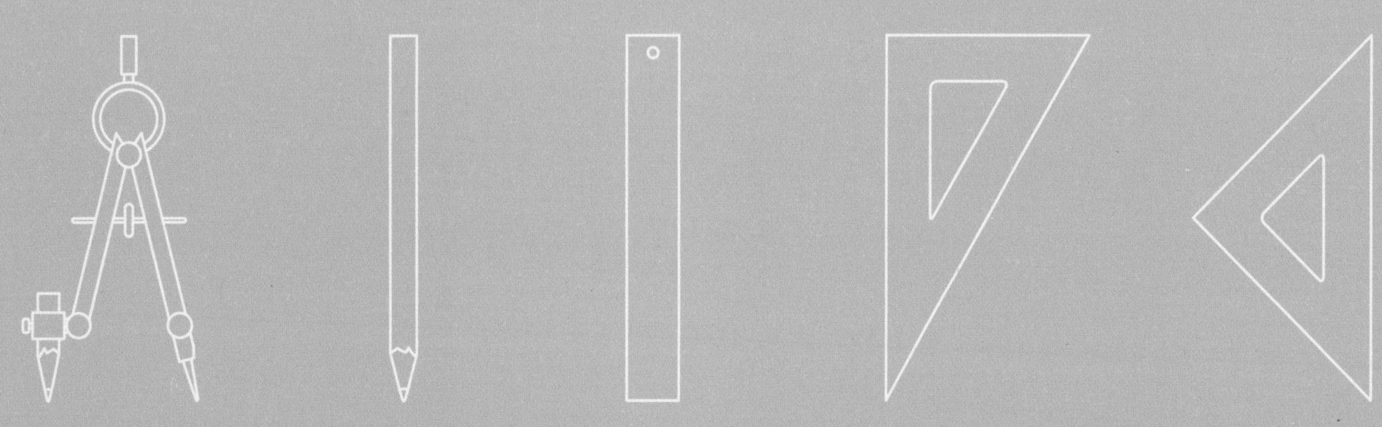

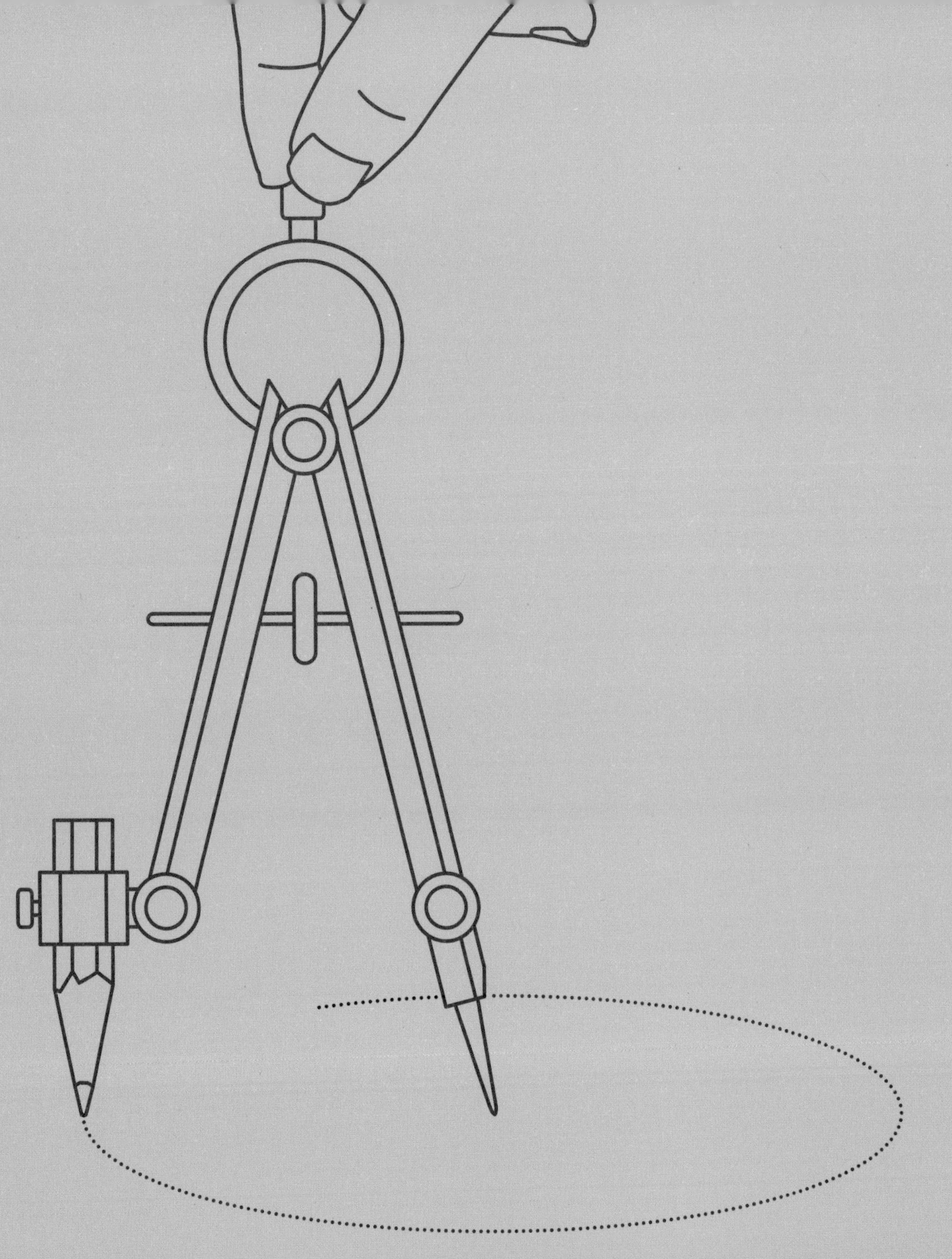

파트 I

문제 13 [2개의 풀이법] #각 #45°

문제

주어진 반직선의 점A에서 45° 각도를 그리세요.

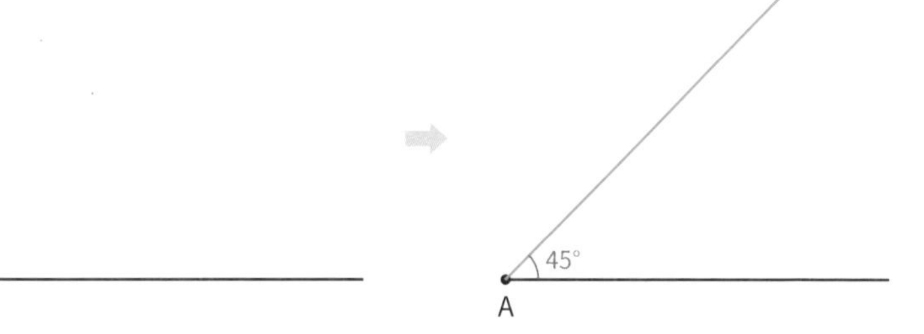

작도 1

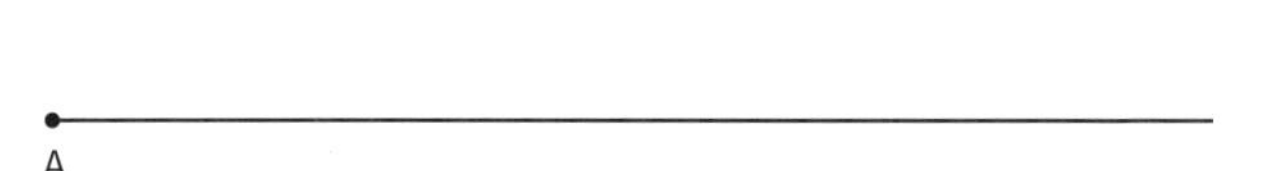

풀이 A

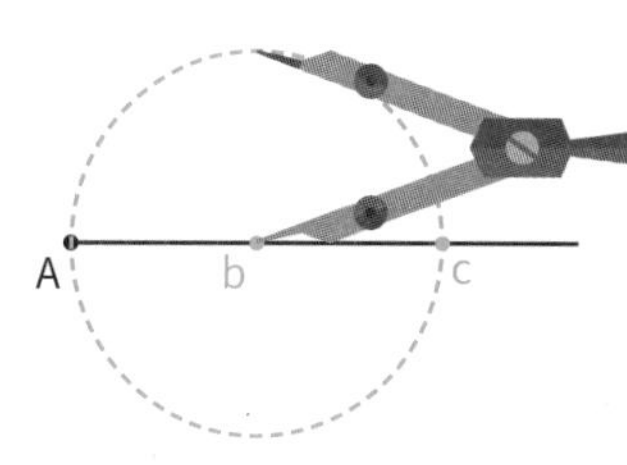

1. 주어진 반직선 위에 임의의 점을 찍고 b라 정한다. 이 점b에 컴퍼스의 중심축 바늘을 두고 컴퍼스 폭을 점A까지 넓힌 다음 원을 그린다. 원이 반직선과 만나는 지점을 c라 정한다.

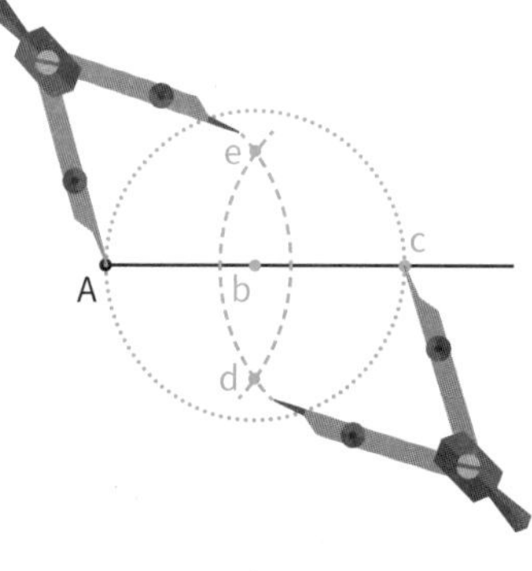

2. [기초 다지기 문제 3]의 풀이법을 이용하여 교점 d와 e를 정하고 선분 $\overline{Ac}$의 수직이등분선을 그린다

3. 점d와 점b와 점e를 지나는 수직이등분선이 원과 만나는 지점을 f라 정한다.

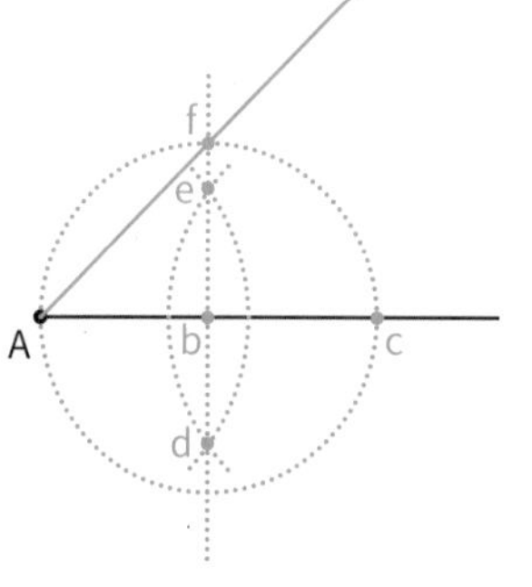

4. 점A에서 점f를 지나는 직선을 그리면 45° 각도가 완성된다.

작도 2

A

작도 3

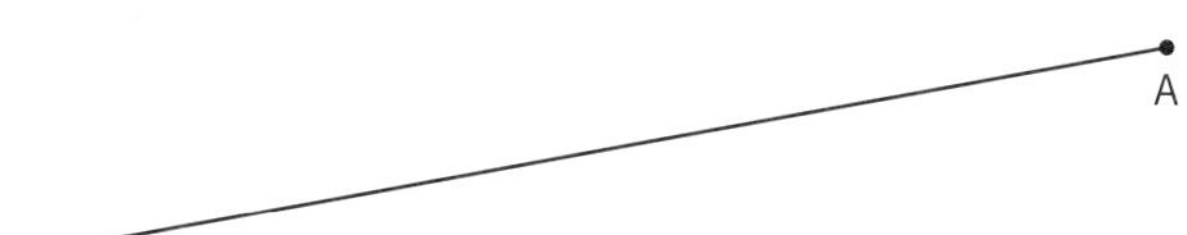

작도 4

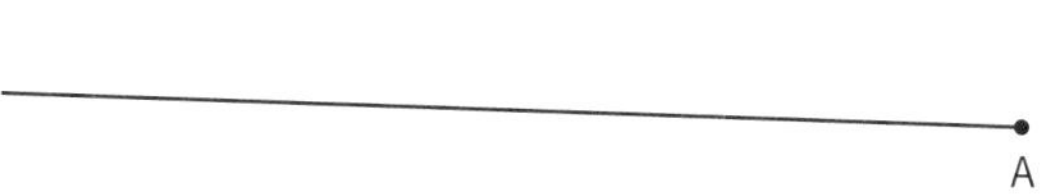

작도 5

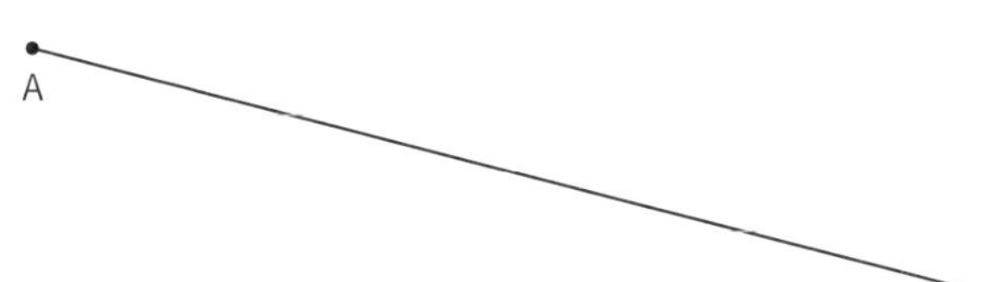

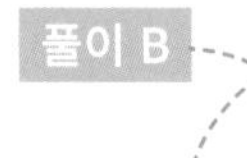

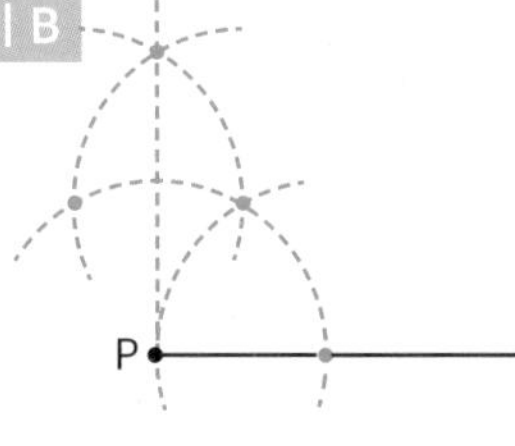

1. [기초 다지기 문제 6]의 풀이법을 이용하여 주어진 반직선의 점P에 직각(90°)을 그린다.

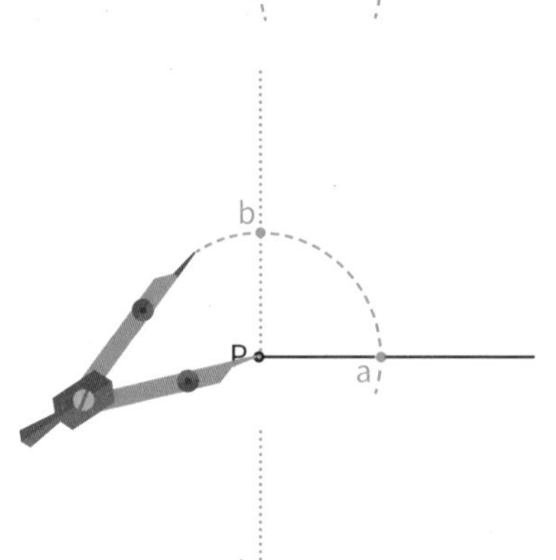

2. [기초 다지기 문제 7]의 풀이법을 이용하여 각이등분선을 그린다.
먼저 컴퍼스의 중심축 바늘을 직각의 꼭짓점P에 두고 적당한 폭으로 호를 그린다. 호와 직각의 두 인접변이 만나는 지점을 각각 a와 b라 정한다.

3. 컴퍼스의 중심축 바늘을 점a에 두고 짧은 호를 그린다.

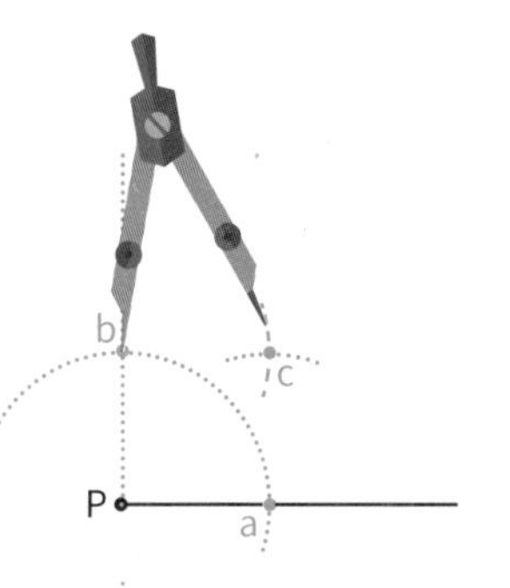

4. 컴퍼스의 폭을 그대로 유지한 채 컴퍼스의 중심축 바늘을 점b에 두고 짧은 호를 그린다. 두 호가 만나는 지점을 c라 정한다.

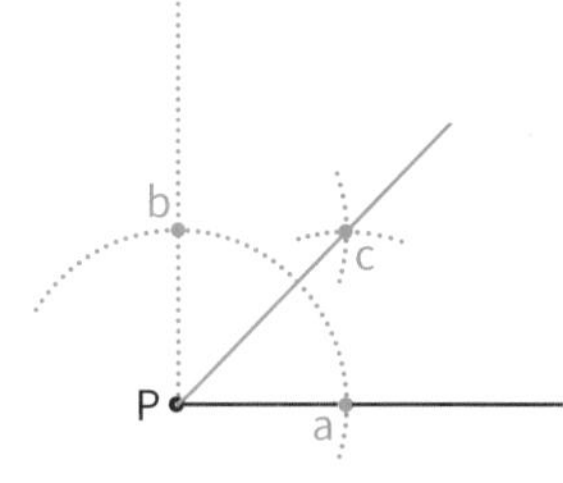

5. 직각의 꼭짓점P에서 점c를 지나는 각이등분 직선을 그리면 45° 각도가 완성된다.

작도 1

P

작도 2

P

작도 3

P

작도 4

P

작도 5

P

작도 6

P

문제 14 #각 #60° #30°

문제

주어진 직각(90°)에서 60°와 30° 각도를 그리세요.

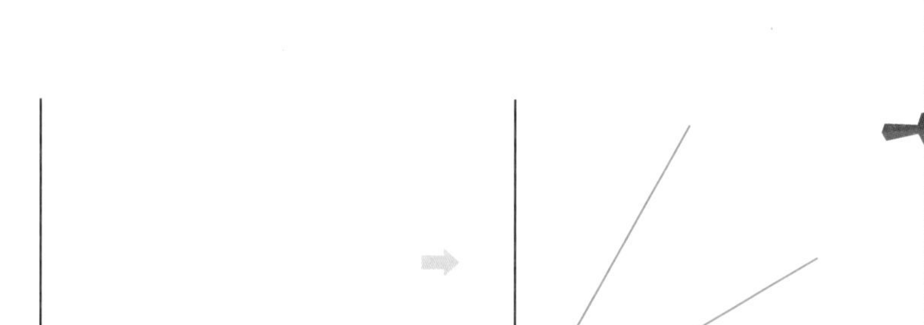

작도 1

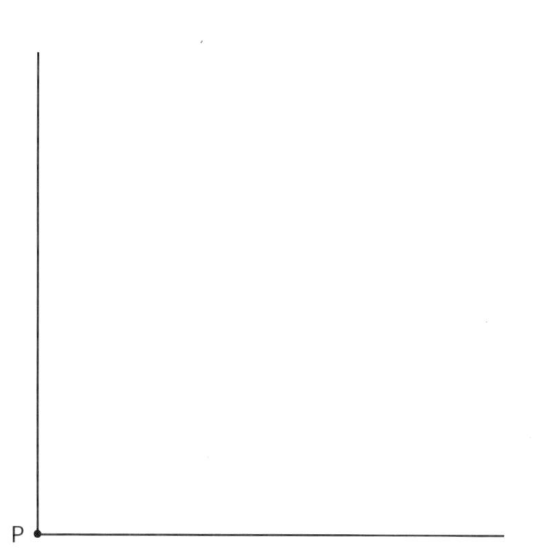

풀이

1. 컴퍼스의 중심축 바늘을 직각의 꼭짓점P에 두고 적당한 폭으로 호를 그린다. 호와 직각의 두 변이 만나는 지점을 각각 a와 b라 정한다.

2. 컴퍼스의 폭을 그대로 유지한 채 컴퍼스의 중심축 바늘을 점a에 두고, 먼저 그린 호 위에 짧은 호를 그려 표시한다. 이 지점을 c라 정한다.

3. 컴퍼스의 폭을 그대로 유지한 채 컴퍼스의 중심축 바늘을 점b에 두고, 맨 먼저 그린 호 위에 짧은 호를 그려 표시한다. 이 지점을 d라 정한다.

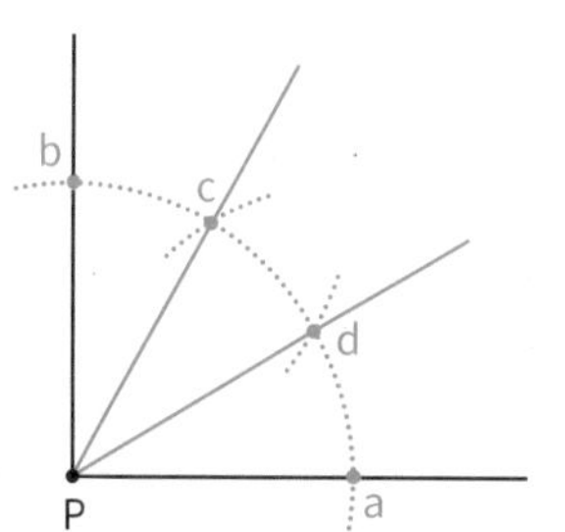

4. 꼭짓점P에서 점c를 지나는 직선을 그리고, 꼭짓점P에서 점d를 지나는 직선을 그리면 완성된다.
   즉 90°를 3등분하면 60°와 30° 각도를 각각 표시할 수 있다.

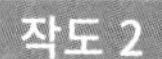

작도 2

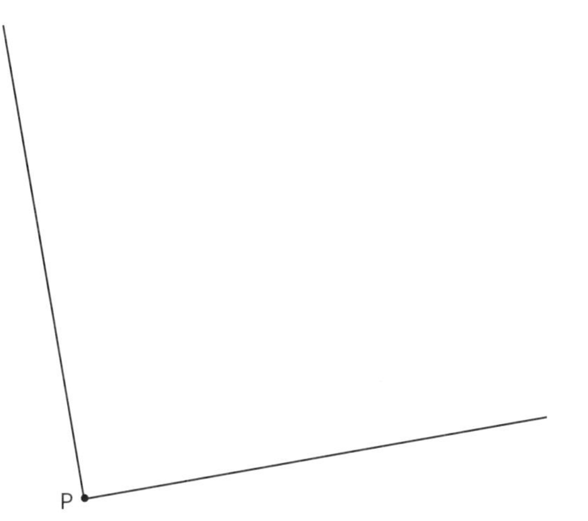

작도 3

P

작도 4

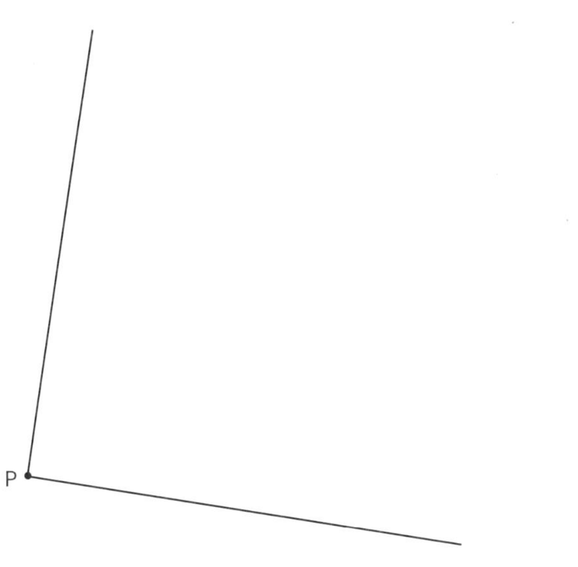

작도 5

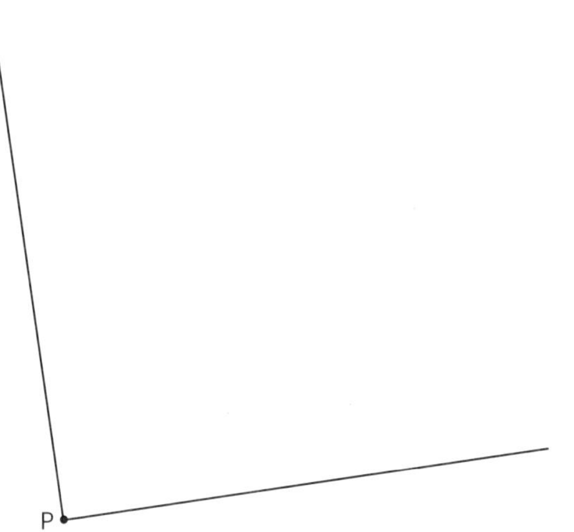

문제 15 #각 #60°

문제

주어진 반직선의 점A에서 60° 각도를 그리세요.

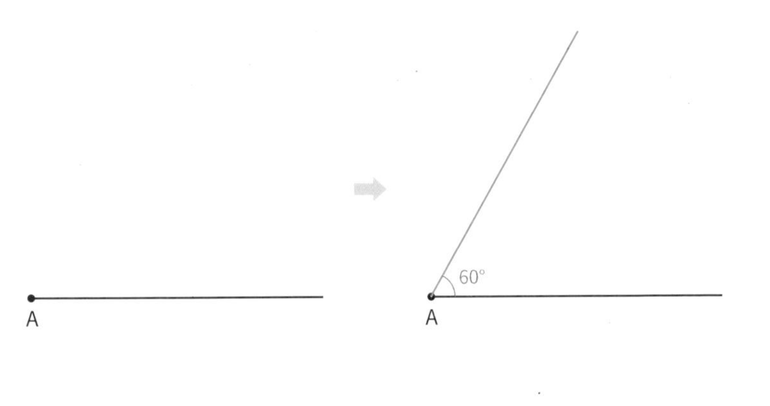

풀이

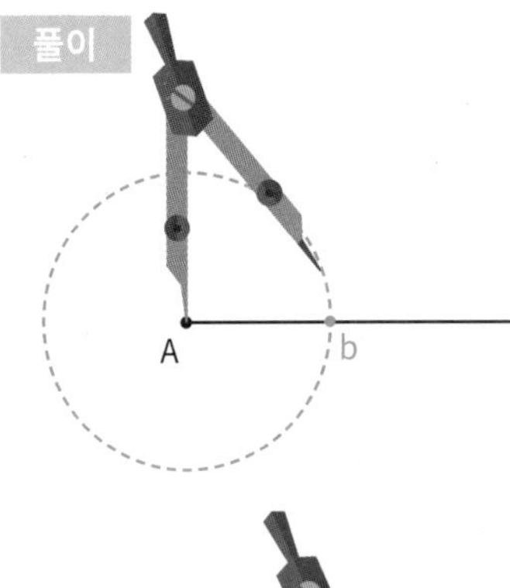

1. 주어진 반직선의 점A에 컴퍼스의 중심축 바늘을 둔다. 적당히 폭을 넓혀 원을 그린다. 원과 반직선이 만나는 지점을 b라 정한다.

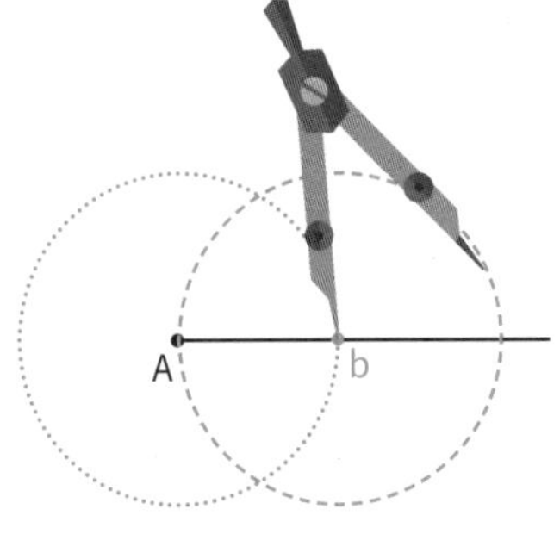

2. 폭을 그대로 유지하여 컴퍼스의 중심축 바늘을 점b에 두고 원을 그린다.

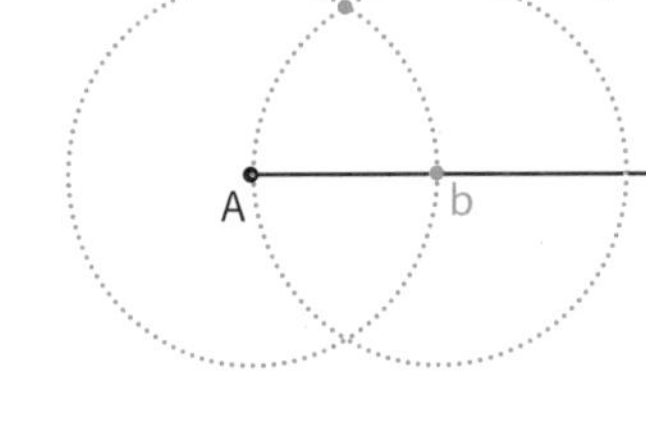

3. 두 원이 만나는 지점을 c라 정한다.

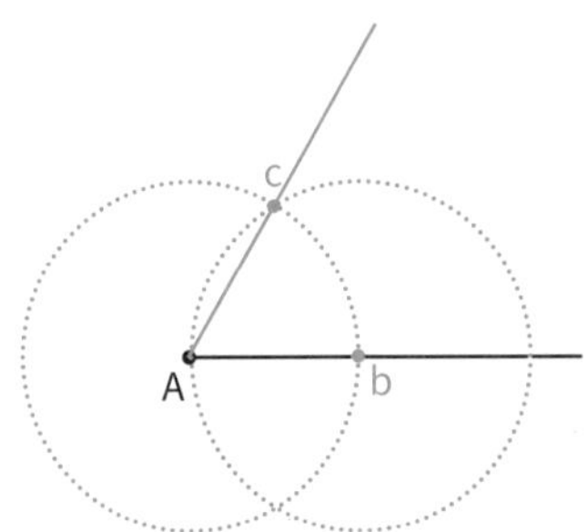

4. 점A에서 점c를 지나는 직선을 그리면 60° 각도가 완성된다.

작도 1

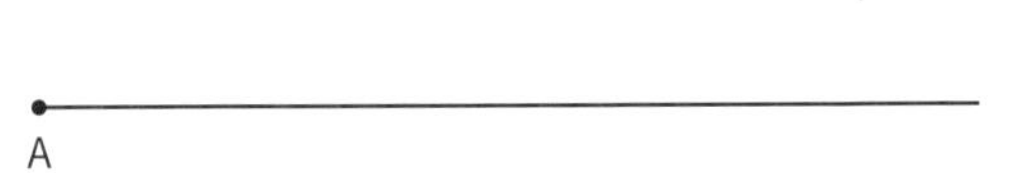

작도 2

A

작도 3

A

작도 4

A

작도 5

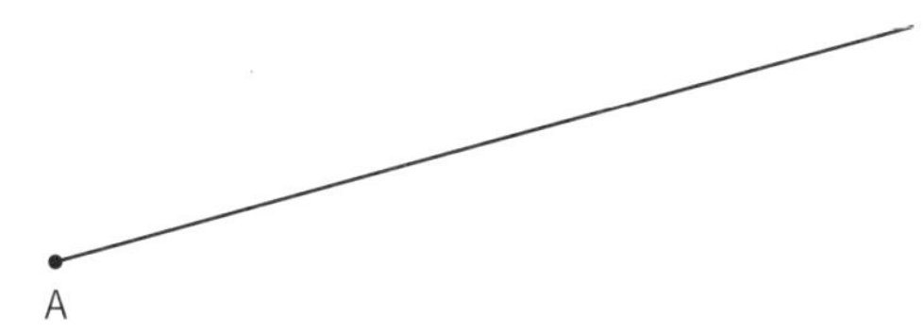

문제 16 #각 #120°

문제

주어진 반직선의 점A에서 120° 각도를 그리세요.

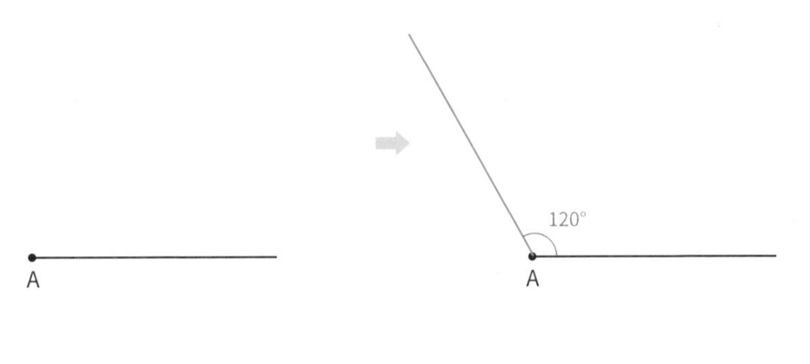

작도 1

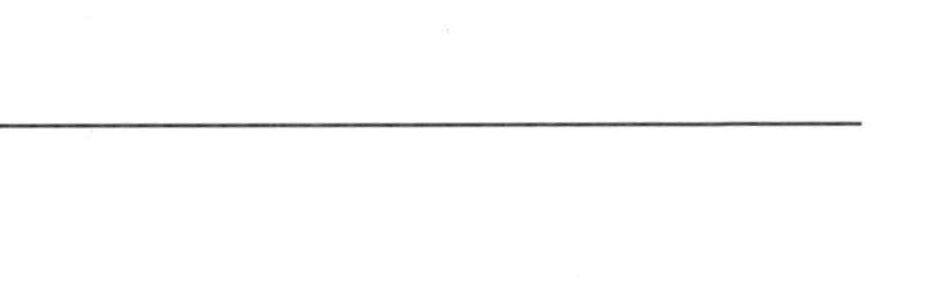

풀이

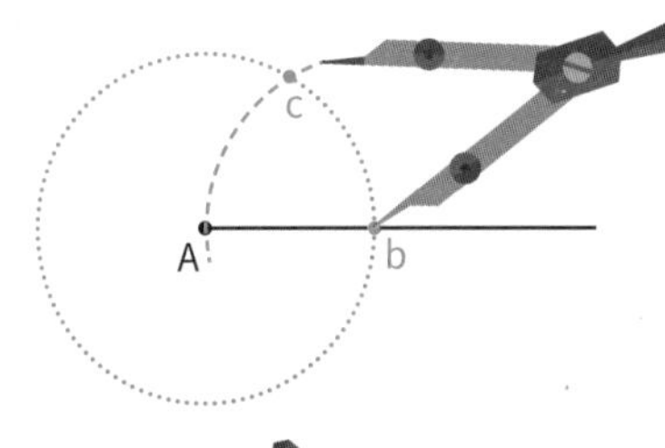

1. 주어진 반직선의 점A에 컴퍼스의 중심축 바늘을 둔다. 적당히 폭을 넓혀 원을 그린다. 원과 반직선이 만나는 지점을 b라 정한다.

2. 폭을 그대로 유지하여 컴퍼스의 중심축 바늘을 점b에 두고 호를 그린다. 호와 원이 만나는 지점을 c라 정한다.

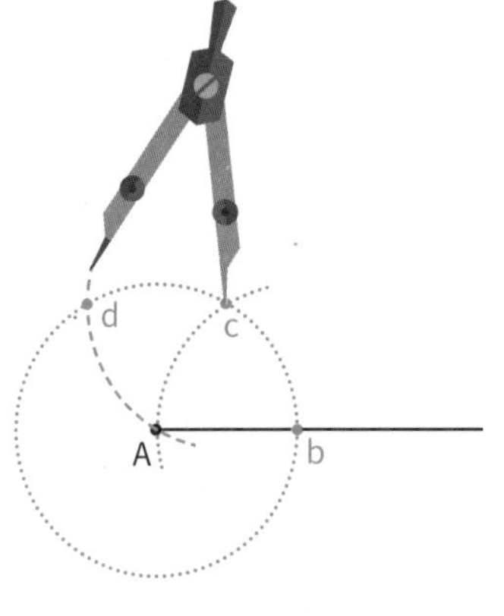

3. 계속 폭을 그대로 유지하여 컴퍼스의 중심축 바늘을 점c에 두고 호를 그린다. 호와 원이 만나는 지점을 d라 정한다.

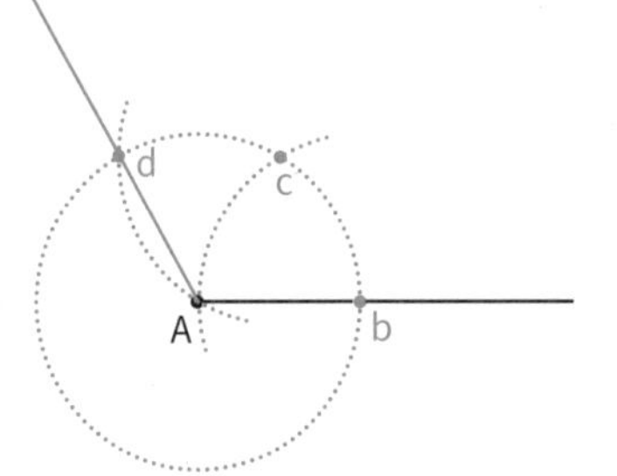

4. 점A에서 점d를 지나는 직선을 그리면 120° 각도가 완성된다.

작도 2

A

작도 3

A

작도 4

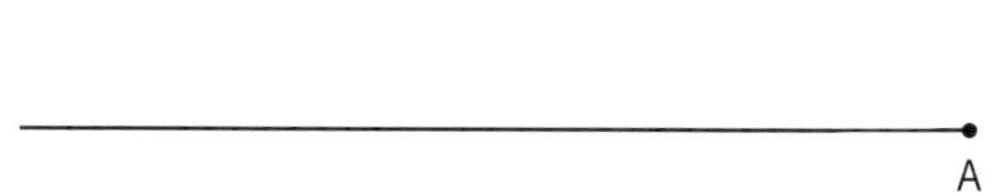

작도 5

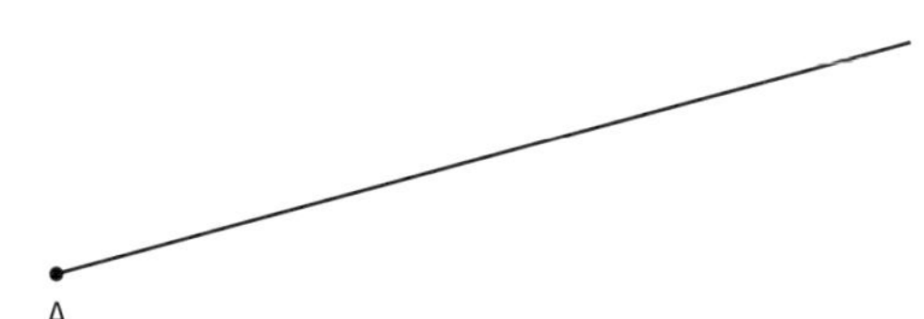

문제 17 #각 #30°

문제

주어진 반직선의 점A에서 30° 각도를 그리세요.
다만 직각을 삼등분하는 방법이 아닌 방법으로 그리세요.

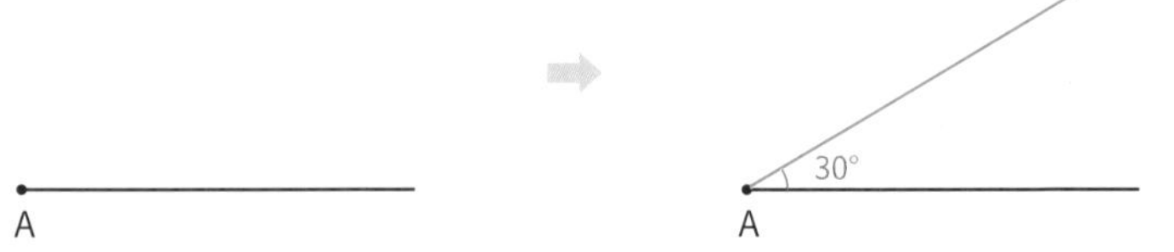

작도 1

A

풀이 A

1. 주어진 반직선의 임의의 지점 b에 컴퍼스의 중심축 바늘을 둔다. 컴퍼스의 폭을 A까지 넓혀 원을 그린다. 원과 반직선이 만나는 지점을 c라 정한다.

2. 컴퍼스의 폭을 그대로 유지하여 컴퍼스의 중심축 바늘을 점c에 두고 원를 그린다. 두 원이 만나는 지점을 d라 정한다.

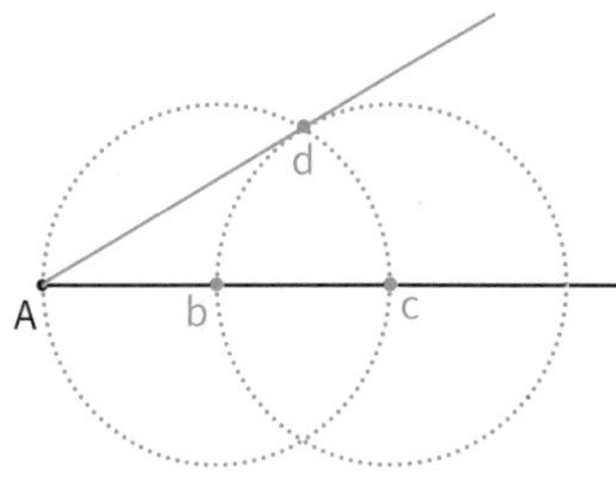

3. 점A에서 점d를 지나는 직선을 그리면 30° 각도가 완성된다.

풀이 B

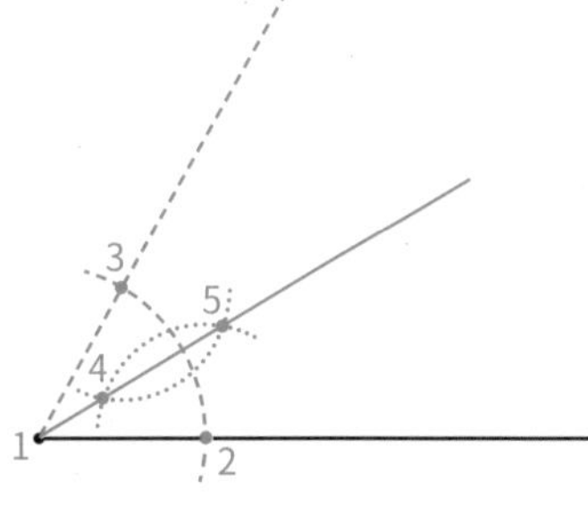

[문제 14]의 풀이법을 이용하여 60° 각을 그린다.
[기초 다지기 문제 7]의 풀이법을 이용하여 60° 각을 이등분하는 각이등분선을 그리면 30° 각도가 완성된다.

작도 2

A

작도 3

A

작도 4

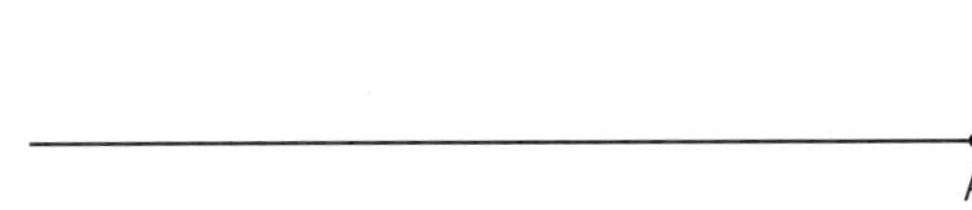

작도 5

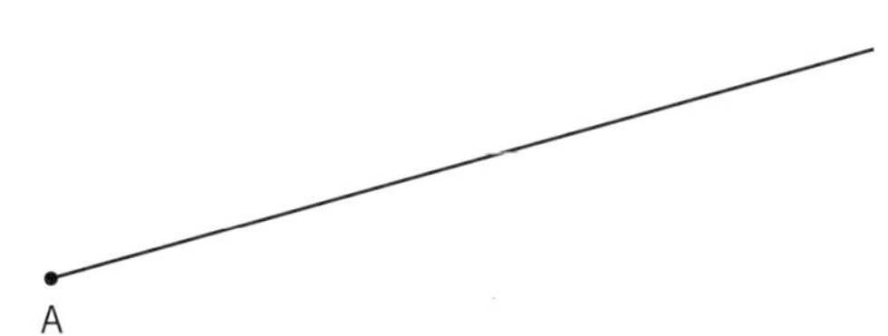

문제 18 #각 #15°

문제

주어진 반직선의 점A에서 15° 각도를 그리세요.

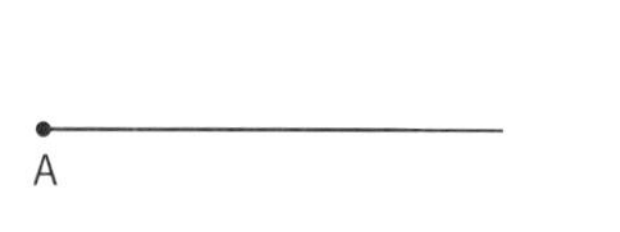

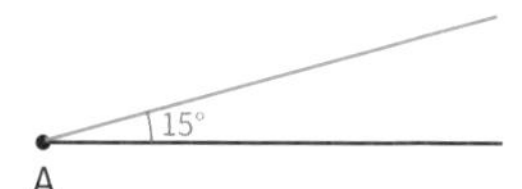

작도 1

A

풀이

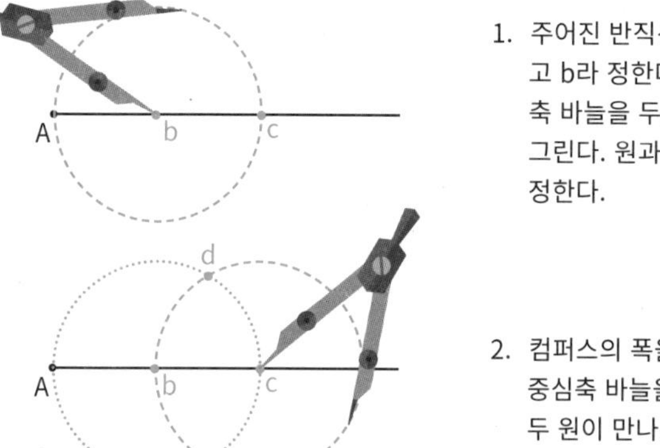

1. 주어진 반직선의 임의의 지점에 점을 찍고 b라 정한다. 그 점b에 컴퍼스의 중심축 바늘을 두고 점A까지 폭을 넓혀 원을 그린다. 원과 반직선이 만나는 지점을 c라 정한다.

2. 컴퍼스의 폭을 그대로 유지하여 컴퍼스의 중심축 바늘을 점c에 두고 원를 그린다. 두 원이 만나는 지점을 d라 정한다.

3. 계속 폭을 그대로 유지하여 컴퍼스의 중심축 바늘을 점d에 두고 원를 그린다. 두 번째 원과 세번째 원이 만나는 지점을 e라 정한다.

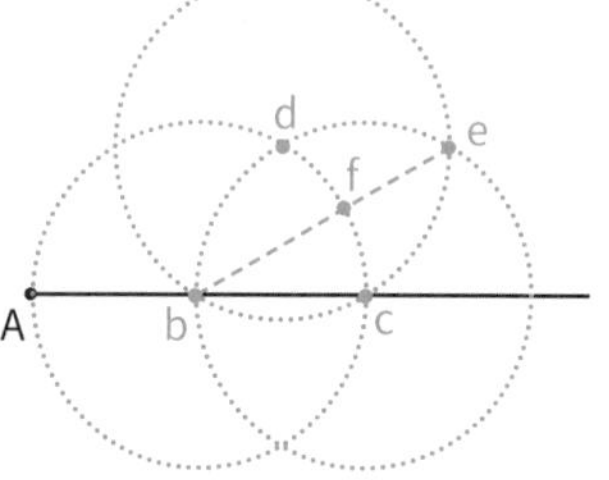

4. 점b에서 점e까지 직선을 그린다. 그 직선이 첫번째 원과 만나는 지점을 f라 정한다.

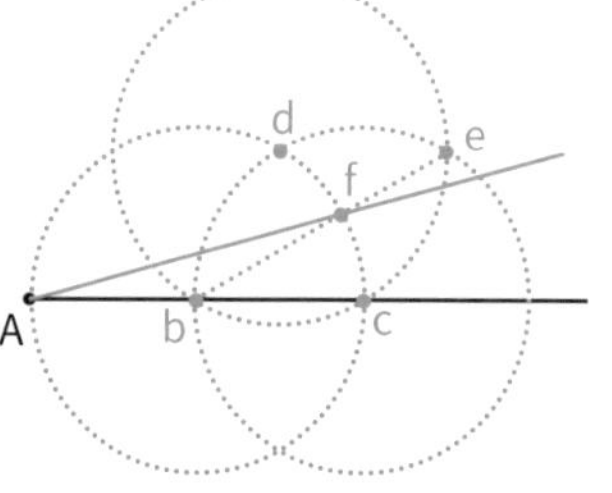

5. 점A에서 점f를 지나는 직선을 그리면 15° 각도가 완성된다.

작도 2

A

작도 3

A

작도 4

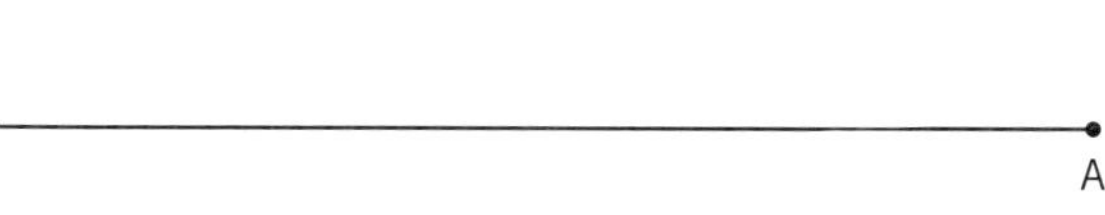

작도 5

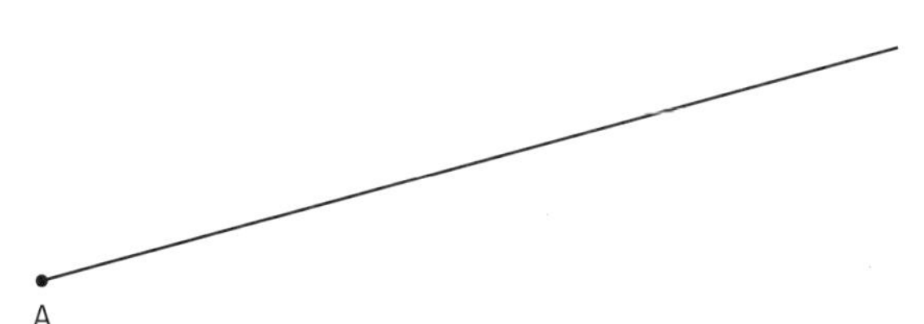

문제 19 #각 #75°

문제

주어진 반직선의 점A에서 75° 각도를 그리세요.

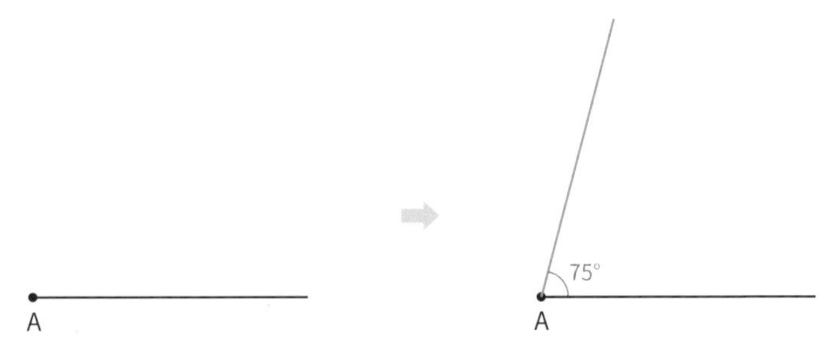

작도 1

A

풀이

1. 주어진 반직선의 점A에 컴퍼스의 중심축 바늘을 둔다. 적당한 폭을 넓혀 원을 그린다. 원과 반직선이 만나는 지점을 b라 정한다.

2. 컴퍼스의 폭을 그대로 유지하여 중심축 바늘을 점b에 두고 원을 그린다. 두 원이 만나는 한 지점을 c라 정한다.

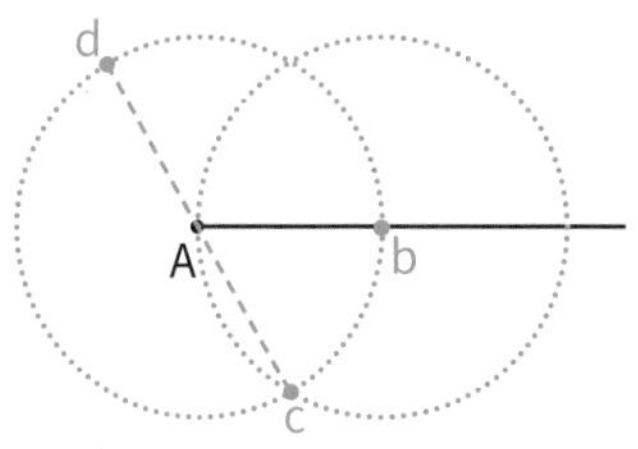

3. 점c에서 점A를 지나는 직선을 그리는데 이 직선이 맞은편 원둘레와 만나는 지점을 d라 정한다.

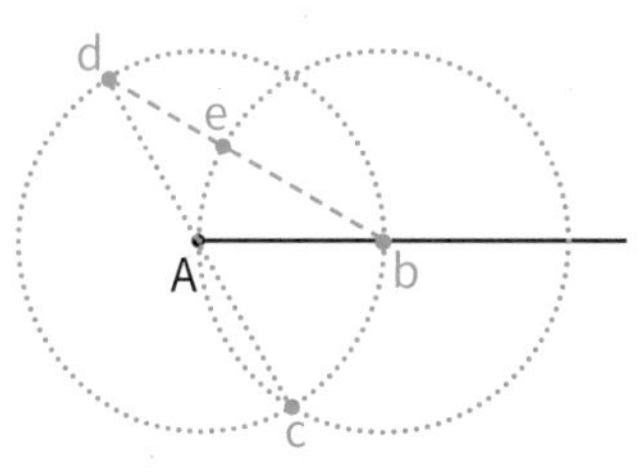

4. 점d에서 점b까지 직선을 그린다. 이 직선이 두번째 원과 만나는 지점을 e라 정한다.

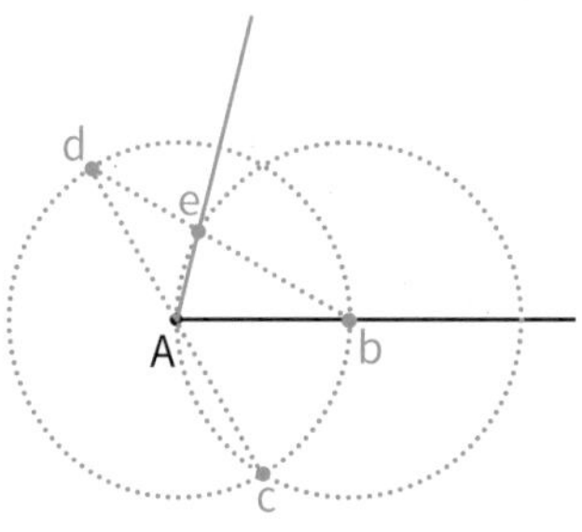

5. 점A에서 점e를 지나는 직선을 그리면 75° 각도가 완성된다.

작도 2

A

작도 3

A

작도 4

A

작도 5

A

문제 20 #각 #2배각

문제

주어진 각과 동일하고 한 변 $\overline{AS}$을 공유하는 각을 그리세요.

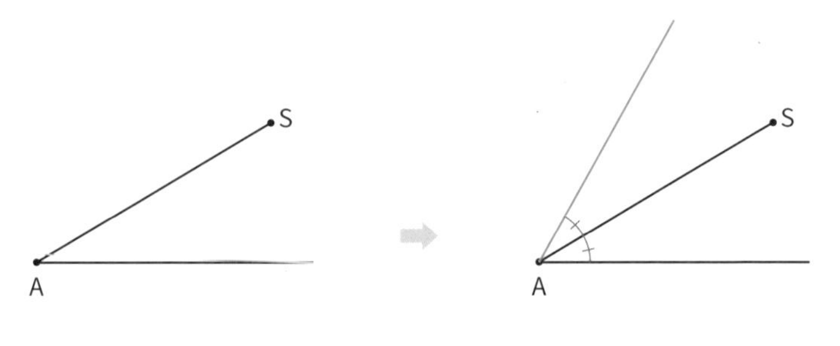

작도 1

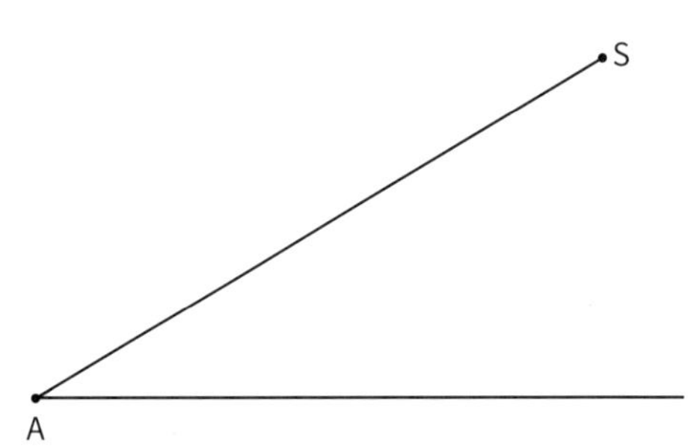

풀이

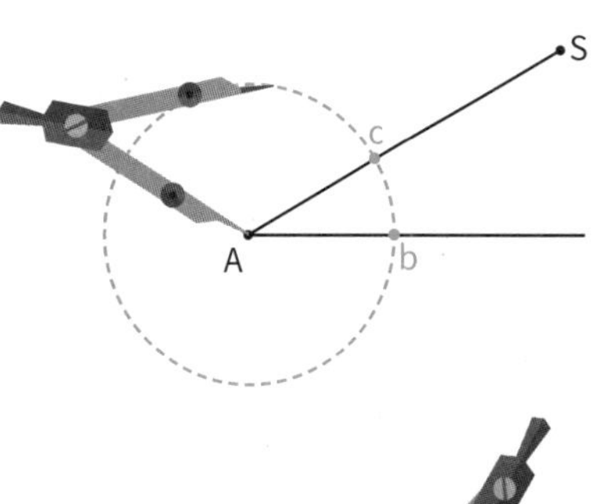

1. 주어진 각의 꼭짓점A에 컴퍼스의 중심축 바늘을 두고 적당히 폭을 넓혀 원을 그린다. 원과 두 변이 만나는 지점을 각각 b와 c라 정한다.

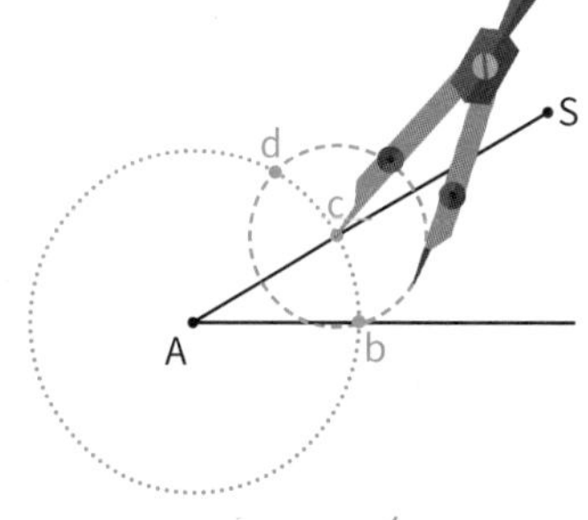

2. 컴퍼스의 중심축 바늘을 점c에 두고 점b까지 폭을 넓힌 다음 원을 그린다. 먼저 그린 원과 만나는 지점을 d라 정한다.

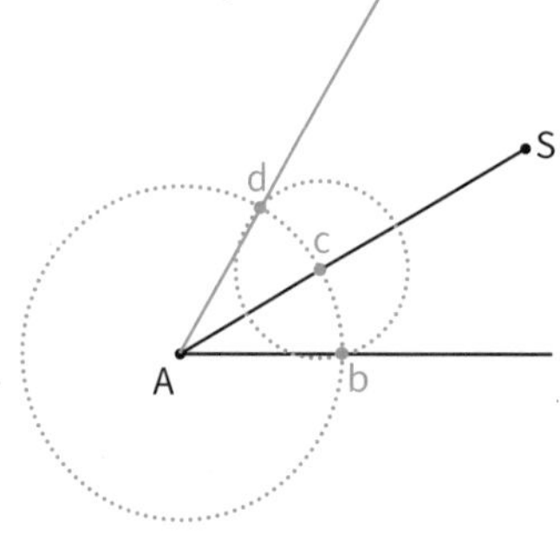

3. 주어진 각의 꼭짓점A에서 점d를 지나는 직선을 그리면 주어진 각도의 2배각이 완성된다.

작도 2

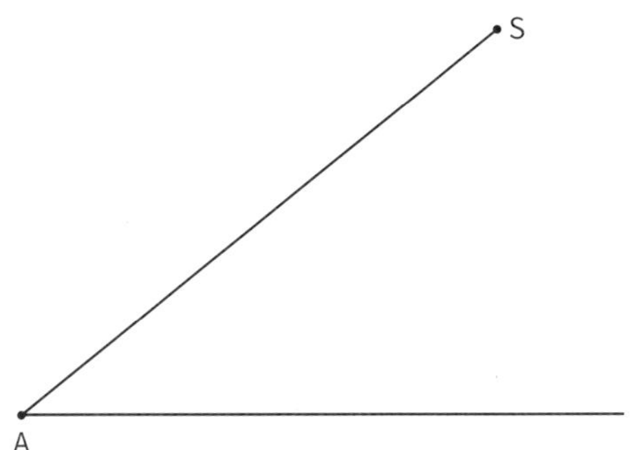

작도 3

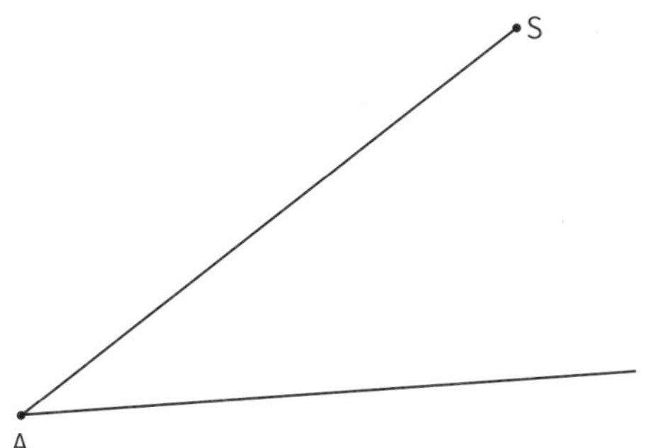

작도 4

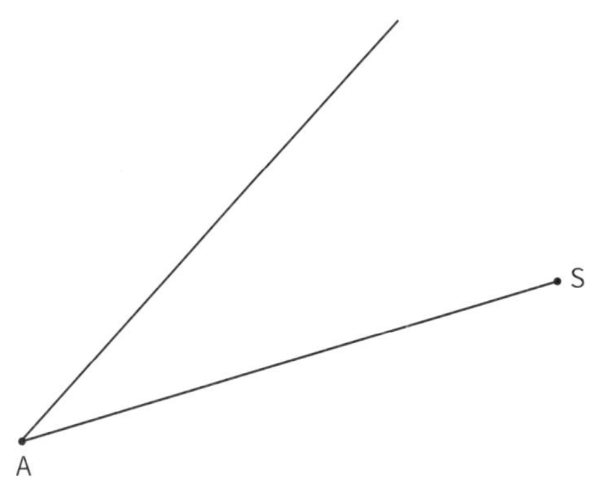

작도 5

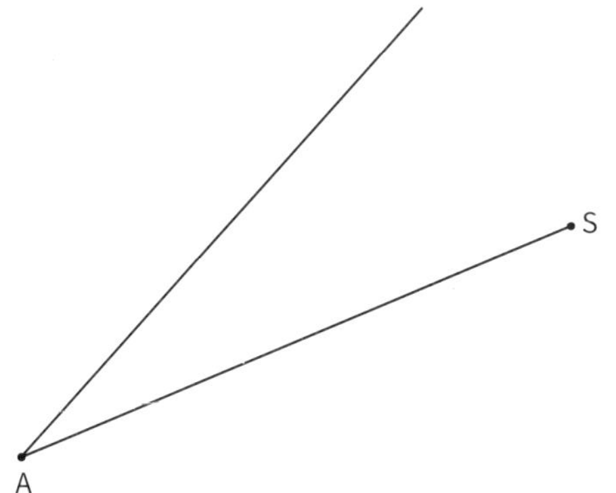

문제 21

#각 #각+각

문제

A각과 D각을 더한 각도를 주어진 반직선의 점Q 위에 그리세요.

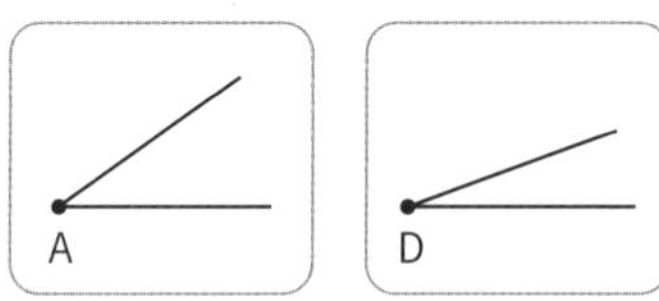

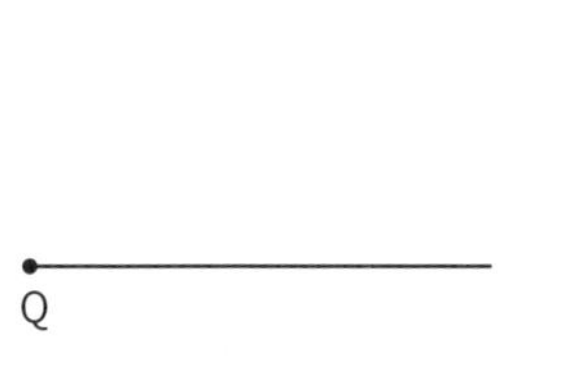

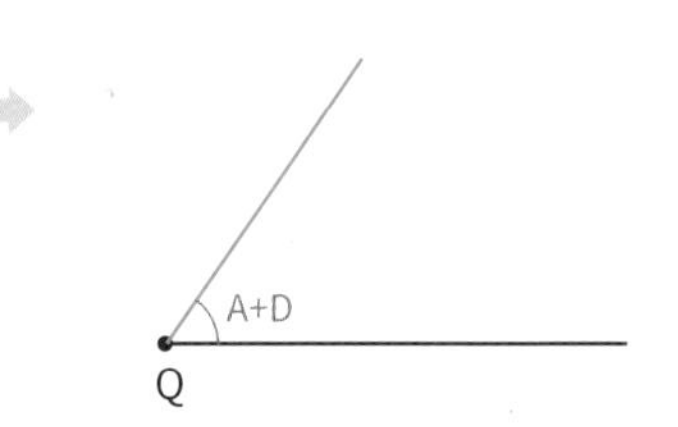

풀이

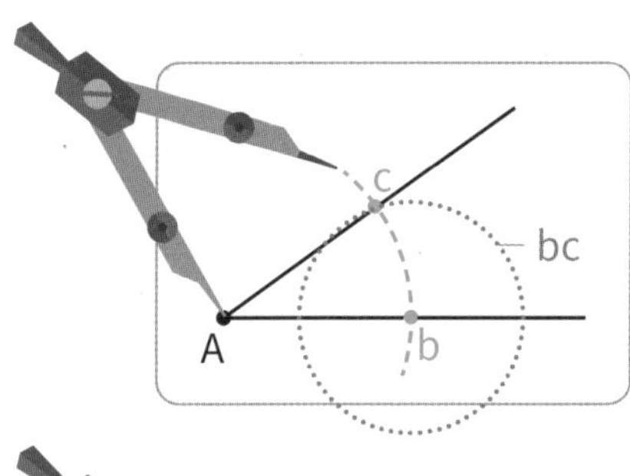

1. ∠A의 점A에 컴퍼스의 중심축 바늘을 둔다. 적당히 폭을 넓혀 호를 그린다. 호와 두 변이 만나는 지점을 각각 b와 c라 정한다.

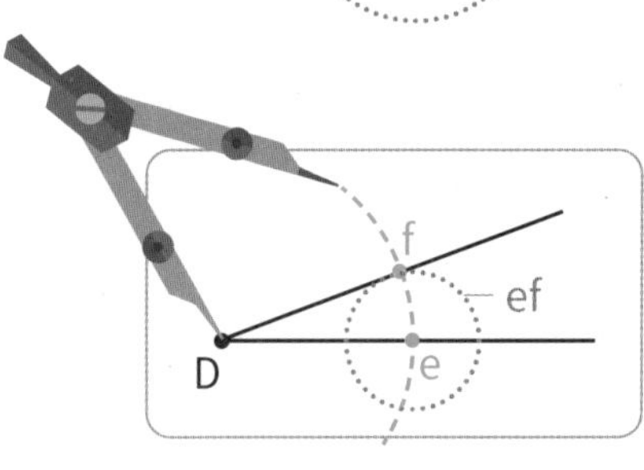

2. 컴퍼스의 폭을 그대로 유지하여 중심축 바늘을 ∠D의 점D에 두고 호를 그린다. 호와 두 변이 만나는 지점을 각각 e와 f라 정한다.

3. 컴퍼스의 폭을 그대로 유지하여 중심축 바늘을 주어진 반직선의 점Q에 두고 호를 그린다. 호와 반직선이 만나는 지점을 r이라 정한다.

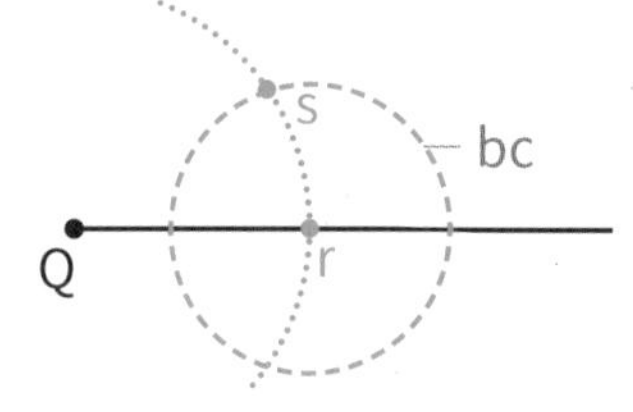

4. 컴퍼스를 ∠A의 점b에서 점c까지 폭을 넓힌 다음 그 폭을 그대로 유지하여 컴퍼스의 중심축 바늘을 점r로 옮겨 원을 그린다. 원과 호가 만나는 지점을 s라 정한다.

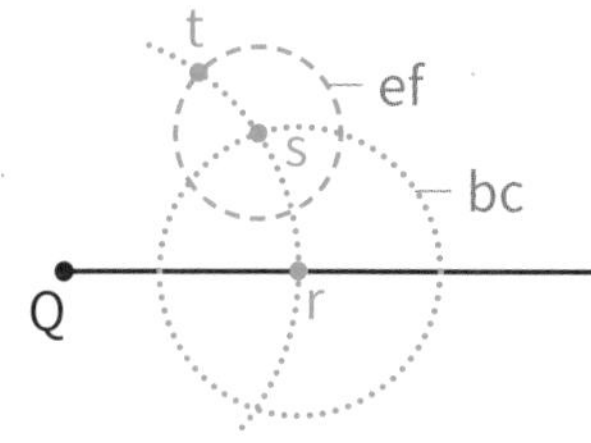

5. 컴퍼스를 ∠D의 점e에서 점f까지 폭을 넓힌다. 폭을 그대로 유지하며 중심축 바늘을 점s로 옮겨 원을 그린다. 원과 호가 만나는 위의 지점을 t라 정한다.

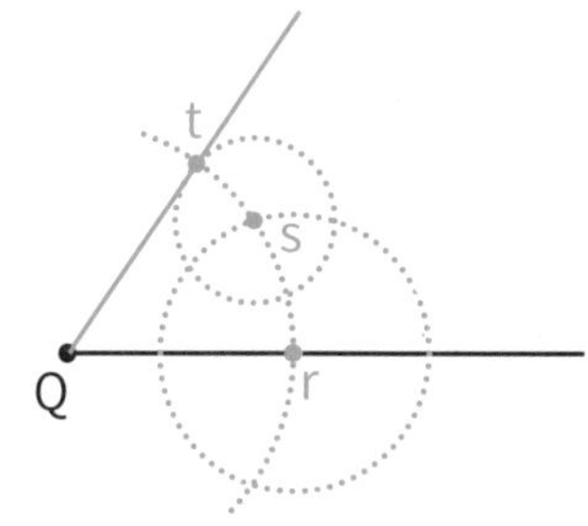

6. 점Q에서 점t를 지나는 직선을 그리면 ∠A와 ∠D의 각도를 합한 각도가 완성된다.

작도 1

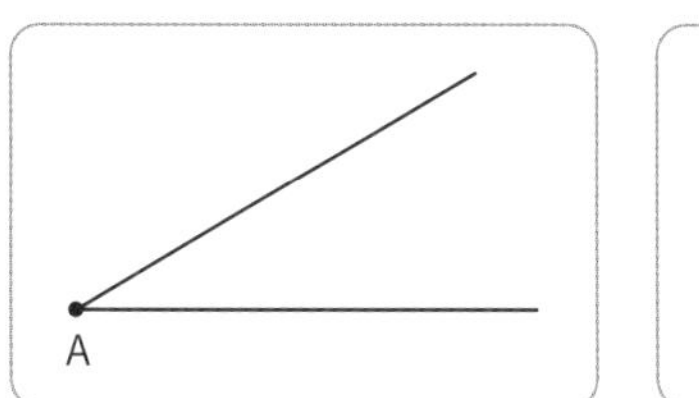

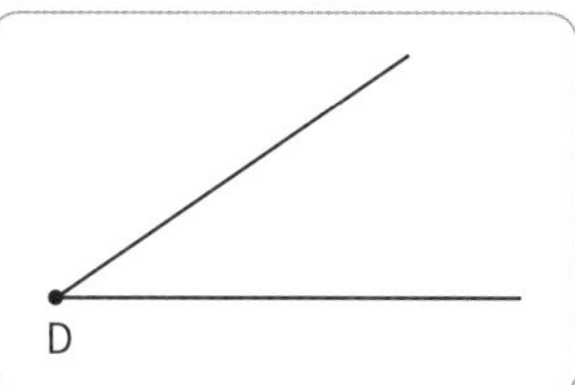

Q

작도 2

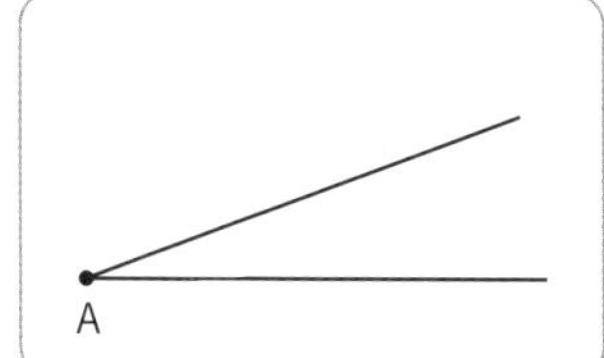

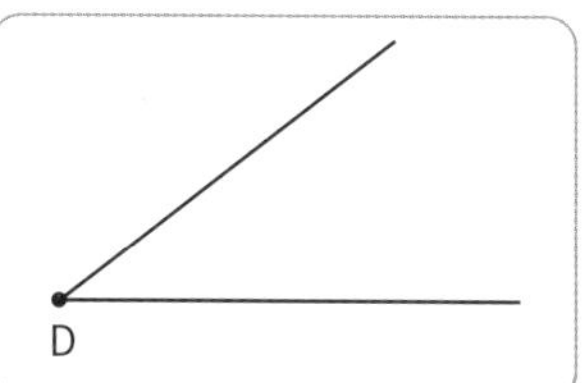

Q

작도 3

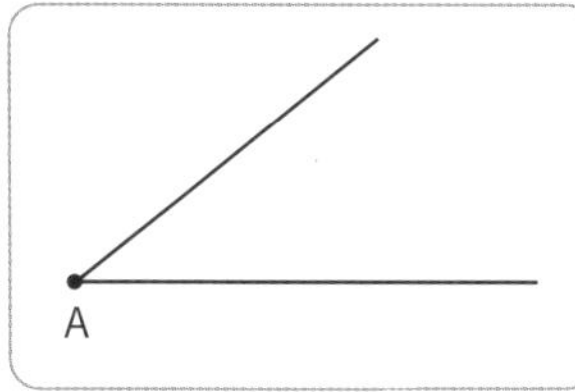

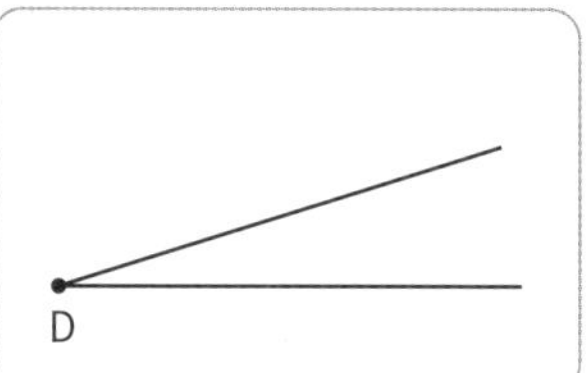

Q

작도 4

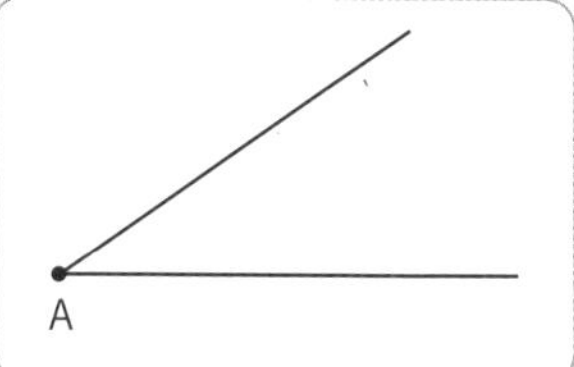

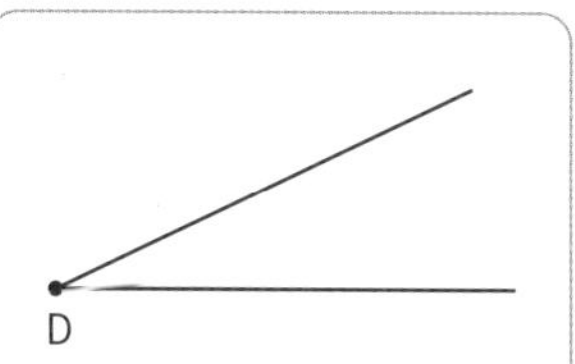

Q

문제 22 #각 #각-각

문제

∠A 각도에서 ∠D 각도를 뺀 각도를 반직선의 점Q에 그리세요.

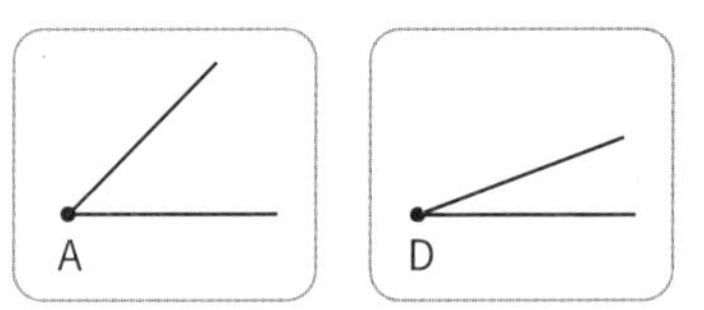

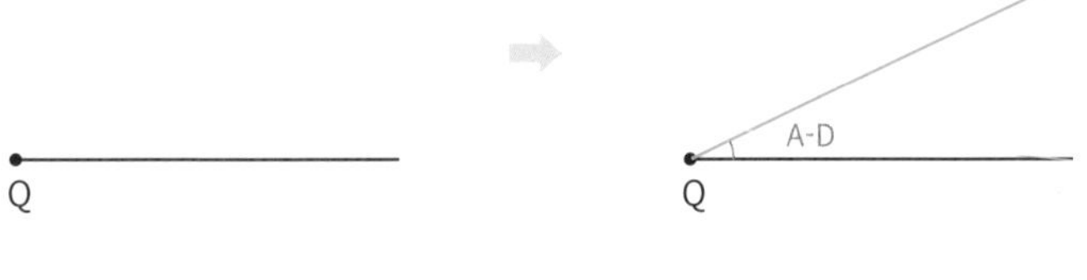

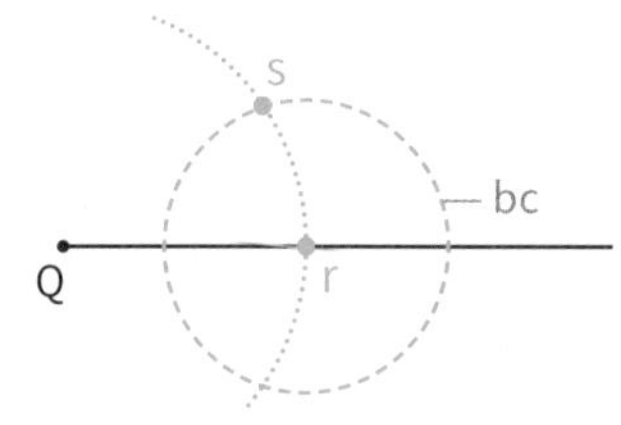

3. 컴퍼스의 폭을 그대로 유지하여 중심축 바늘을 주어진 반직선의 점Q에 두고 호를 그린다. 호와 반직선이 만나는 지점을 r이라 정한다.

4. 컴퍼스의 폭을 ∠A의 점b에서 점c까지 넓힌다. 폭을 그대로 유지하여 중심축 바늘을 주어진 반직선의 점r에 두고 원을 그린다. 원과 호가 만나는 지점을 s라 정한다.

풀이

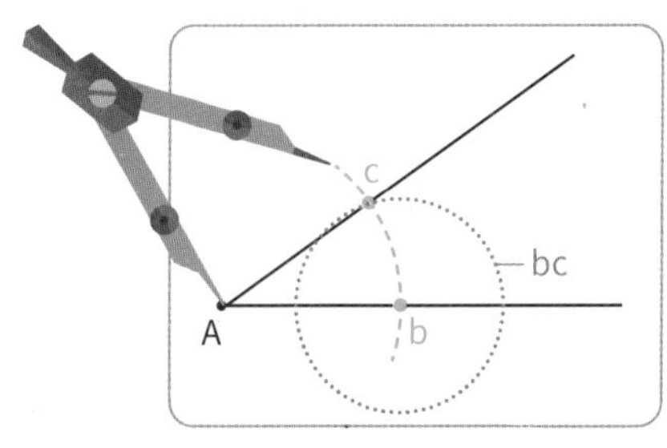

1. ∠A의 점A에 컴퍼스의 중심축 바늘을 둔다. 적당히 폭을 넓혀 호를 그린다. 호와 두 변이 만나는 지점을 각각 b와 c라 정한다.

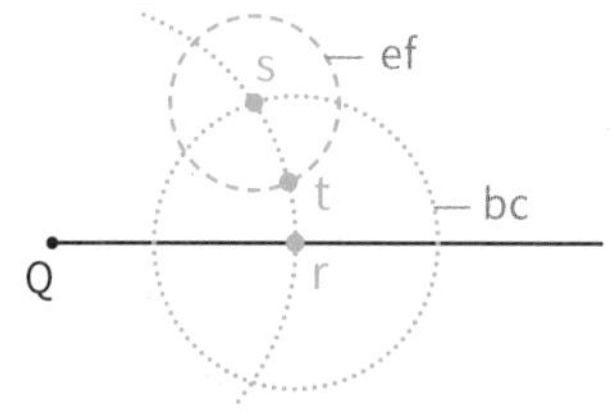

5. 컴퍼스의 폭을 ∠D의 점e에서 점f까지 넓힌다. 폭을 그대로 유지하며 중심축 바늘을 점s에 두고 원을 그린다. 원과 호가 만나는 아래 지점을 t라 정한다.

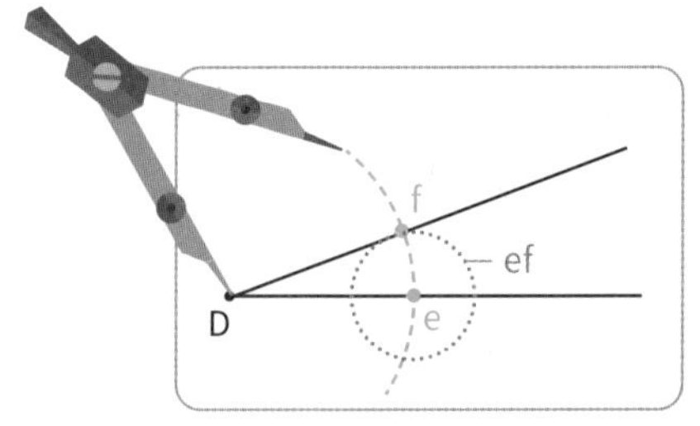

2. 컴퍼스의 폭을 그대로 유지하여 중심축 바늘을 ∠D의 점D에 두고 호를 그린다. 호와 두 변이 만나는 지점을 각각 e와 f라 정한다.

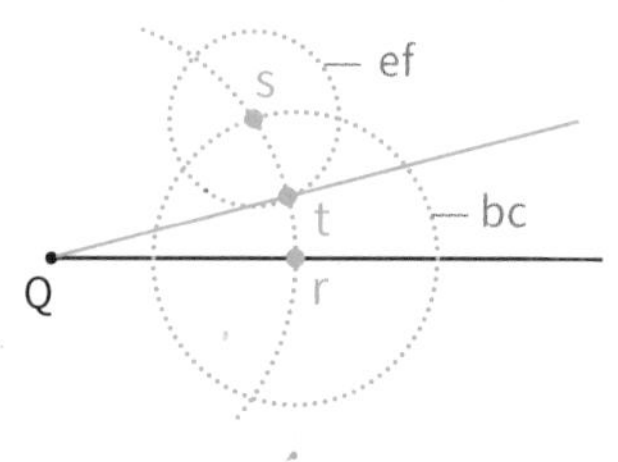

6. 주어진 반직선의 점Q에서 점t를 지나는 직선을 그리면 ∠A에서 ∠D를 뺀 각도가 완성된다.

작도 1

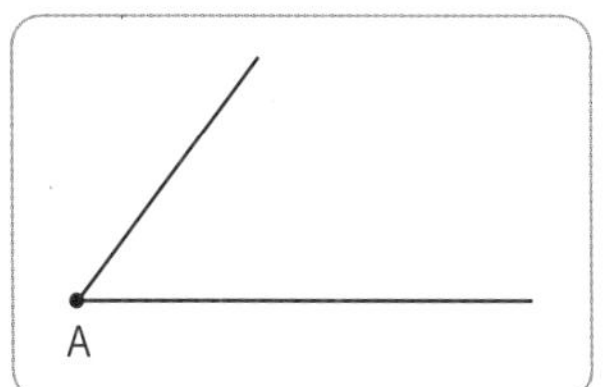

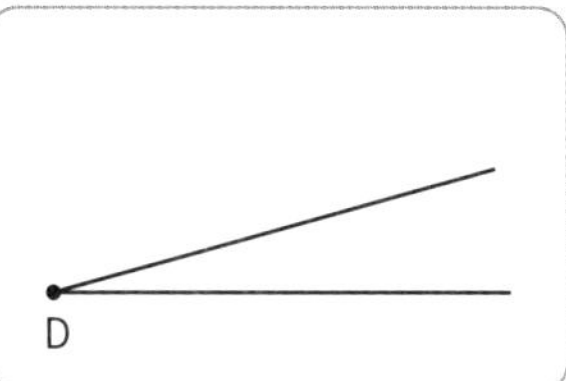

Q

작도 2

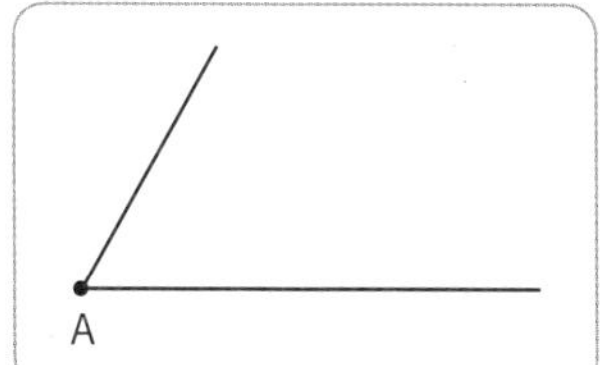

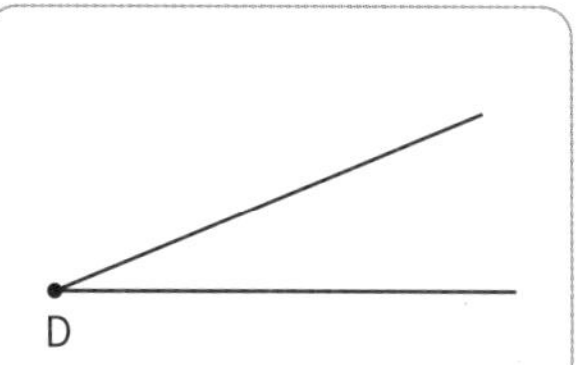

Q

작도 3

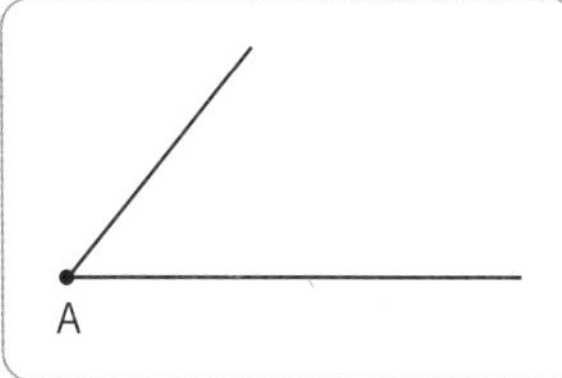

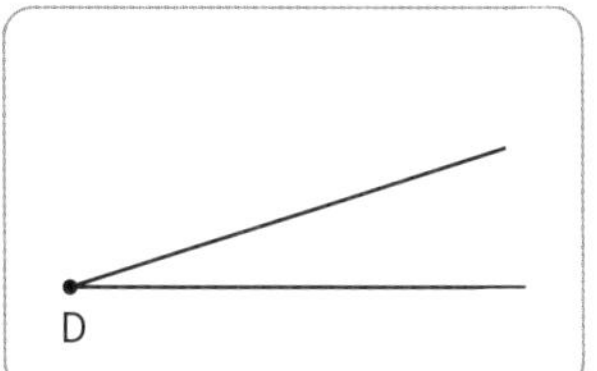

Q

작도 4

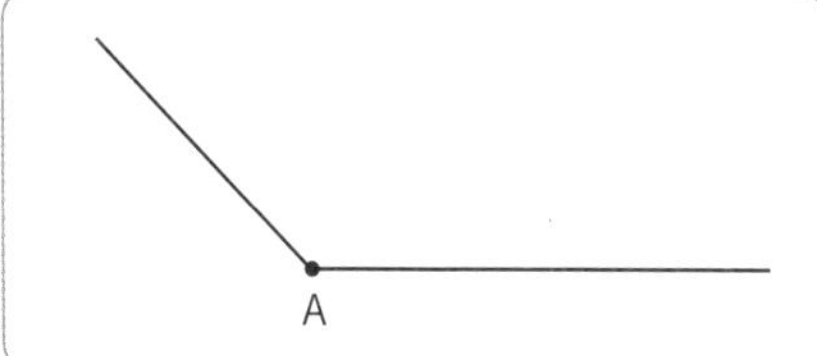

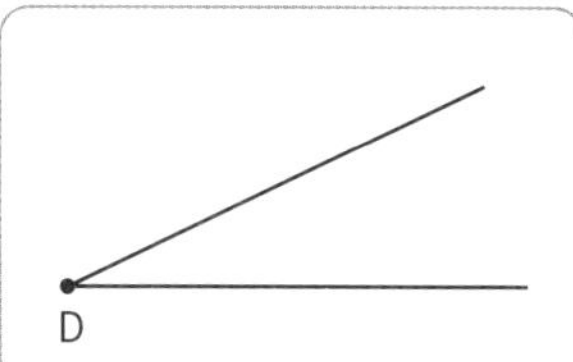

Q

문제 23 #삼각형 #정삼각형

문제

주어진 선분 $\overline{AB}$를 한 변으로 하는 정삼각형을 그리세요.

[정삼각형은 각 변의 길이와 세 개의 내각이 똑같은 삼각형입니다.]

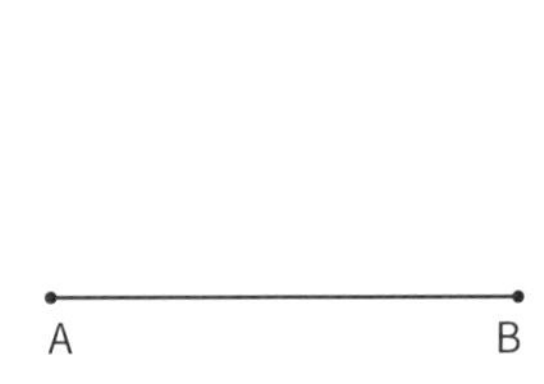

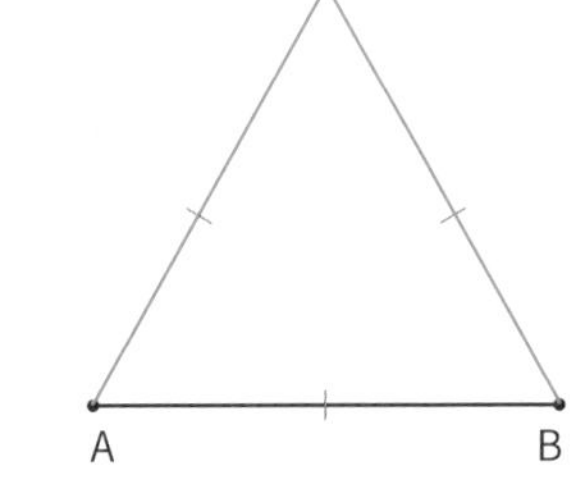

작도 1

풀이

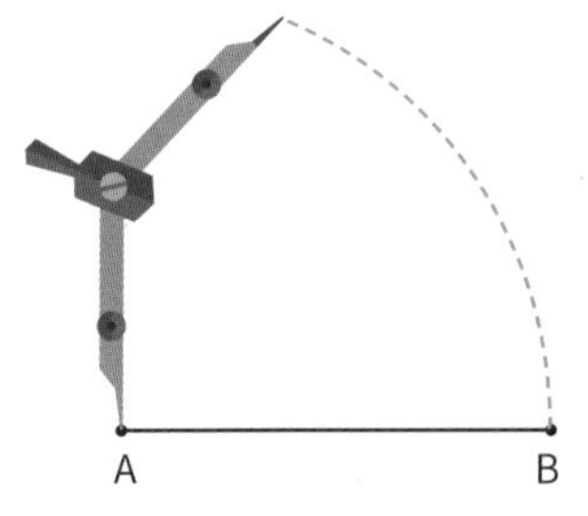

1. 주어진 선분의 점A에 컴퍼스의 중심축 바늘을 둔다. 점B까지 폭을 넓혀 호를 그린다.

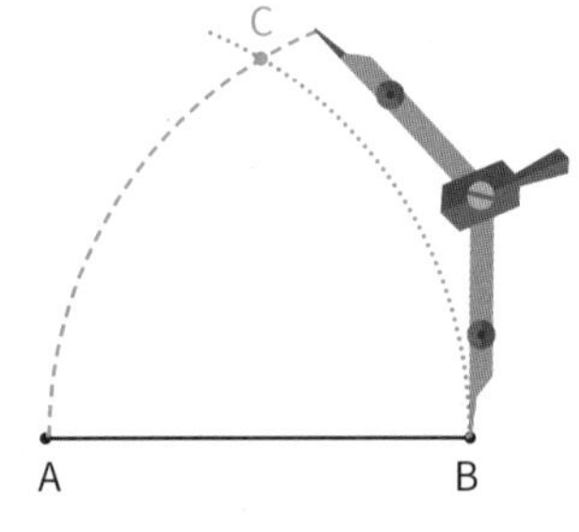

2. 컴퍼스의 폭을 그대로 유지하여 중심축 바늘을 주어진 선분의 점B에 두고 호를 그린다. 두 호가 만나는 지점을 C라 정한다.

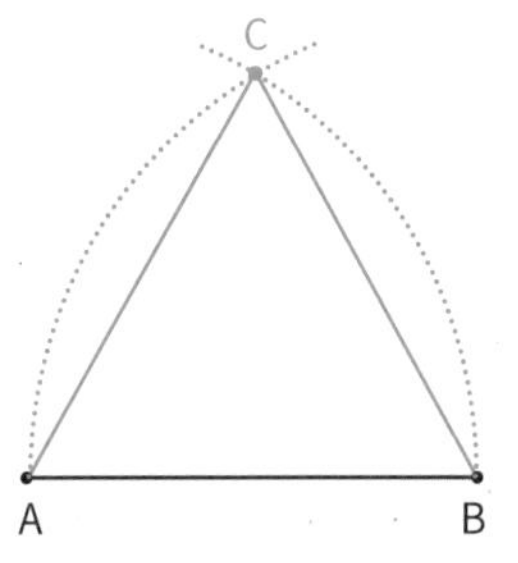

3. 자를 대고 점A－점C－점B를 잇는 직선을 그리면 세 변의 길이가 같고 세 각이 같은 정삼각형이 완성된다.

작도 2

작도 3

작도 4

작도 5

문제 24 #삼각형 #직각삼각형 #이등변삼각형

문제

주어진 선분 $\overline{AB}$를 빗변으로 하는 직각삼각형이면서 이등변삼각형인 도형을 그리세요.

[직각삼각형은 한 내각이 직각인 삼각형입니다. 이등변삼각형은 두 변의 길이가 같은 삼각형입니다.]

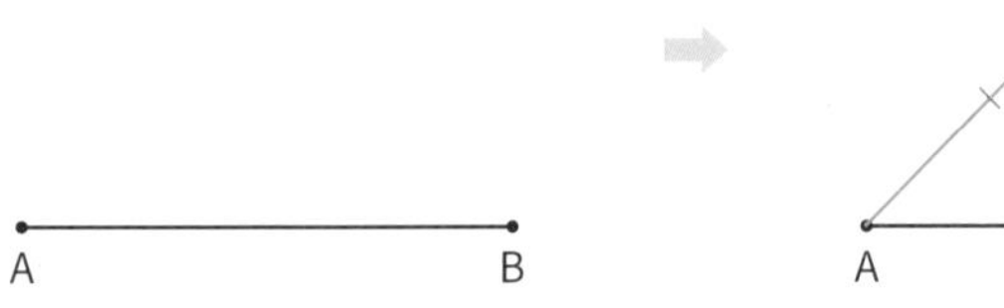

풀이

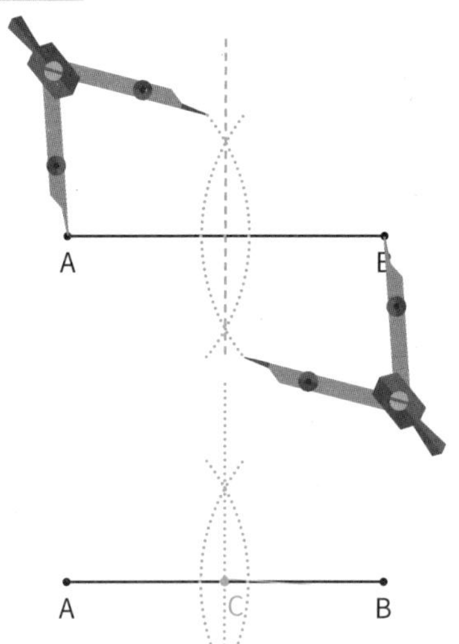

1. [기초 다지기 문제 3]의 풀이법을 이용하여 주어진 선분 $\overline{AB}$의 수직이등분선을 그린다.

A C B

2. 주어진 선분 $\overline{AB}$와 수직이등분선이 만나는 지점을 C라 정한다.

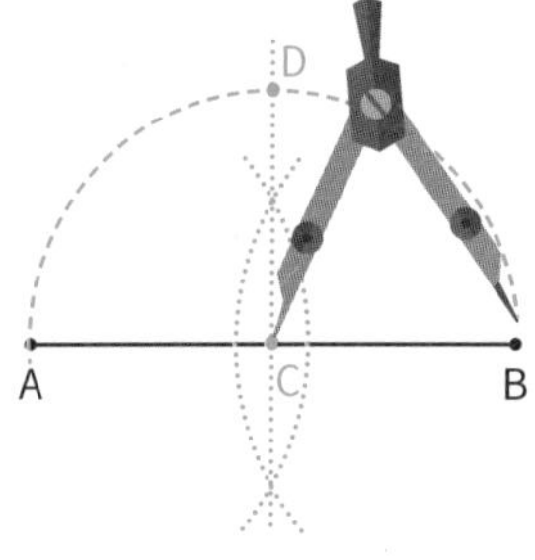

3. 컴퍼스의 중심축 바늘을 점C에 두고 점A까지 폭을 넓힌 다음 점A부터 점B까지 호를 그린다.
   호와 수직이등분선이 만나는 지점을 D라 정한다.

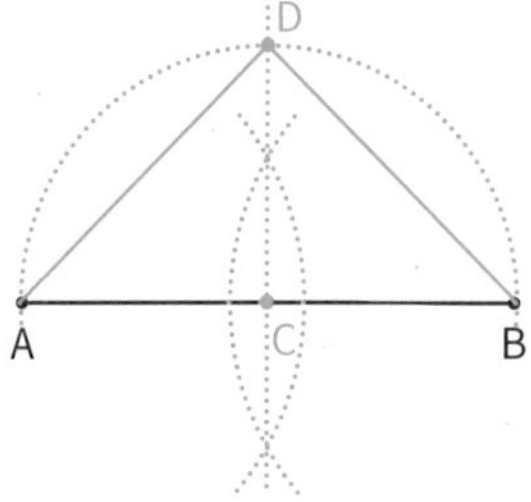

4. 자를 대고 점A－점D－점B를 잇는 직선을 그리면 직각삼각형이면서 이등변삼각형인 삼각형이 완성된다.

작도 1

작도 2

작도 3

작도 4

작도 5

문제 25 #삼각형 #직각삼각형

문제

주어진 선분 $\overline{AB}$를 빗변으로 하고, 주어진 직선(h)의 길이를 높이로 하는 직각삼각형을 그리세요.

[직각삼각형은 한 내각이 직각인 삼각형입니다. 빗변이란 직각과 마주보는 변입니다.]

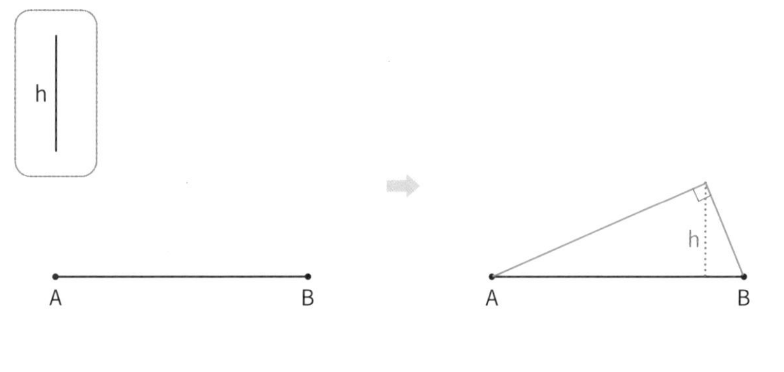

작도 1

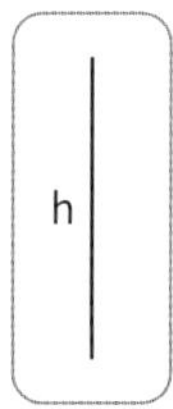

풀이

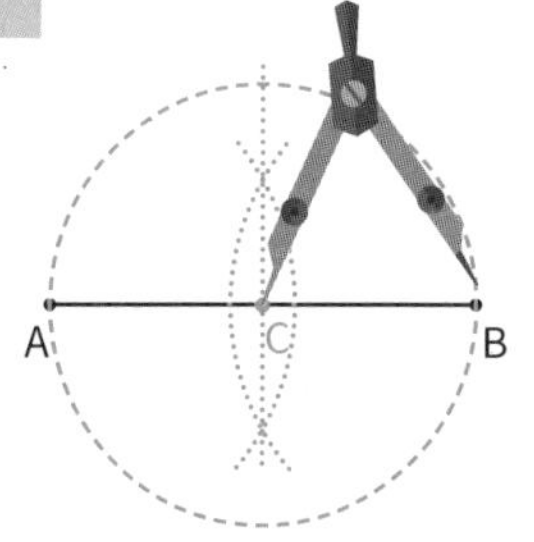

1. [기초 다지기 문제 3]의 풀이법을 이용하여 선분 $\overline{AB}$의 수직이등분선을 그린다. 선분 $\overline{AB}$가 수직이등분선과 만나는 지점을 C라 정한다.
   컴퍼스의 중심축 바늘을 점C에 두고 점A까지 폭을 넓힌 다음 원을 그린다.

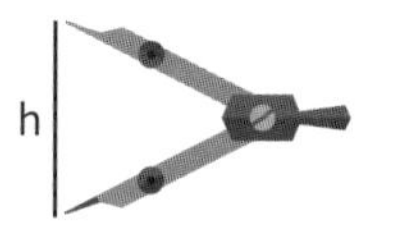

2. 컴퍼스 폭을 주어진 높이(h)만큼 벌린다.

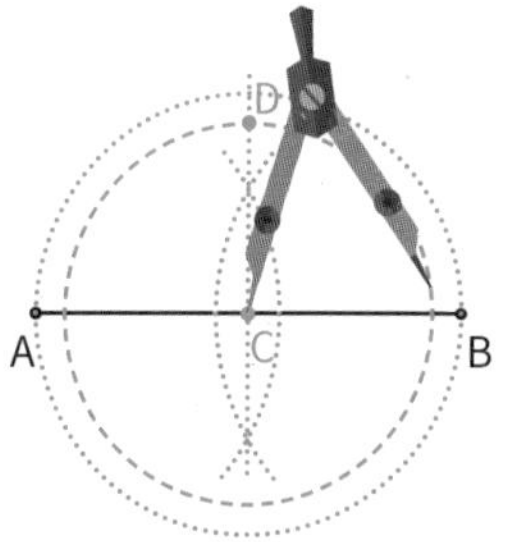

3. 컴퍼스 폭을 그대로 유지하여 중심축 바늘을 점C에 두고 원을 그린다.
   그 원과 수직이등분선이 만나는 지점을 D라 정한다.

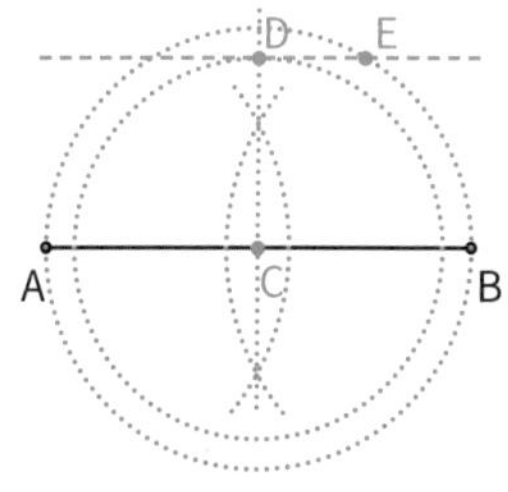

4. [기초 다지기 문제 8]의 풀이법을 이용하여 선분 $\overline{AB}$와 평행인 평행선을 점D를 지나게 그린다.
   그 평행선이 먼저 그린 바깥 원과 만나는 한 지점을 E라 정한다.

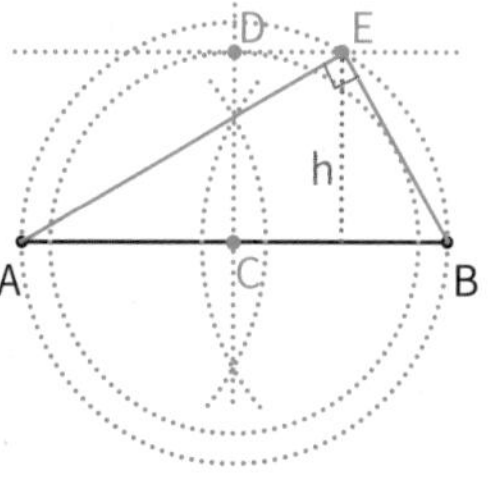

5. 점A－점E－점B를 잇는 직선을 그리면 높이가 h길이와 같은 직각삼각형이 완성된다.

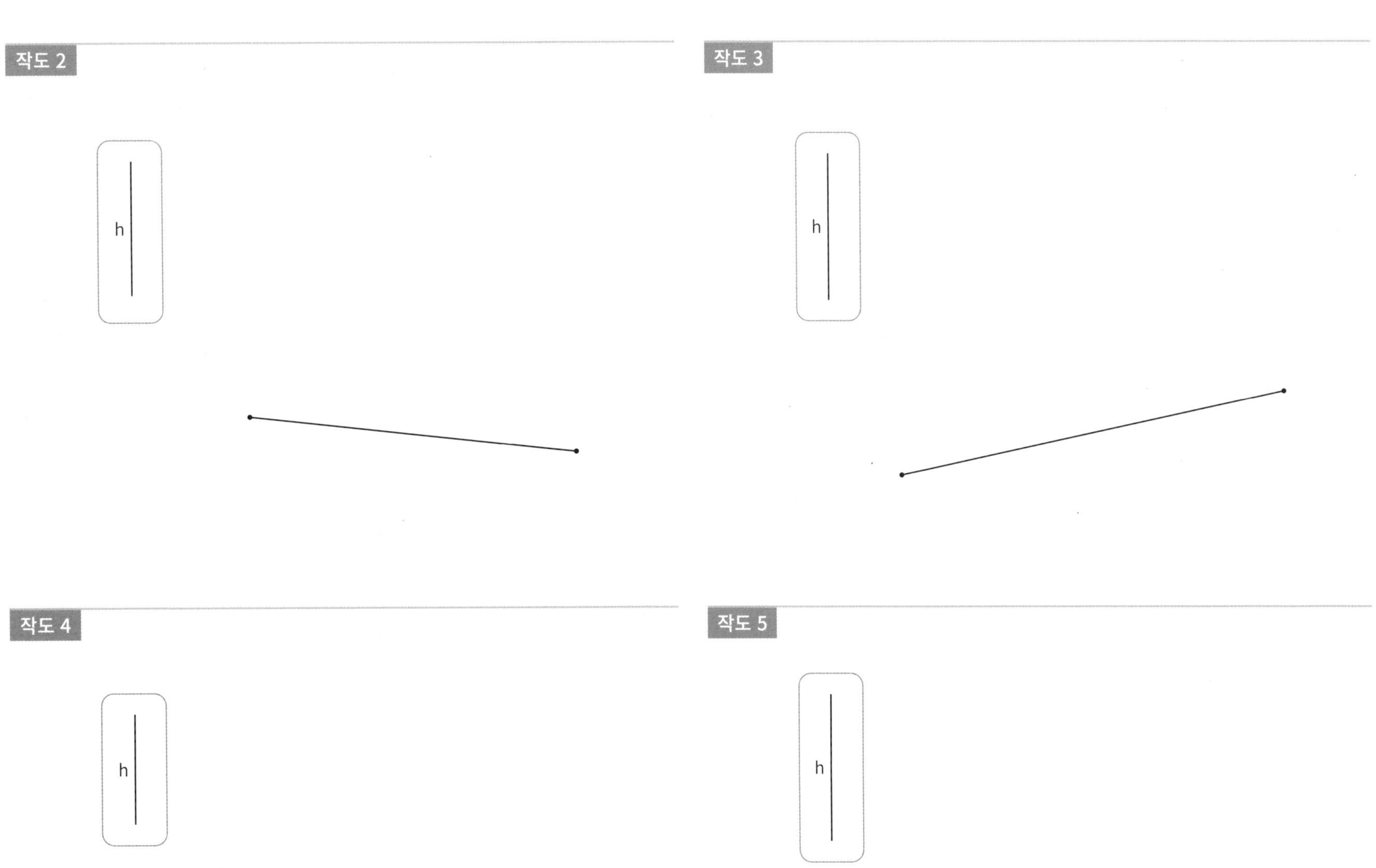
작도 2
h
작도 3
h
작도 4
h
작도 5
h

문제 26 #삼각형 #직각삼각형

문제

주어진 선분 $\overline{AB}$를 빗변으로 하고, 주어진 선분 $\overline{BC}$의 길이를 한 변으로 하는 직각삼각형을 그리세요.

[직각삼각형은 한 내각이 직각인 삼각형입니다. 빗변이란 직각과 마주보는 변입니다.]

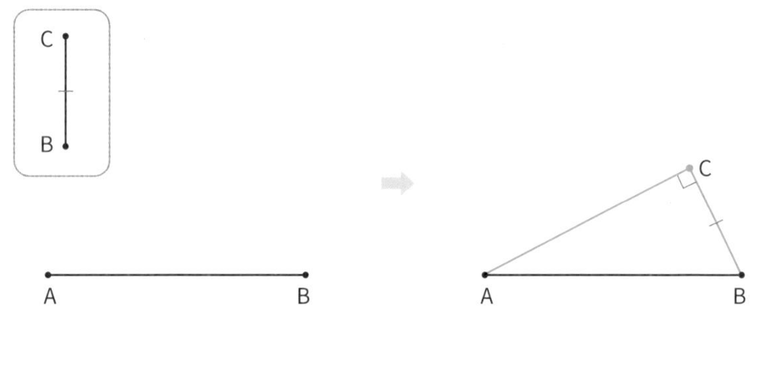

작도 1

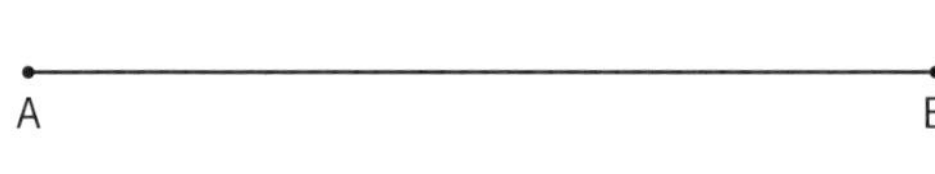

풀이

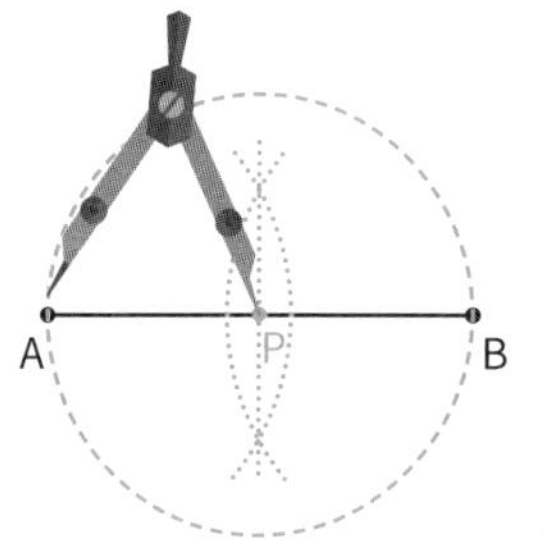

1. [기초 다지기 문제 3]의 풀이법을 이용하여 선분 $\overline{AB}$의 수직이등분선을 그린다. 선분 $\overline{AB}$가 수직이등분선과 만나는 지점을 P라 정한다.
   컴퍼스의 중심축 바늘을 점P에 두고 점A까지 폭을 넓힌 다음 원을 그린다.

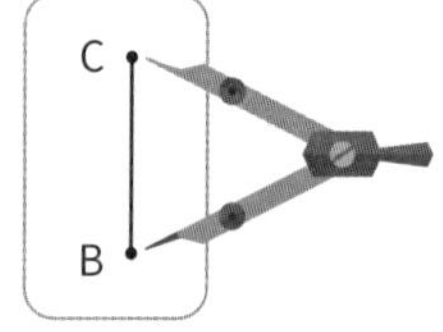

2. 컴퍼스 폭을 주어진 선분 $\overline{BC}$만큼 벌린다.

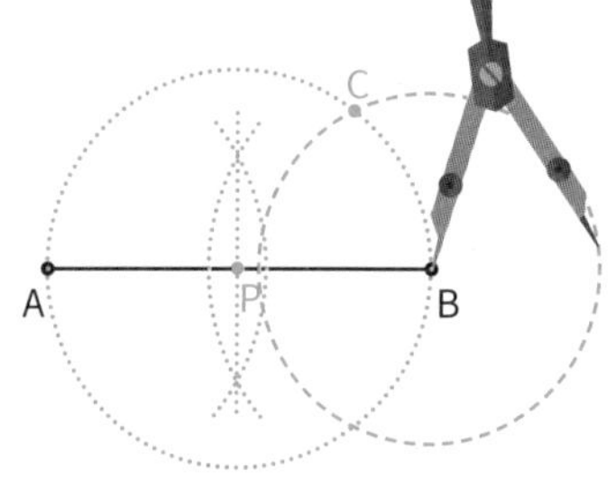
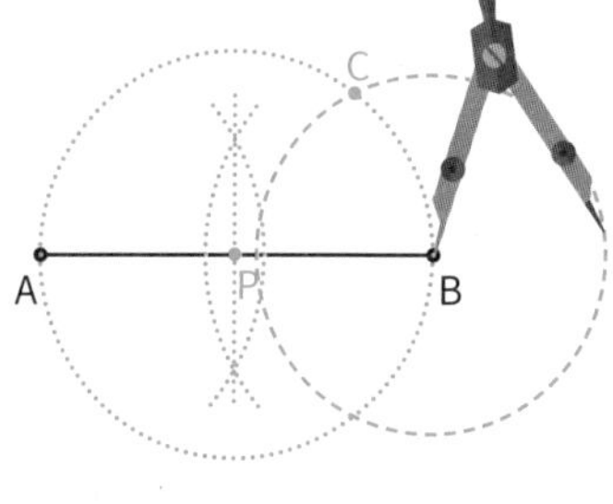

3. 컴퍼스 폭을 그대로 유지하여 중심축 바늘을 점B에 두고 원을 그린다.
   그 원과 먼저 그린 원이 만나는 지점을 C라 정한다.

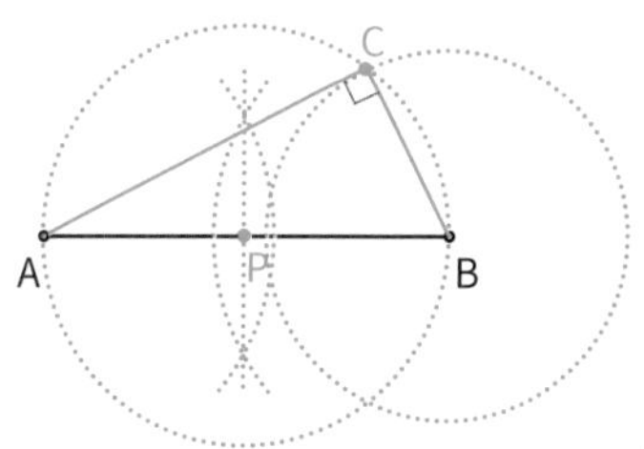

4. 점A－점C－점B를 잇는 직선을 그리면 문제가 요구하는 직각삼각형이 완성된다.

작도 2

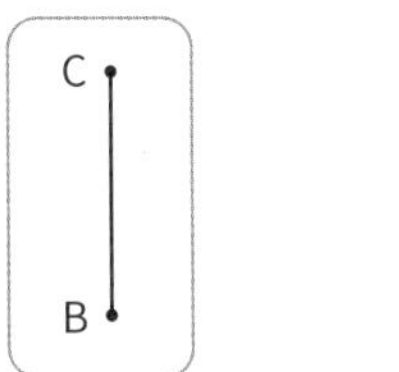

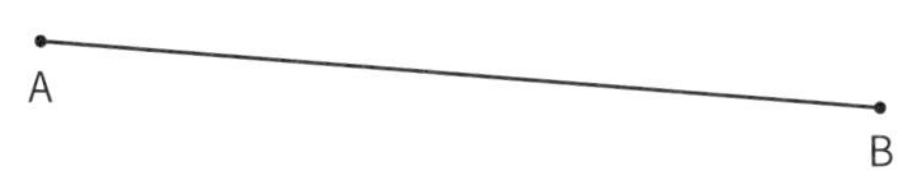

작도 3

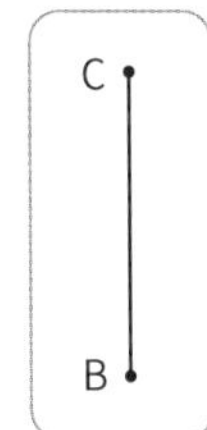

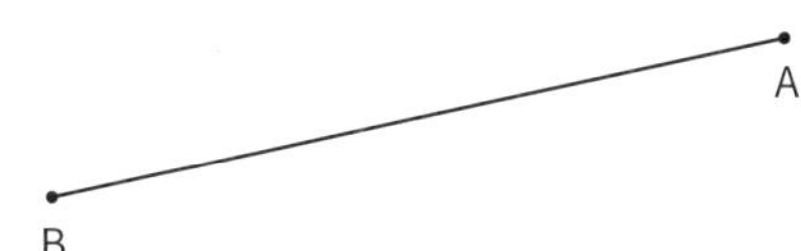

작도 4

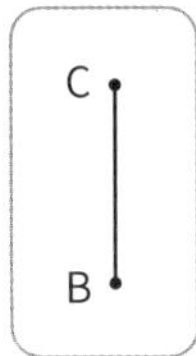

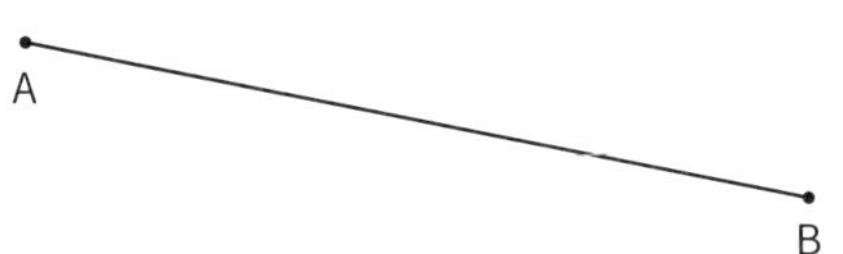

작도 5

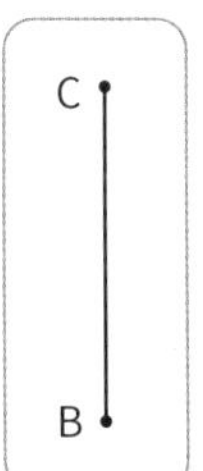

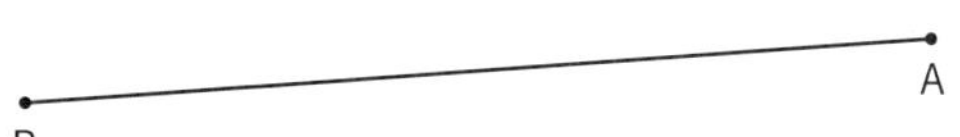

문제 27 #삼각형 #직각삼각형

문제

선분 $\overline{BC}$의 길이를 빗변으로 하고, 선분 $\overline{AB}$의 길이를 한 인접변으로 하는 직각삼각형을 주어진 반직선 A에 그리세요.

[직각삼각형이란 한 내각이 직각인 삼각형입니다. 빗변이란 직각과 마주보는 변입니다. 인접변이란 직각을 이루는 변입니다.]

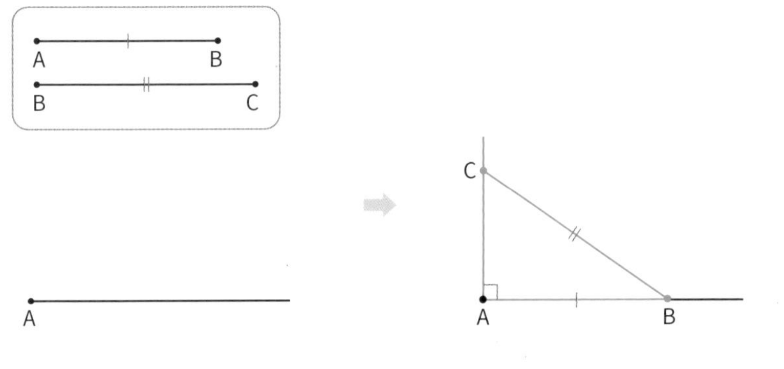

작도 1

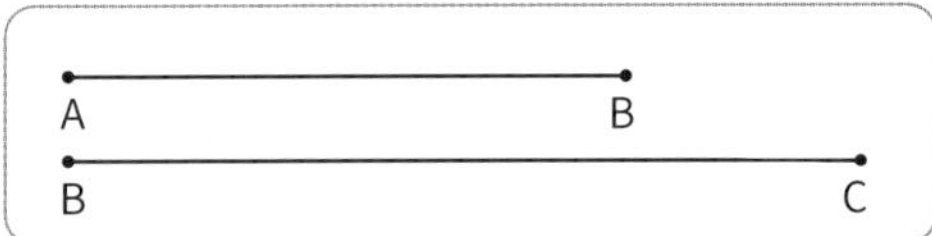

A

풀이

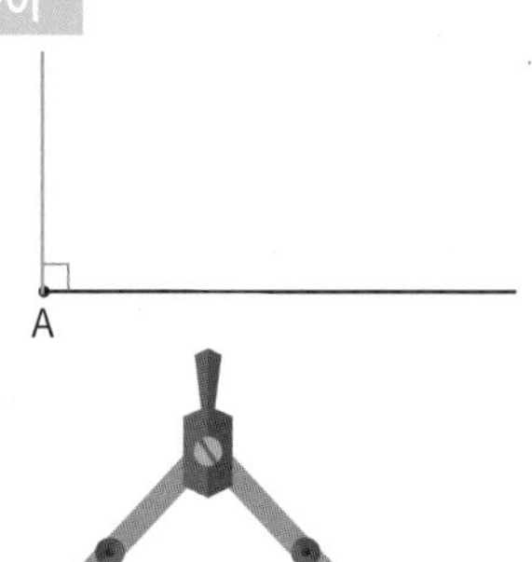

1. [기초 다지기 문제 6]의 풀이법을 이용하여 반직선의 점A에 직각을 그린다.

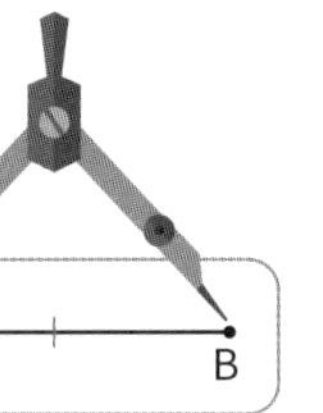

2. 컴퍼스 폭을 주어진 선분 $\overline{AB}$만큼 벌린다.

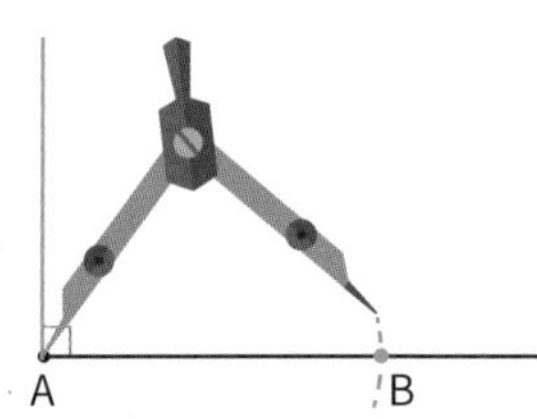

3. 컴퍼스 폭을 그대로 유지하여 중심축 바늘을 점A에 두고 반직선 위에 짧은 호를 그려 표시하고 그 지점을 B라 정한다.

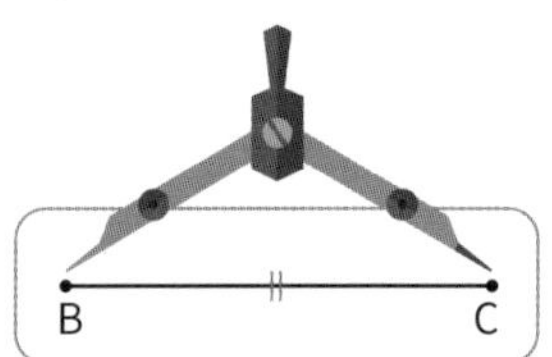

4. 다시 컴퍼스 폭을 주어진 선분 $\overline{BC}$만큼 벌린다.

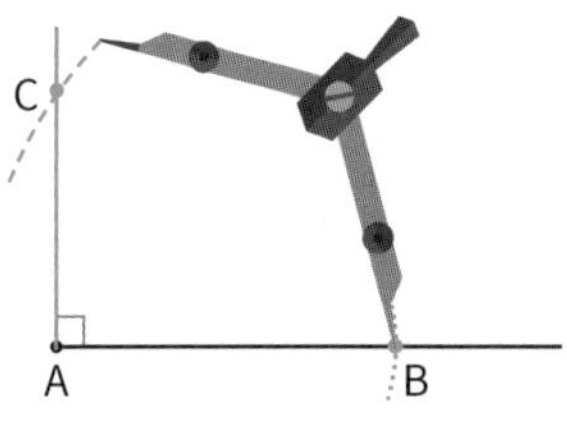

5. 컴퍼스 폭을 그대로 유지하여 중심축 바늘을 반직선의 점B에 두고 짧은 호를 그려 인접변과 만나는 지점을 점C라 정한다.

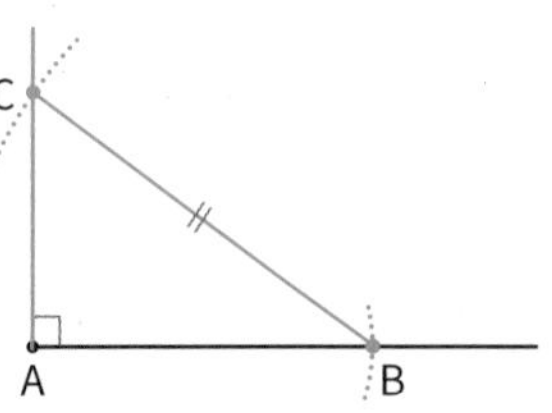

6. 점B와 점C를 잇는 직선을 그리면 문제가 요구하는 직각삼각형이 완성된다.

작도 2

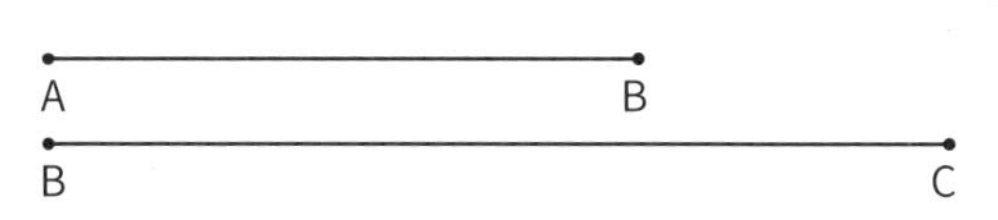

A

작도 3

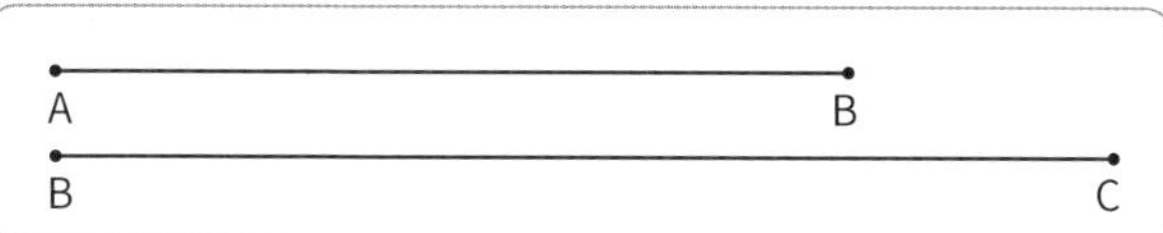

A

작도 4

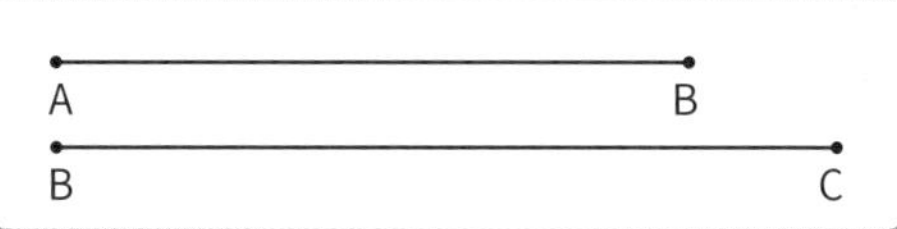

A

작도 5

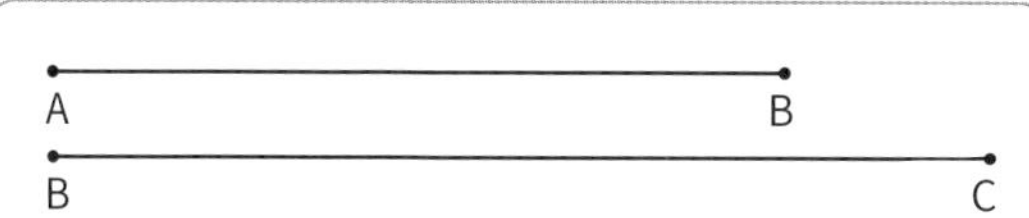

A

 #삼각형 #이등변삼각형

문제

주어진 직선 h의 길이를 높이로 하는 이등변삼각형을 선분 $\overline{CB}$ 위에 그리세요.

[이등변삼각형은 두 변의 길이가 같은 삼각형입니다.]

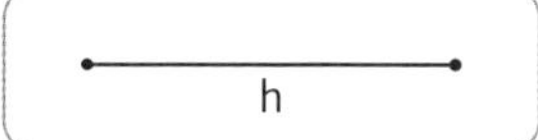

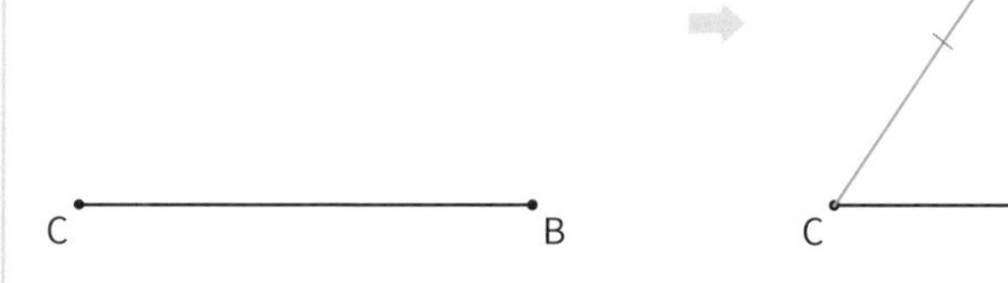

h
C
B

작도 1

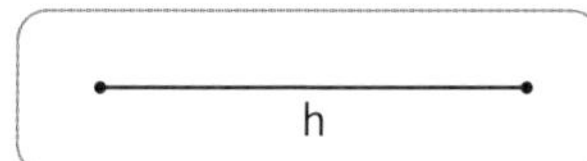

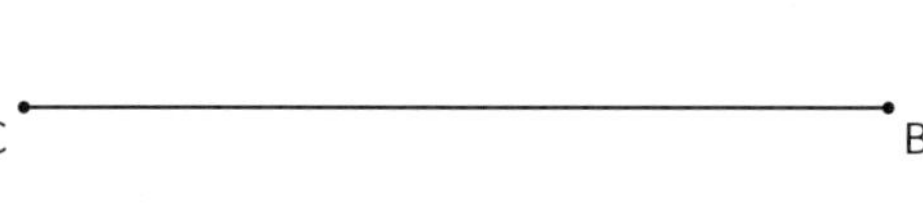

풀이

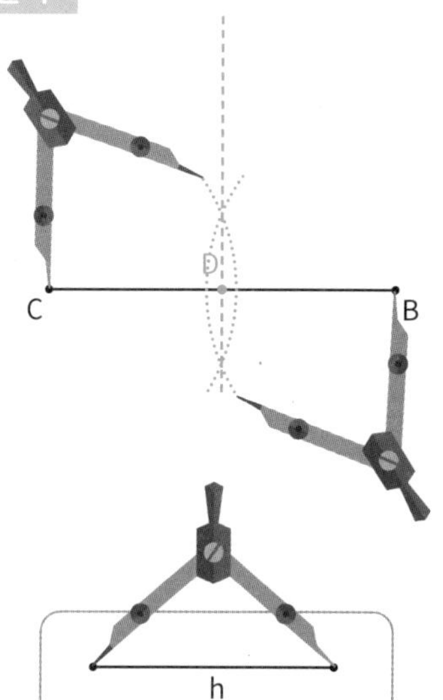

1. 주어진 선분 $\overline{CB}$에 [기초 다지기 문제 3]의 풀이법을 이용하여 수직이등분선을 그린다. 선분 $\overline{CB}$와 수직이등분선이 만나는 지점을 D라 정한다.

2. 컴퍼스 폭을 h 길이만큼 넓힌다.

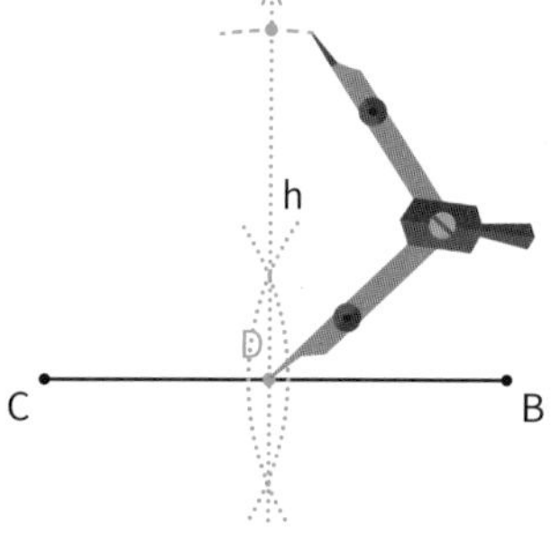

3. 컴퍼스 폭을 그대로 유지하여 점D에 중심축 바늘을 두고 수직이등분선 위에 h의 길이만큼 표시한다. 그 지점을 A라 정한다.

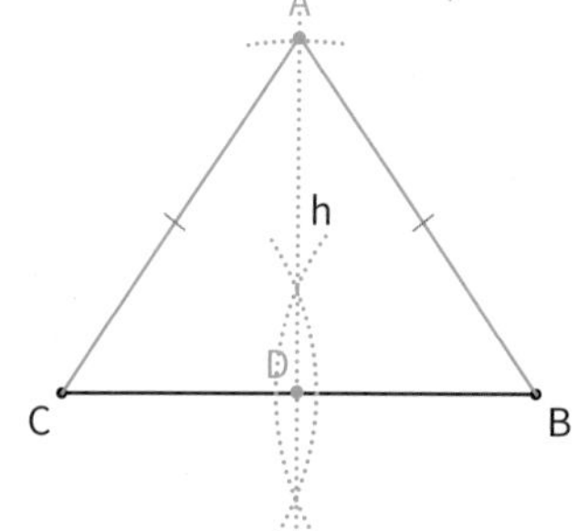

4. 점C－점A－점B를 잇는 직선을 그리면 문제가 요구하는 이등변삼각형이 완성된다.

작도 2

h

C B

작도 3

h

C B

작도 4

h

C B

작도 5

h

C B

문제 29 #삼각형 #이등변삼각형

문제

a, b, c 세 변의 길이(b와 c의 길이가 같음)를 각각의 변으로 하는 이등변삼각형을 주어진 직선 위에 그리세요.

[이등변삼각형은 두 변의 길이가 같은 삼각형입니다.]

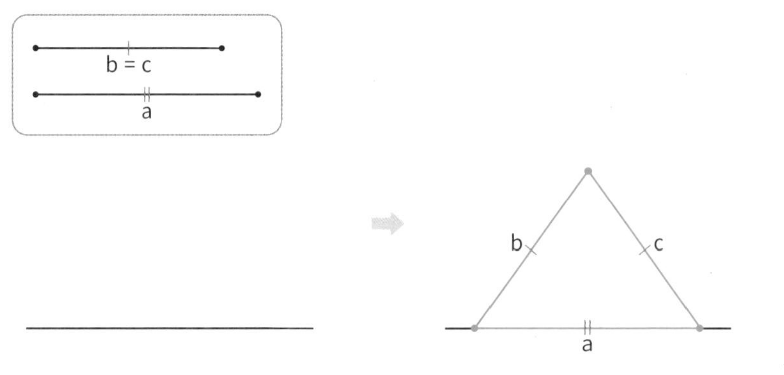

작도 1

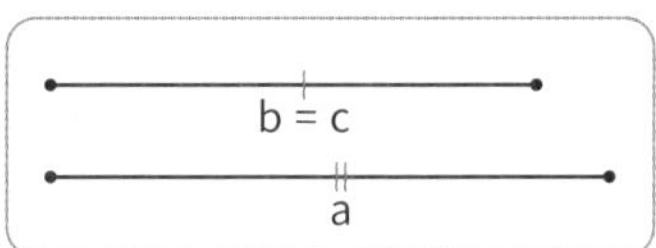

풀이

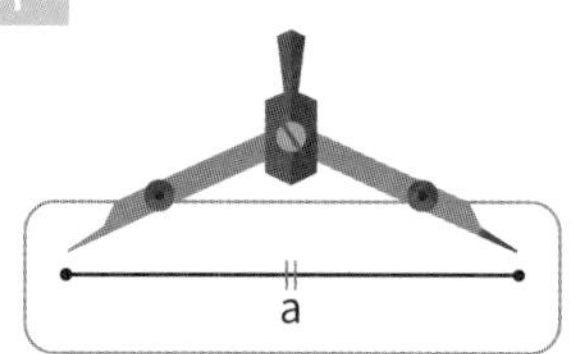

1. [기초 다지기 문제 1]의 풀이법을 이용하여 컴퍼스 폭을 주어진 선분 a의 길이만큼 넓힌다.

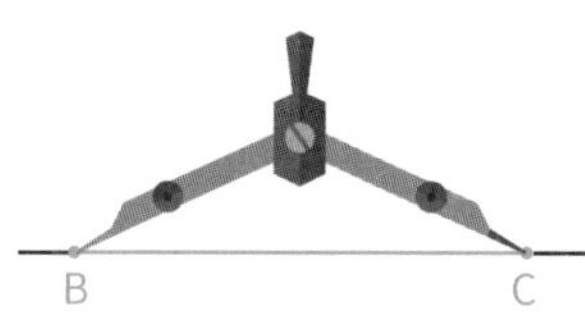

2. 컴퍼스 폭을 그대로 유지하여 주어진 직선 위에 선분 a의 길이만큼 표시하고 양 끝을 각각 B와 C라 정한다.

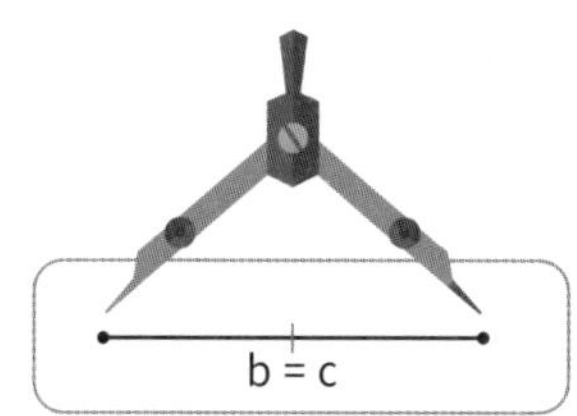

3. 이번엔 컴퍼스 폭을 주어진 선분 b=c의 길이만큼 벌린다.

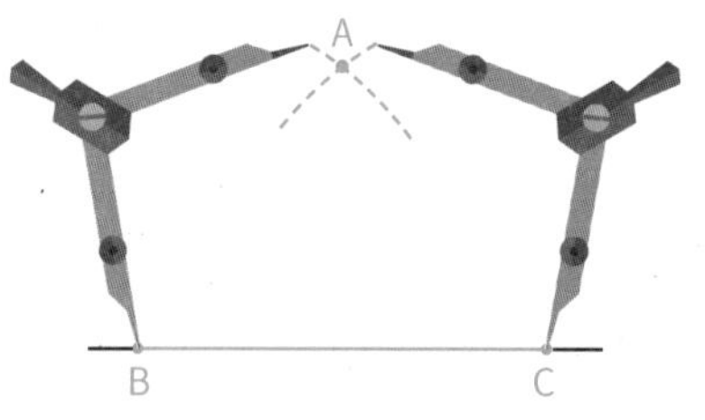

4. 컴퍼스 폭을 그대로 유지하여 중심축 바늘을 점B에 두고 호를 그린다.
   컴퍼스 폭을 유지한 채 중심축 바늘을 점C로 옮겨 호를 그린다.
   두 호가 만나는 지점을 A라 정한다.

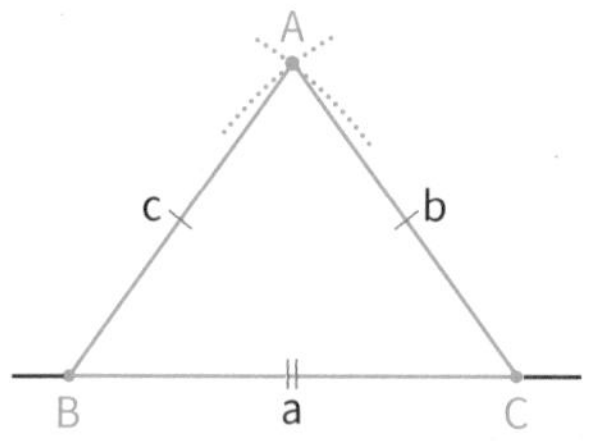

5. 점B－점A－점C를 잇는 직선을 그리면 문제가 요구하는 이등변삼각형이 완성된다.

작도 2

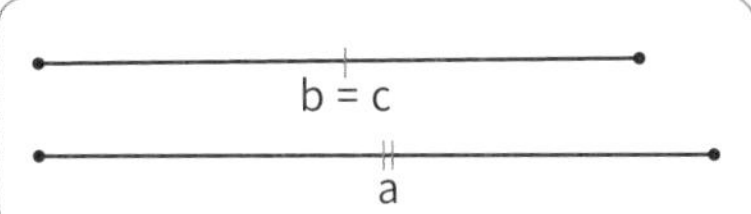

작도 3

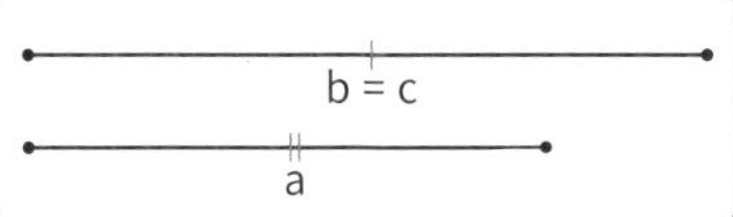

작도 4

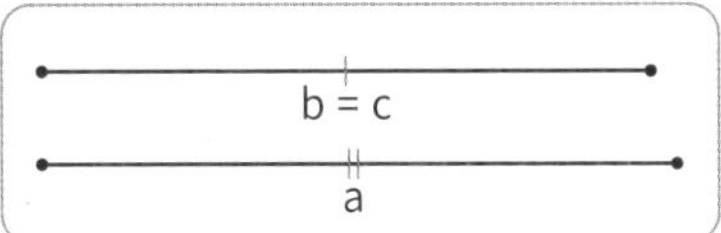

작도 5

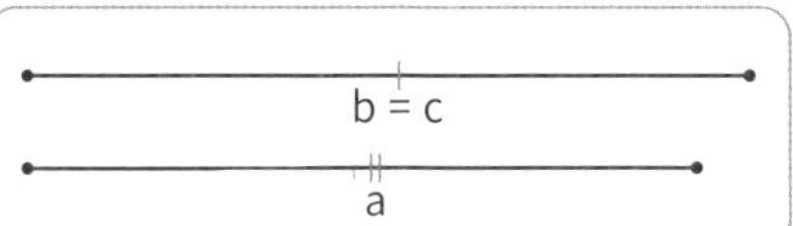

문제 30 #삼각형

문제

선분 a, b, c의 길이가 세 변이 되는 삼각형을 선분 a에 그리세요.

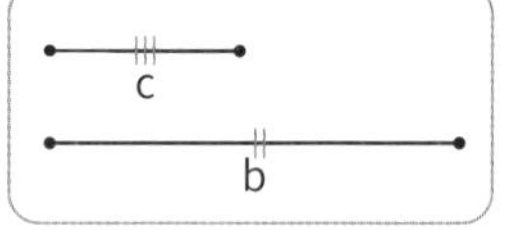

a

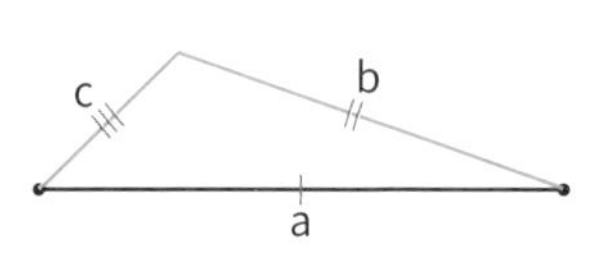

작도 1

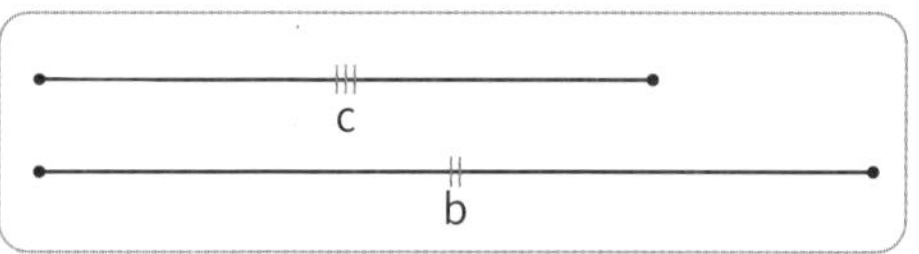

a

풀이

c

1. 컴퍼스 폭을 주어진 선분 c의 길이만큼 넓힌다.

a

2. 컴퍼스 폭을 그대로 유지하여 선분 a의 한쪽 끝점에 중심축 바늘을 두고 호를 그린다.

b

3. 다시 컴퍼스 폭을 주어진 선분 b의 길이만큼 벌린다.

A
a

4. 컴퍼스 폭을 그대로 유지하여 중심축 바늘을 선분 a의 반대쪽 끝점에 두고 호를 그린다.
   두 호가 만나는 지점을 A라 정한다.

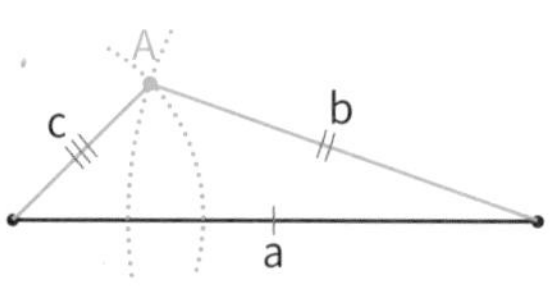

5. 선분 a의 한쪽 끝점–점A–선분 a의 다른쪽 끝점을 잇는 직선을 그리면 문제가 요구하는 삼각형이 완성된다.

작도 2

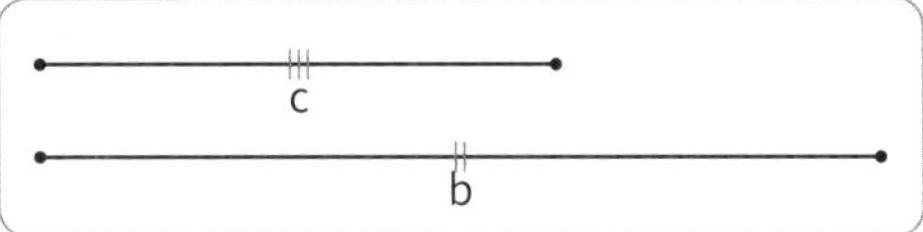

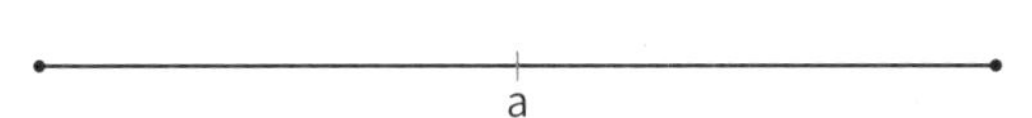

작도 3

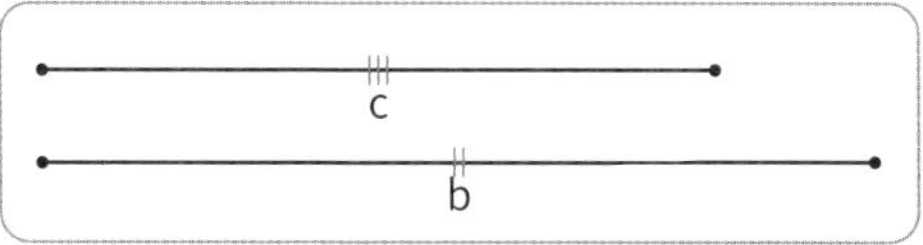

작도 4

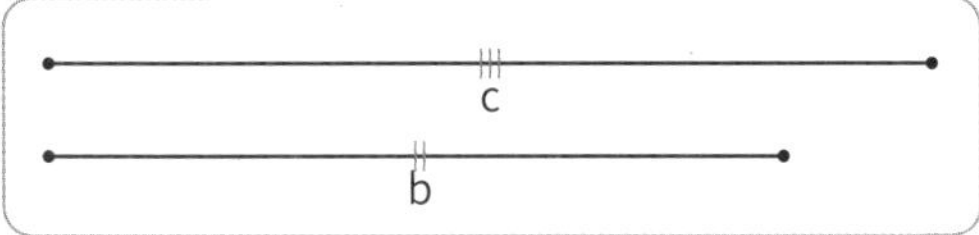

작도 5

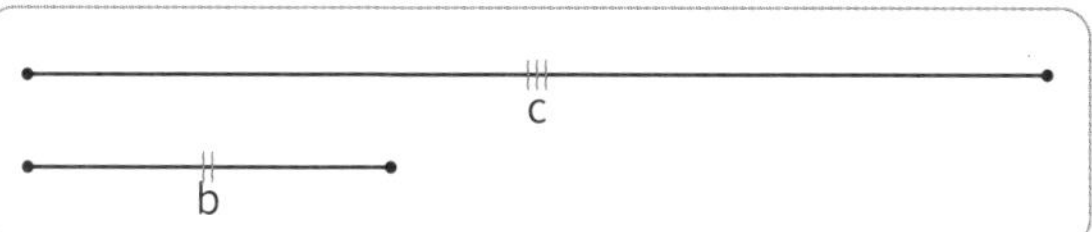

문제

주어진 K의 각도와 인접한 두 변(d와 e)의 길이를 이용하여 삼각형을 그리세요.

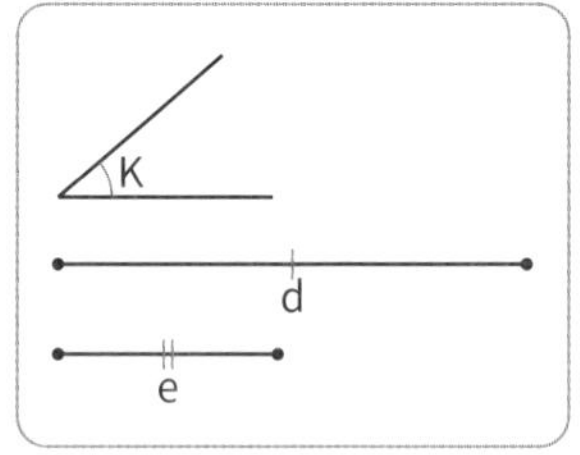

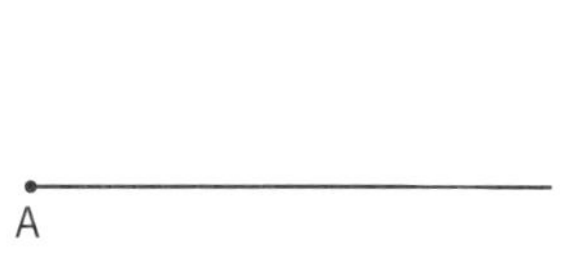

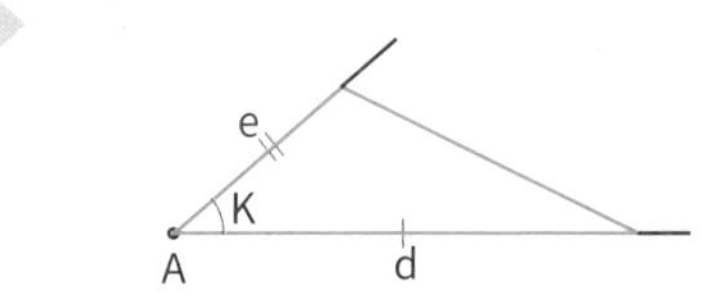

풀이

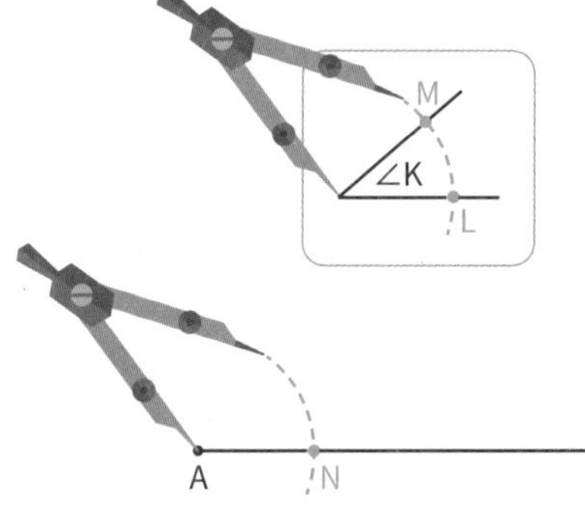

1. [기초 다지기 문제 12]의 풀이법을 참고하여, 먼저 컴퍼스의 중심축 바늘을 ∠K의 꼭짓점에 두고 적당한 폭으로 호를 그린다. 두 인접변과 만나는 지점을 각각 L과 M이라고 정한다.

2. 컴퍼스 폭을 그대로 유지하여 아래 주어진 반직선의 점A에 중심축 바늘을 두고 호를 그린다. 호와 반직선이 만나는 지점을 N이라 정한다.

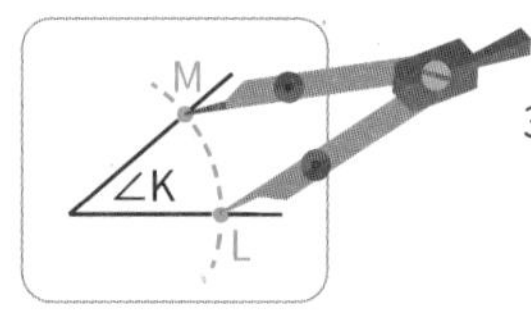

3. 다시 컴퍼스를 ∠K로 옮겨서 컴퍼스 폭을 점L에서 점M까지 벌린다.

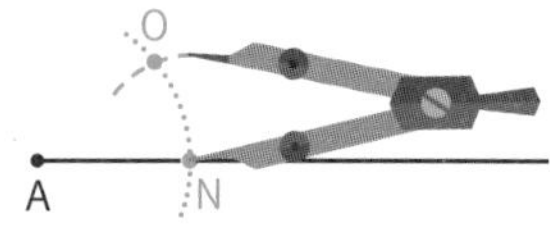

4. 컴퍼스 폭을 그대로 유지하여 중심축 바늘을 점N에 두고 호를 그린다. 두 호가 만나는 지점을 O라 정한다.

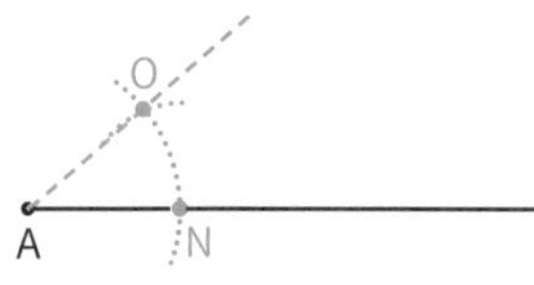

5. 점A에서 점O를 지나는 직선을 그린다.

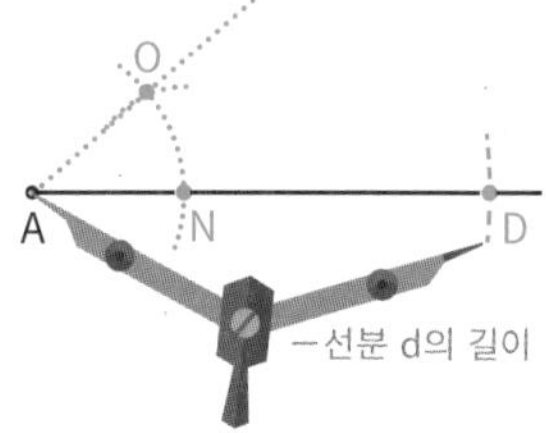

6. [기초 다지기 문제 1]의 풀이법으로 주어진 선분 d의 길이를 복사하여 인접변에 표시하고 그 지점을 각각 D라 정한다.

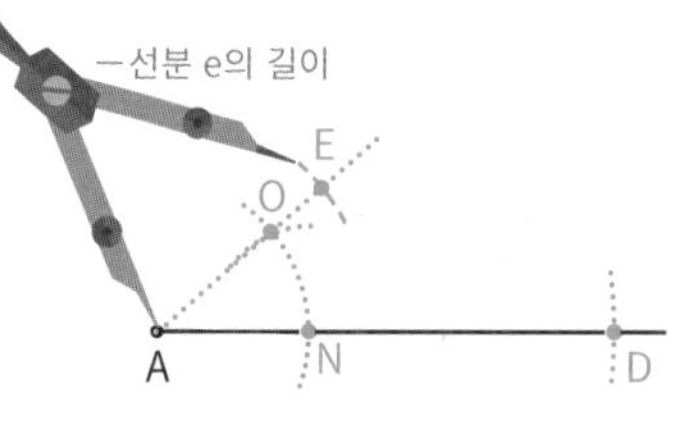

7. [기초 다지기 문제 1]의 풀이법으로 주어진 선분 e의 길이를 복사하여 다른 인접변에 표시하고 그 지점을 E라 정한다.

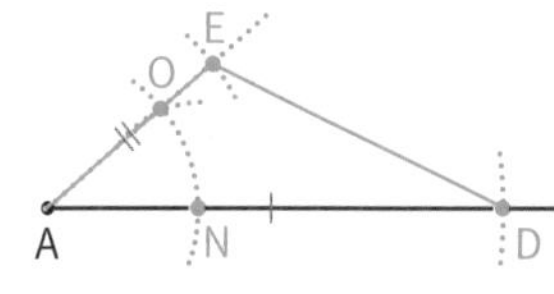

8. 점A－점E－점D를 잇는 직선을 그리면 문제가 요구하는 삼각형이 완성된다.

작도 1

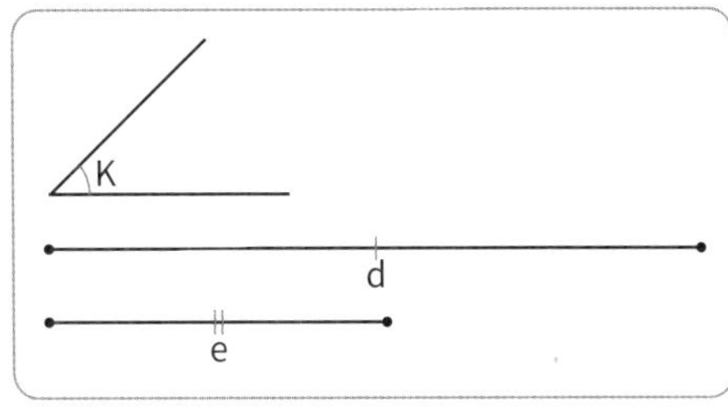

A

작도 2

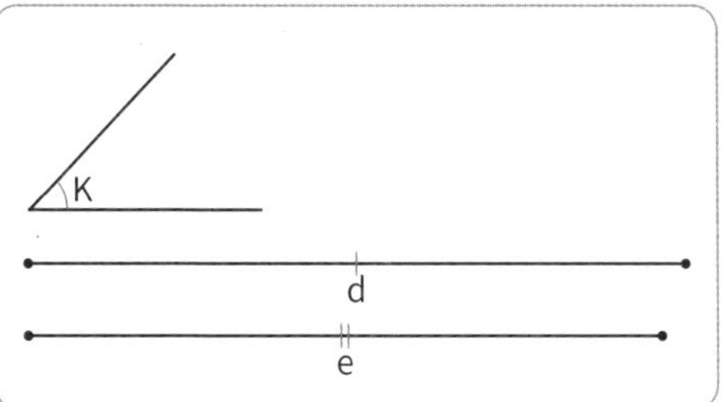

A

작도 3

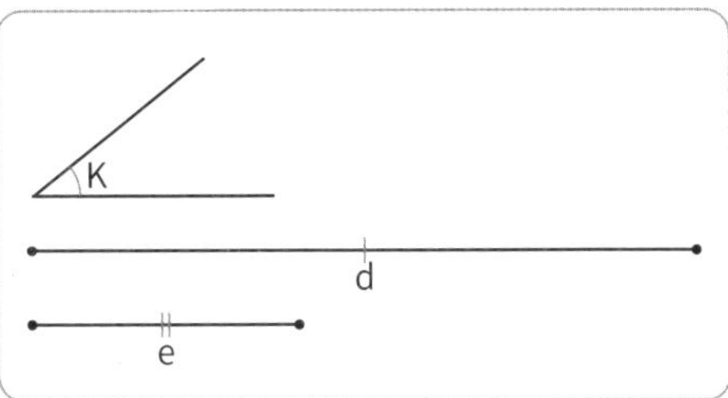

A

작도 4

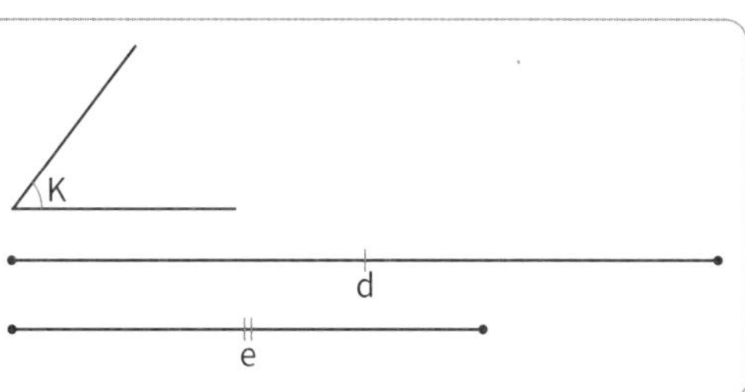

A

문제 32 #삼각형

문제

주어진 두 각(∠K와 ∠L)을 이용하고, 선분 $\overline{AB}$를 한 변으로 하는 삼각형을 그리세요.

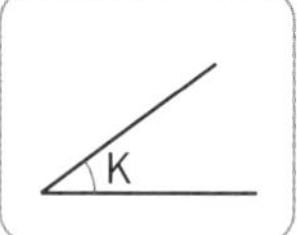

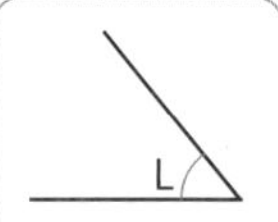

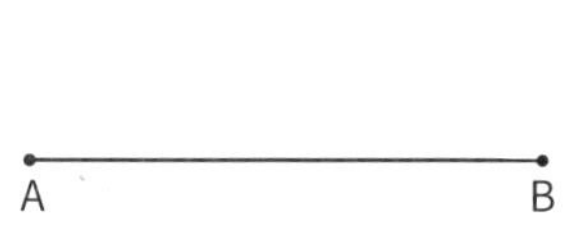

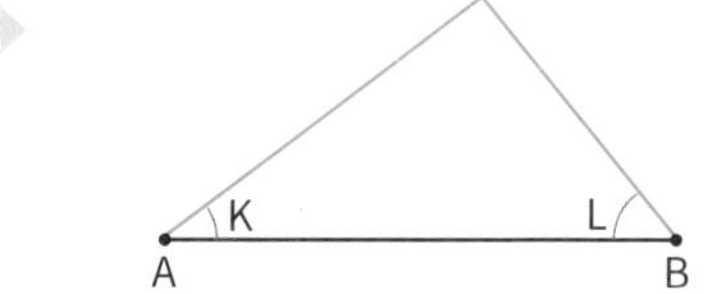

풀이

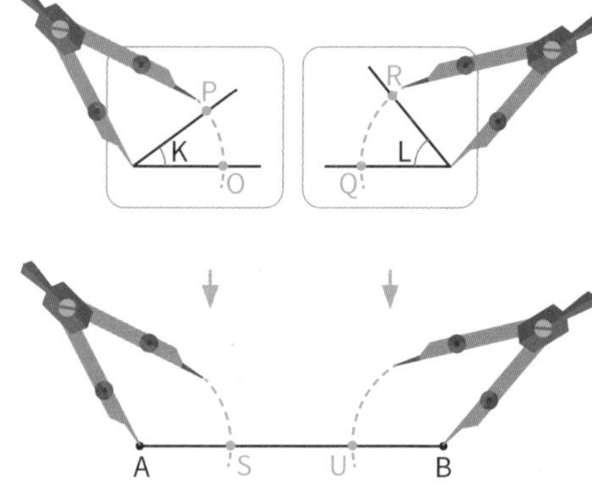

1. [기초 다지기 문제 12]의 풀이법을 참고하여 컴퍼스의 중심축 바늘을 ∠K의 꼭짓점에 두고 적당한 폭으로 호를 그린다. 호가 두 인접변과 만나는 지점을 각각 O와 P라 정한다.
   컴퍼스 폭을 유지한 채 중심축 바늘을 ∠L의 꼭짓점으로 옮겨 호를 그린다. 호가 두 인접변과 만나는 지점을 각각 Q와 R이라 정한다.

2. 컴퍼스 폭을 그대로 유지하여 아래 주어진 선분 $\overline{AB}$의 점A에 중심축 바늘을 두고 호를 그린다. 선분 $\overline{AB}$와 만나는 지점을 S라 정한다.
   컴퍼스 폭을 유지한 채 중심축 바늘을 선분 $\overline{AB}$의 점B로 옮겨 호를 그린다. 선분 $\overline{AB}$와 만나는 지점을 U라 정한다.

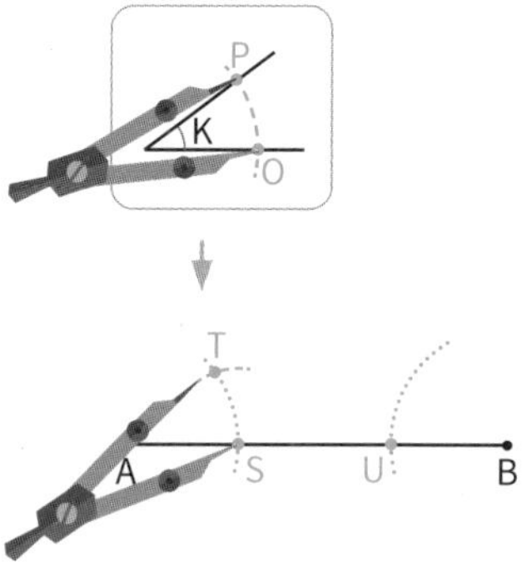

3. 다시 컴퍼스를 ∠K로 옮겨서 컴퍼스 폭을 점O과 점P의 길이만큼 벌린다.
   컴퍼스 폭을 유지한 채 중심축 바늘을 점S로 옮겨 호를 그린다. 두 호가 만나는 지점을 T라 정한다.

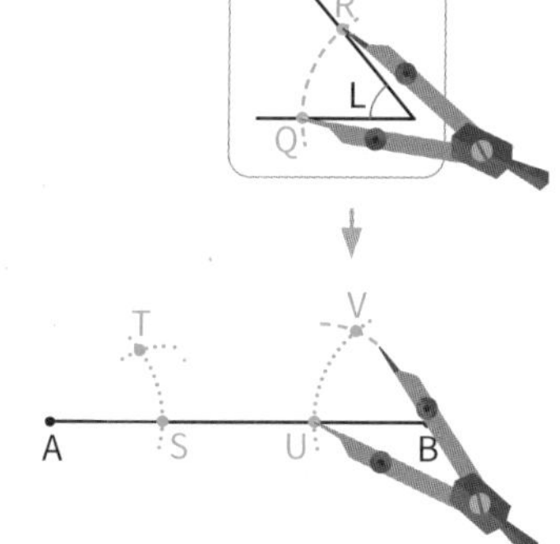

4. 다시 컴퍼스를 ∠L로 옮겨서 컴퍼스 폭을 점Q와 점R의 길이만큼 벌린다.
   컴퍼스 폭을 유지한 채 중심축 바늘을 점U로 옮겨 호를 그린다. 두 호가 만나는 지점을 V라 정한다.

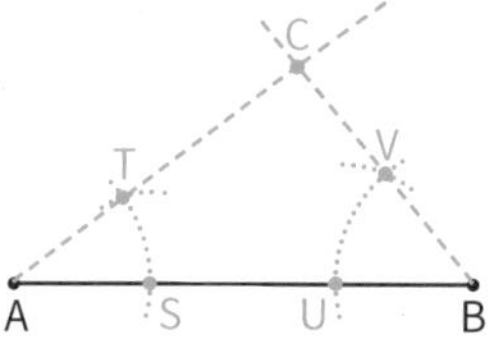

5. 점A에서 점T를 지나는 직선을 그린다.
   점B에서 점V를 지나는 직선을 그린다.
   두 직선이 만나는 지점을 C라 정한다.

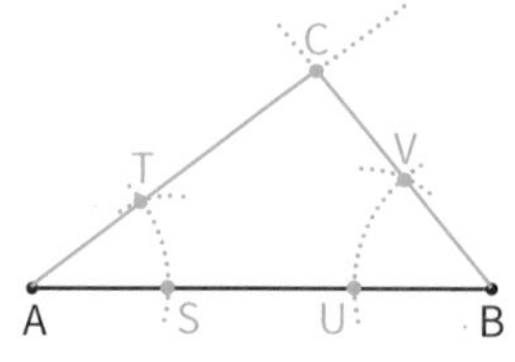

6. 점A—점C—점B를 잇는 직선을 그리면 문제가 요구하는 삼각형이 완성된다.

작도 1

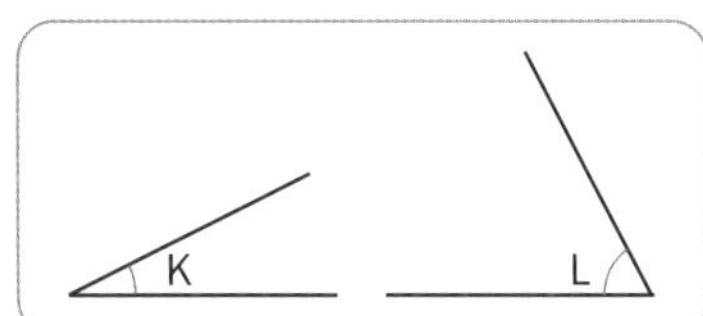

A B

작도 2

K L

A B

작도 3

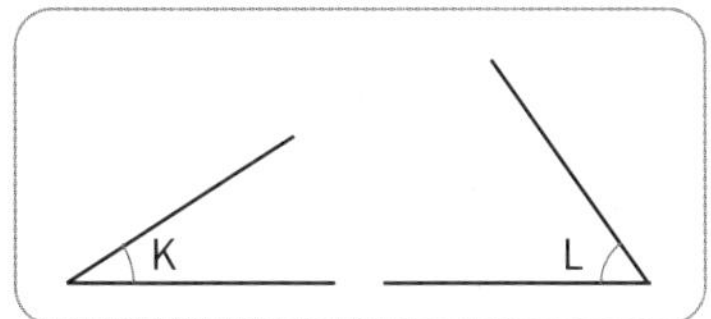

A B

작도 4

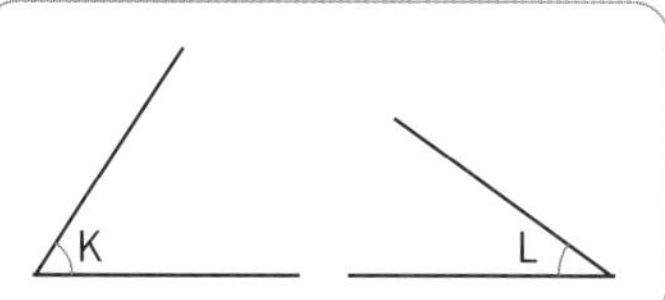

A B

 #삼각형 #외심 #외접원

문제

점P가 삼각형 세 변의 수직이등분선이 교차하는 지점이 되도록 ∠A의 양변을 연결하는 선을 그어 삼각형을 완성하세요.

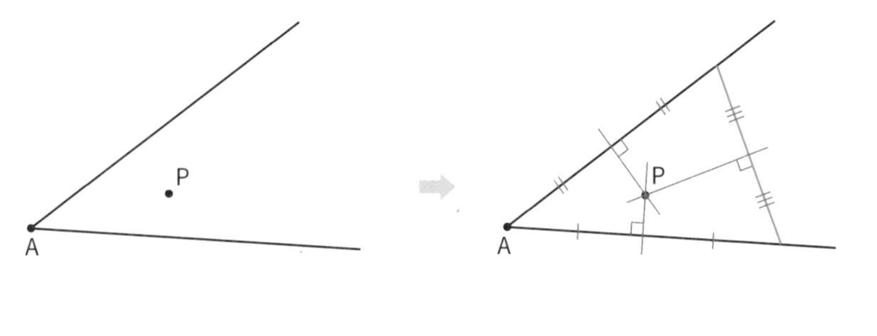

작도 1

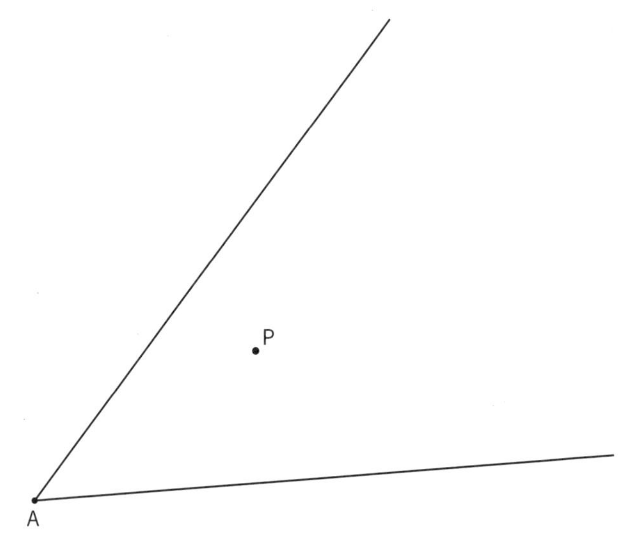

풀이

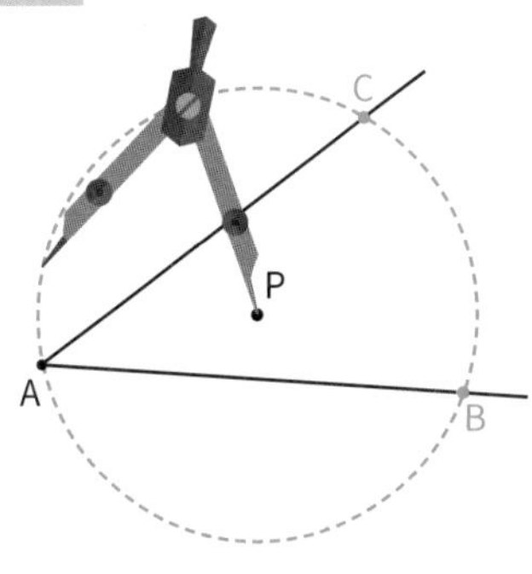

1. P에 컴퍼스 중심축 바늘을 두고 꼭짓점 A까지 폭을 넓힌 다음 원을 그린다. 원이 각의 인접변과 만나는 지점을 각각 B와 C라 정한다.

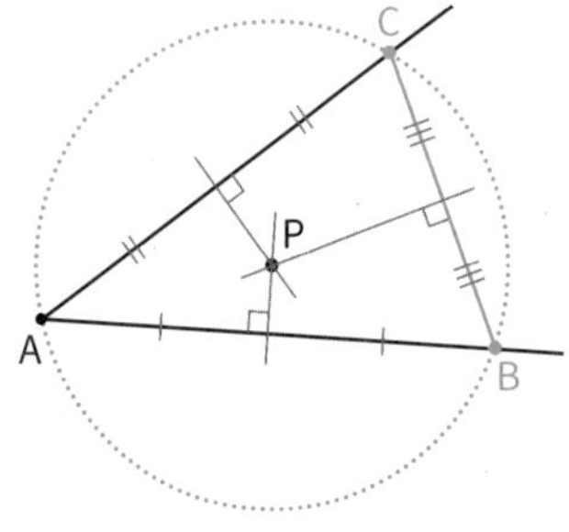

2. B와 C를 잇는 직선을 그리면 원하는 삼각형이 완성된다.

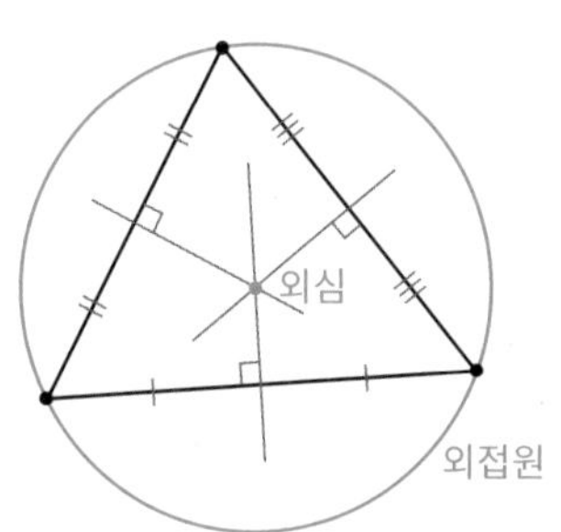

삼각형 세 변의 수직이등분선이 만나는 지점을 삼각형의 외심이라고 한다. 외심에서 삼각형 세 꼭짓점과의 거리는 같다. 그래서 외심에 컴퍼스의 중심축 바늘을 두고 한 꼭짓점까지 폭을 벌려서 원을 그리면 나머지 두 꼭짓점을 지나는 원이 된다. 이 원을 외접원이라 한다. 문제의 풀이법은 이 원리를 이용하고 있다.

작도 2

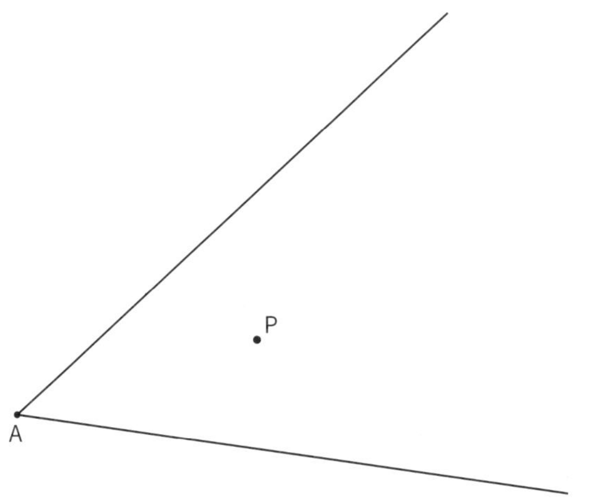

작도 3

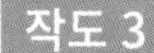

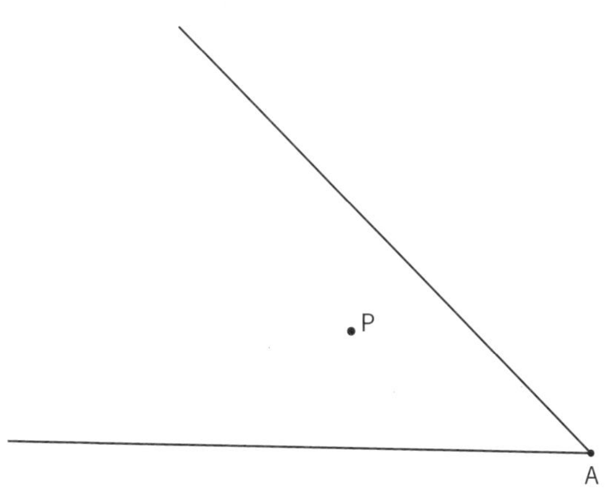

작도 4

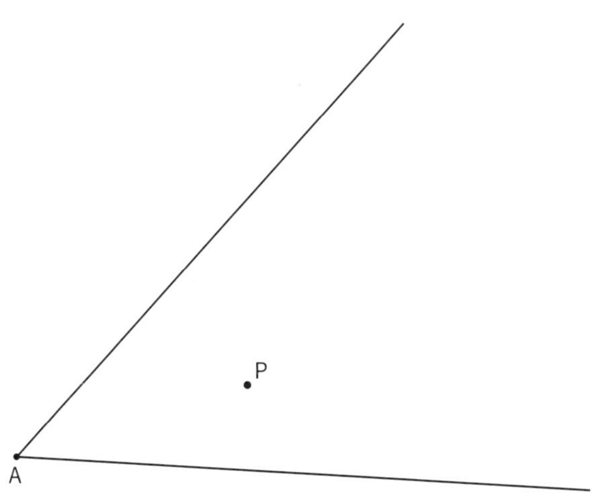

작도 5

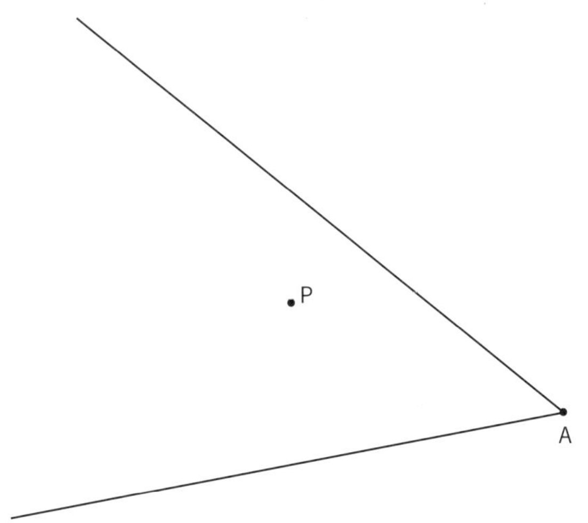

문제 34 #삼각형 #중점

문제

주어진 점D, 점E, 점F가 삼각형 세 변의 중점이 되도록 삼각형을 그리세요.

[중점이란 선분을 두 개의 같은 길이로 나누는 중간의 점을 뜻합니다.]

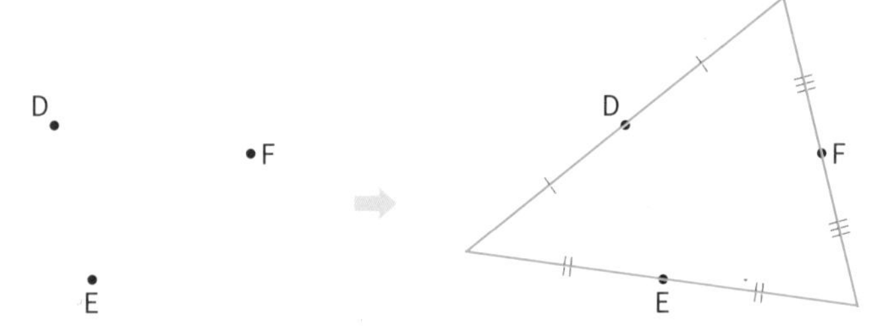

작도 1

D

F

E

풀이

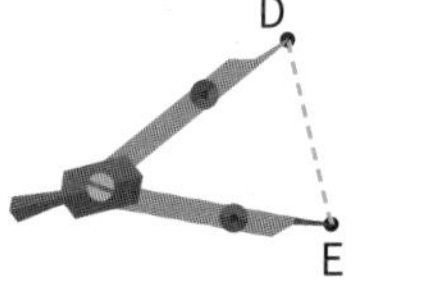

1. 주어진 3점 중 2점(점D, 점E)을 잇는 직선을 그리고, 그 거리만큼 컴퍼스의 폭을 넓힌다.

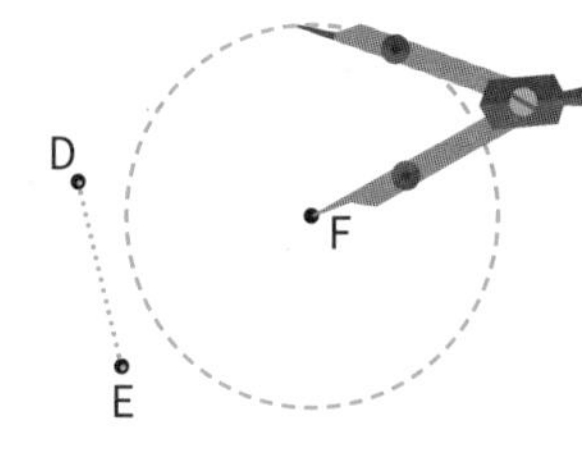

2. 컴퍼스의 폭을 그대로 유지한 채 나머지 점(점F)에 컴퍼스 중심축 바늘을 두고 원을 그린다.

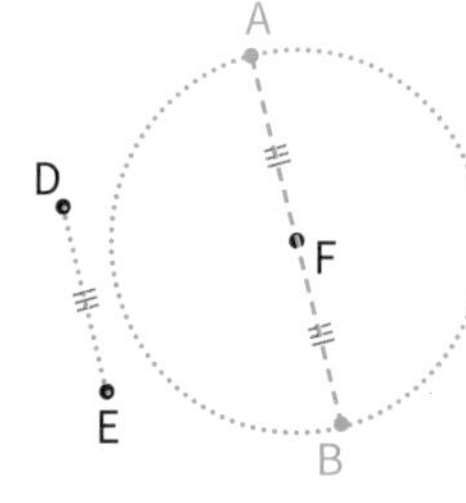

3. [기초 다지기 문제 8]의 풀이법을 이용하여 선분 $\overline{DE}$와 평행인 직선이 점F를 지나도록 그린다. 그 직선이 원둘레와 만나는 지점을 각각 A와 B라 정한다.

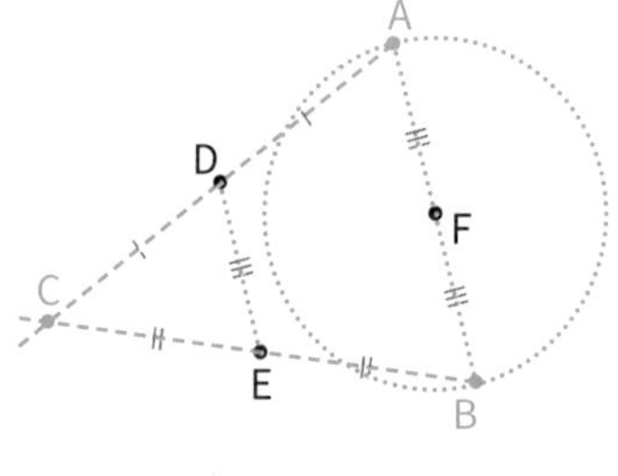

4. 점A에서 점D를 지나는 직선을 그린다. 점B에서 점E를 지나는 직선을 그린다. 두 직선이 만나는 지점을 점C라 정한다.

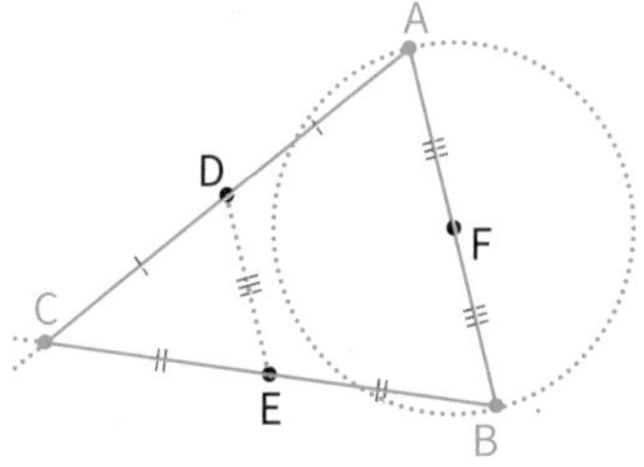

5. 점A—점B—점C—점A를 잇는 직선을 그리면 원하는 삼각형이 완성된다.

작도 2

D F

E

작도 3

F E

D

작도 4

E

D

F

작도 5

F

D E

문제 35 #정사각형

문제

선분 $\overline{AB}$가 한 변이 되는 정사각형을 그리세요.

[정사각형이란 네 변의 길이가 모두 같고, 네 각이 모두 직각인 사각형입니다.]

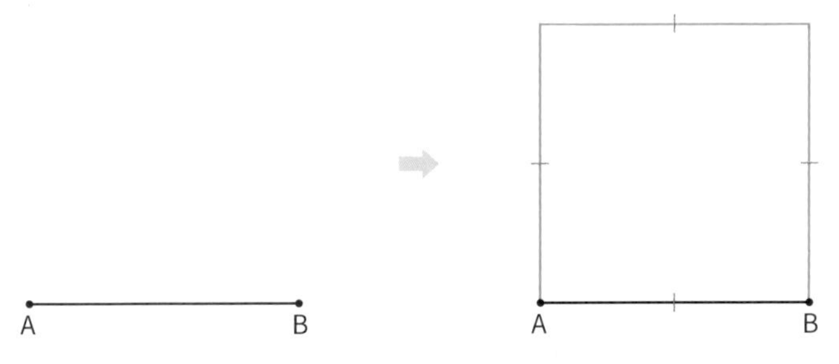

작도 1

A B

풀이

1. [기초 다지기 문제 5 또는 6]의 풀이법을 이용하여 점A에서 직각(90°)을 그린다.

2. 컴퍼스 중심축 바늘을 점A에 두고 점B까지 폭을 넓힌 다음 호를 그린다. 먼저 그린 수직선과 호가 만나는 지점을 C라 정한다.

3. 컴퍼스의 폭을 그대로 유지하여 컴퍼스 중심축 바늘을 점C에 두고 호를 그린다.

4. 컴퍼스의 폭을 그대로 유지하여 컴퍼스 중심축 바늘을 점B에 두고 호를 그린다. 두 호가 만나는 지점을 D라 정한다.

5. 점A—점C—점D—점B를 잇는 직선을 그리면 정사각형이 완성된다.

작도 2

A

B

작도 3

A

B

작도 4

B

A

작도 5

A

B

문제 36 #정사각형

문제

선분 $\overline{ad}$의 길이가 대각선의 길이가 되는 정사각형을 그리세요.

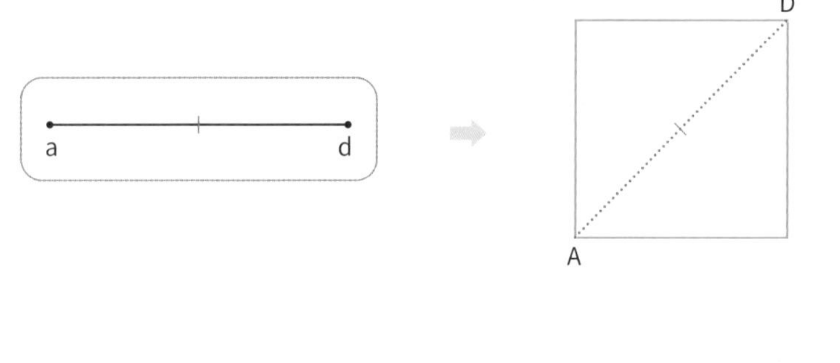

작도 1

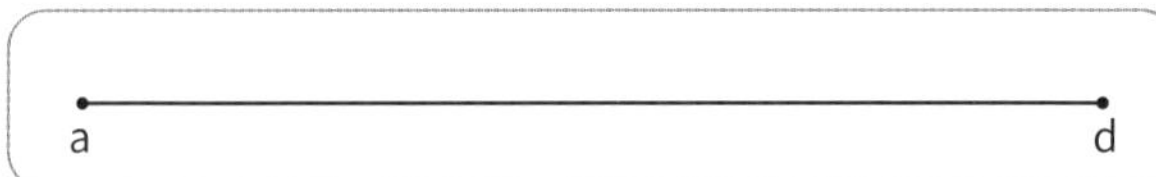

풀이

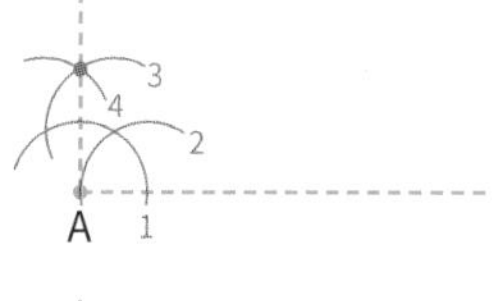

1. 자를 대고 적당한 길이의 직선을 그린다. 직선의 한 끝에 [기초 다지기 문제 5 또는 6]의 풀이법을 이용하여 직각을 그린다. 직각의 꼭짓점을 A라 정한다.

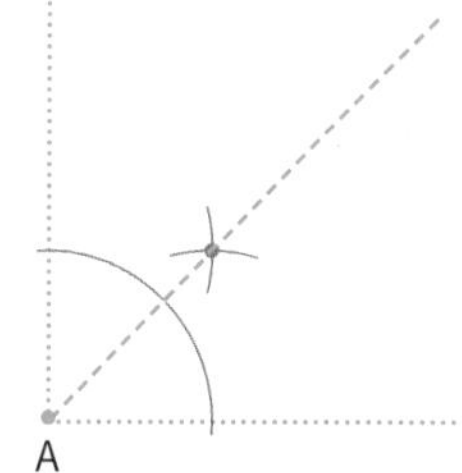

2. [기초 다지기 문제 7]의 풀이법을 이용하여 직각을 이등분하는 각이등분선을 그린다.

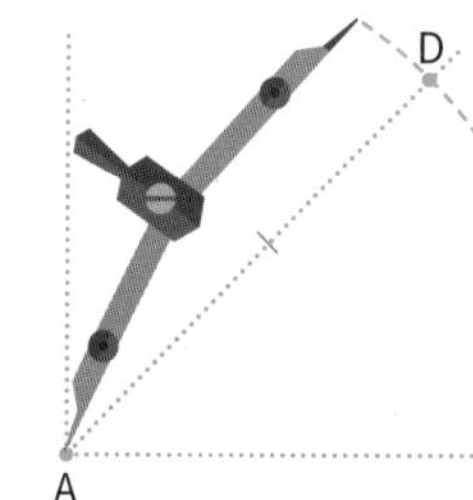

3. 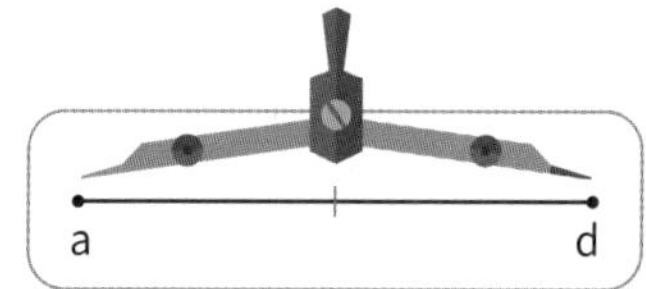

컴퍼스의 폭을 주어진 선분 $\overline{ad}$만큼 넓힌다.
컴퍼스의 폭을 그대로 유지하여 컴퍼스 중심축 바늘을 직각의 꼭짓점A에 두고 각이등분선에 짧은 호를 그려 표시한다. 그 지점을 D라 정한다.

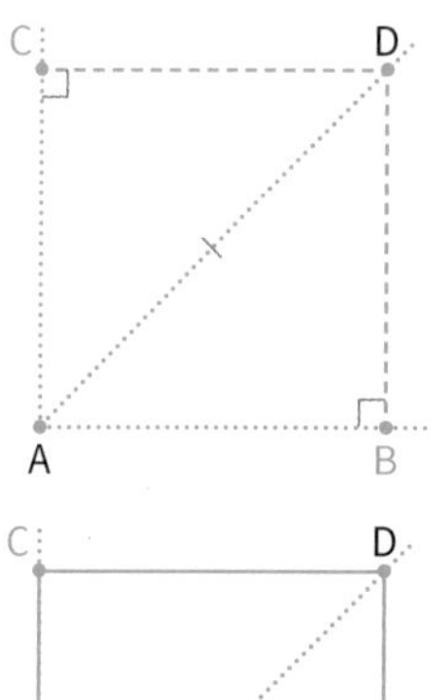

4. [기초 다지기 문제 4]의 풀이법을 이용하여 직각 점A의 두 인접변에서 D에 이르는 수직선을 각각 그리고 수직선이 시작한 지점을 C와 B라 정한다.

5. 점A—점C—점D—점B—점A를 잇는 직선을 그리면 문제가 요구하는 정사각형이 완성된다.

작도 2

a

d

작도 3

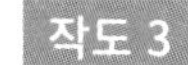

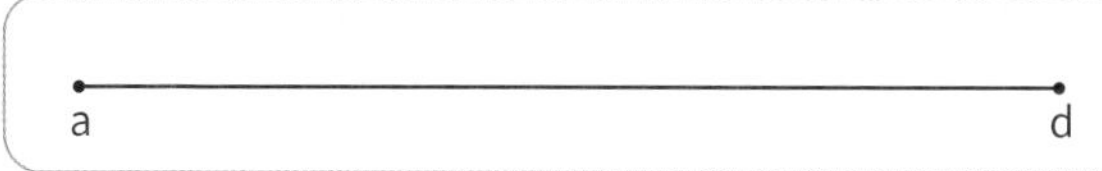

작도 4

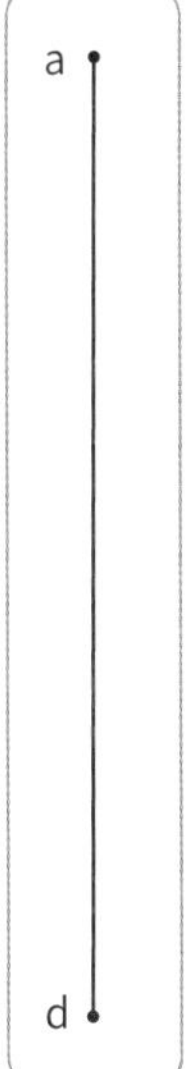

작도 5

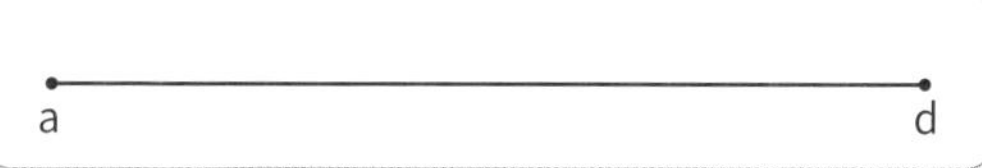

문제 37 #사각형

문제

주어진 정사각형에 내접하는 정사각형을 그리세요. 주어진 점e를 내접하는 정사각형의 한 꼭짓점으로 이용해야 합니다.

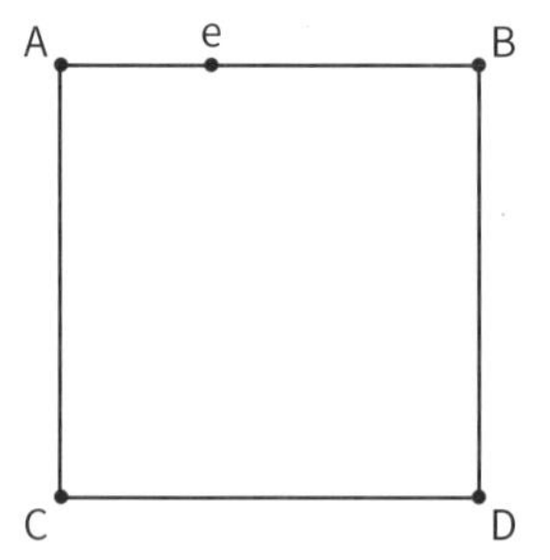

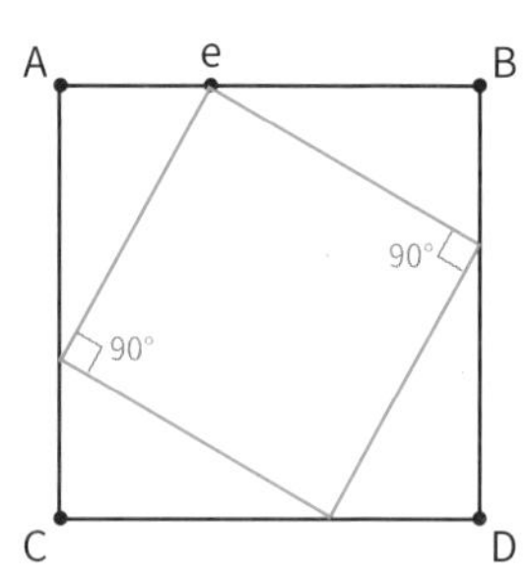

작도 1

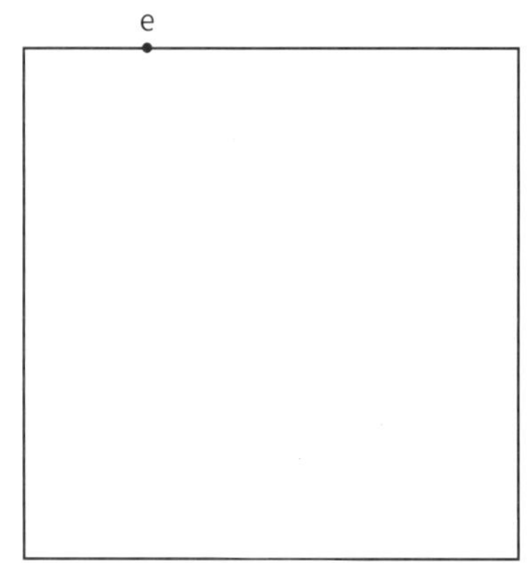

풀이

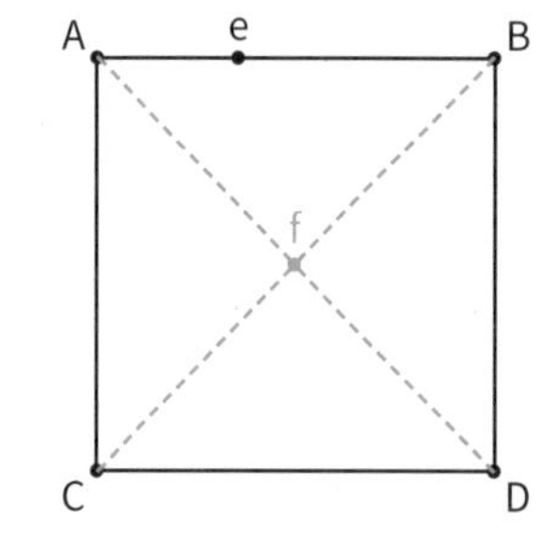

1. 주어진 정사각형의 점A에서 점D를 잇는 직선을 그린다. 점B에서 점C를 잇는 직선을 그린다. 두 직선이 만나는 지점을 f라 정한다.

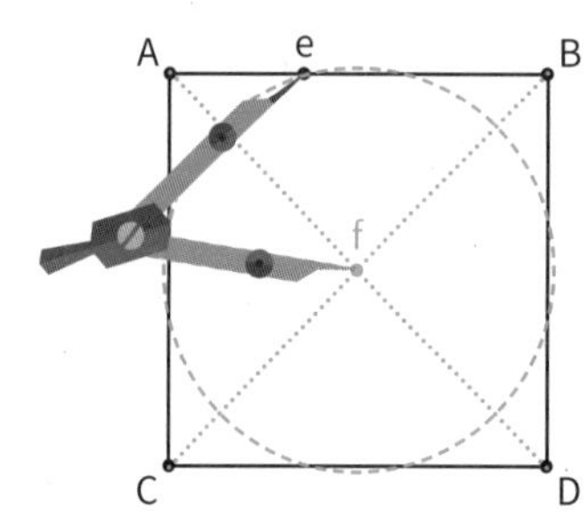

2. 점f에 컴퍼스 중심축 바늘을 두고 주어진 꼭짓점e까지 폭을 넓힌 다음 원을 그린다.

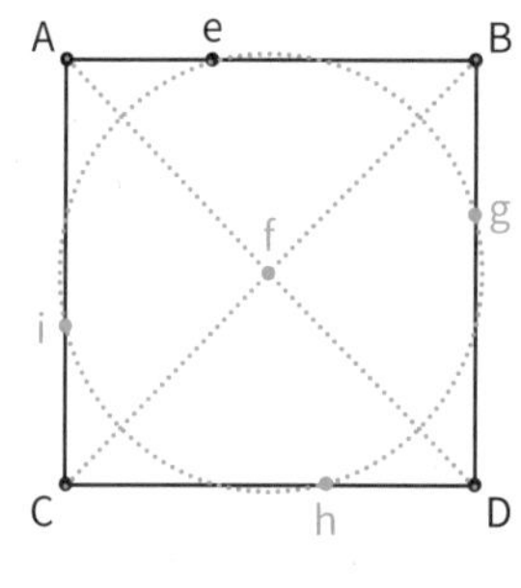

3. 주어진 정사각형과 컴퍼스로 그린 원이 만나는 지점들을 풀이 그림과 같이 각각 g, h, i라 정한다.

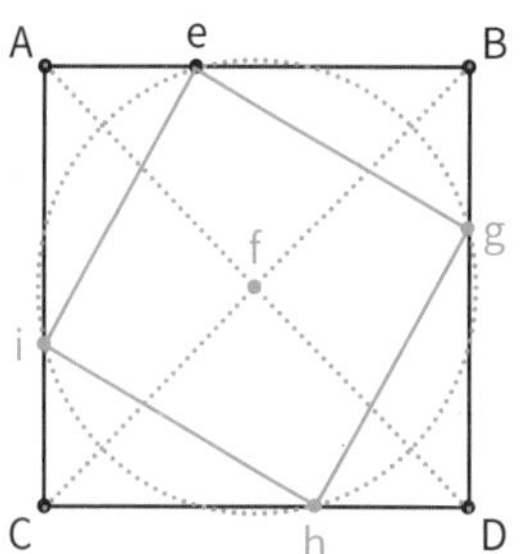

4. 점e－점g－점h－점i－점e를 잇는 직선을 그리면 문제가 요구하는 내접 정사각형이 완성된다.

작도 2

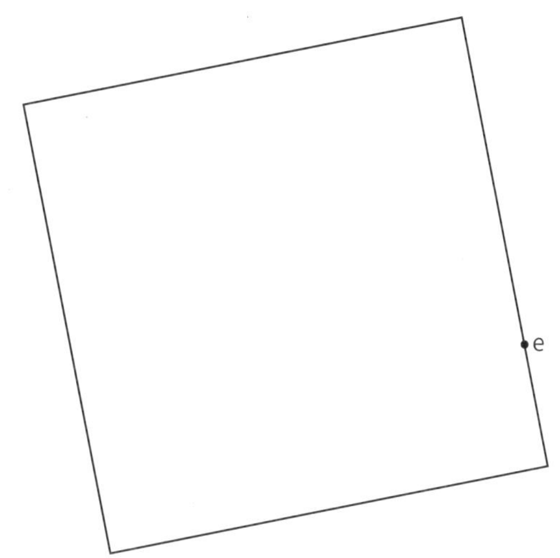

작도 3

작도 4

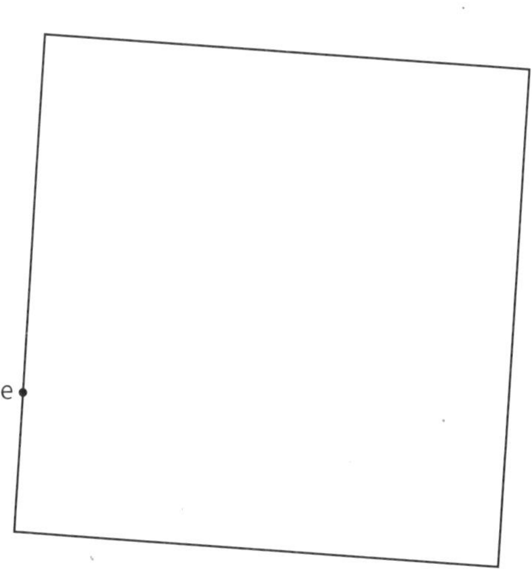

작도 5

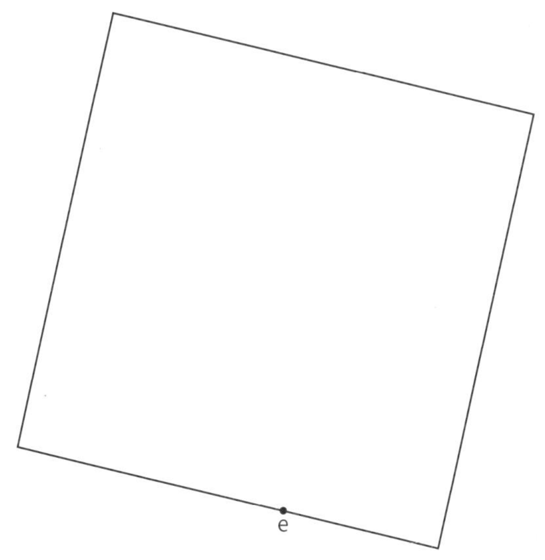

문제 38 #사각형

문제

선분 $\overline{AC}$의 길이를 한 변으로 하고, 선분 $\overline{AD}$의 길이가 대각선인 직사각형을 그리세요.

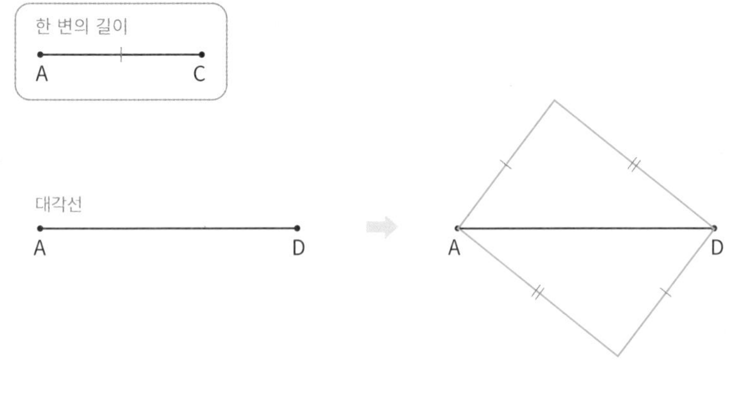

작도 1

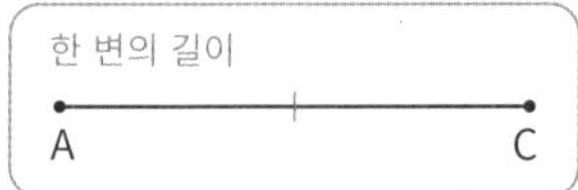

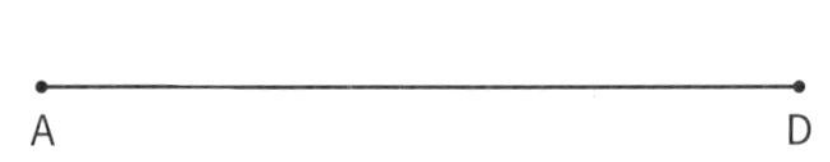

풀이

1. 컴퍼스의 폭을 선분 $\overline{AC}$의 길이에 맞게 넓힌다.

2. 컴퍼스 폭을 그대로 유지한 채, 선분 $\overline{AD}$의 점A에 중심축 바늘을 두고 호를 그린다.
컴퍼스 폭을 그대로 유지한 채, 선분 $\overline{AD}$의 점D에 중심축 바늘을 두고 호를 그린다.
[기초 다지기 문제 3]의 풀이법처럼 수직이등분선을 그어서, 선분 $\overline{AD}$의 중점을 표시하고 그 지점을 O라 정한다.

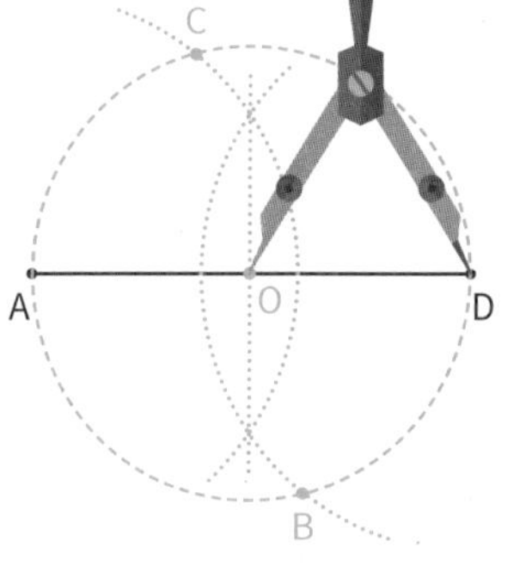

3. 컴퍼스의 폭을 점O에서 점A, 또는 점 O에서 점D까지 넓히고 그대로 원을 그린다.
원과 호가 만나는 지점을 각각 C와 B라 정한다.

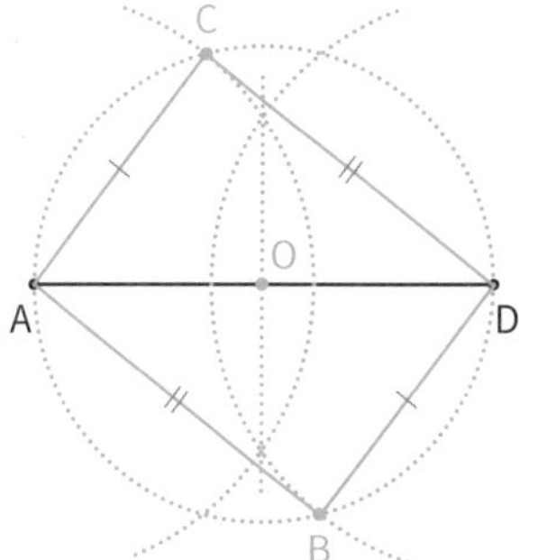

4. 점A－점C－점D－점B－점A를 잇는 직선을 그리면 문제가 요구하는 직사각형이 완성된다.

작도 2

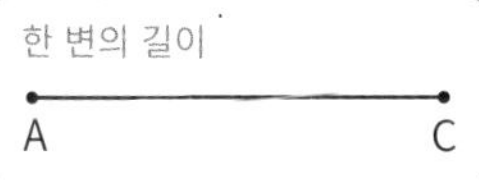

작도 3

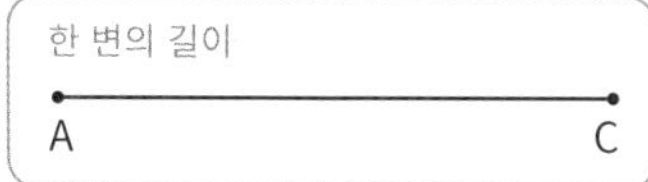

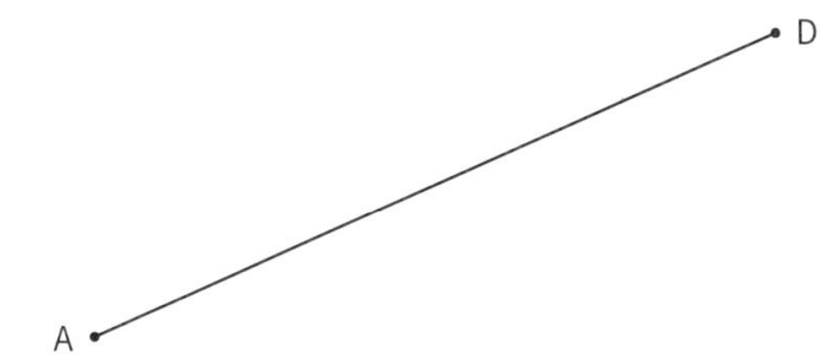

작도 4

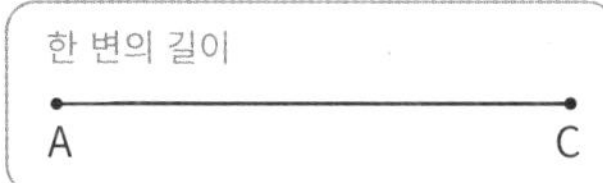

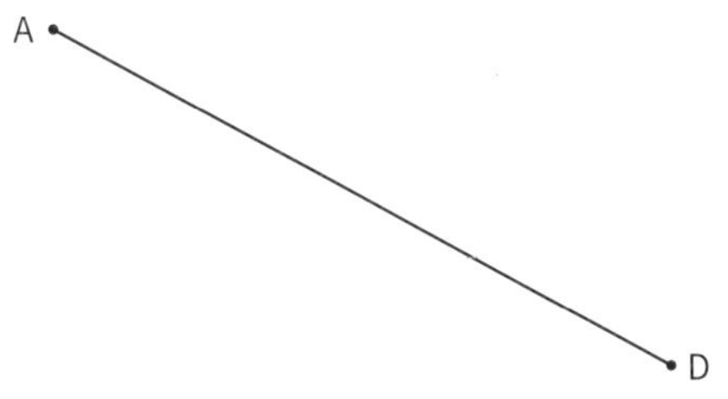

작도 5

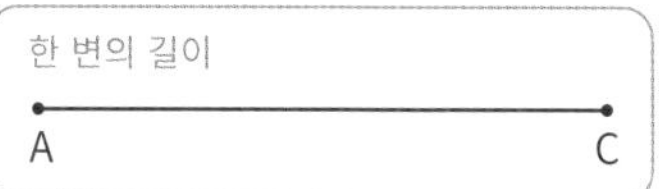

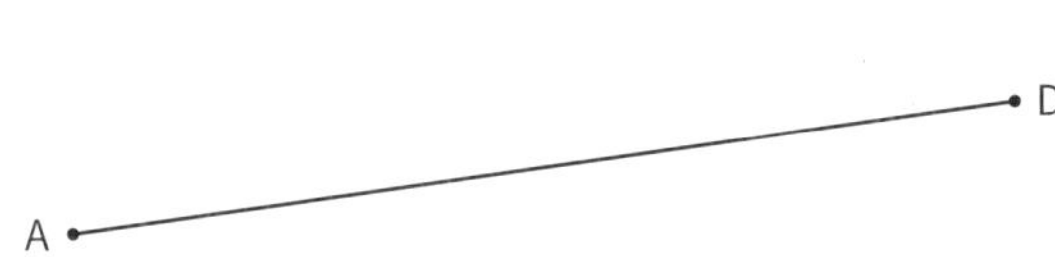

문제 39 #사각형

문제

선분 $\overline{AC}$의 길이를 측변으로 하고, 선분 $\overline{AB}$를 밑변으로 하는 직사각형을 그리세요.

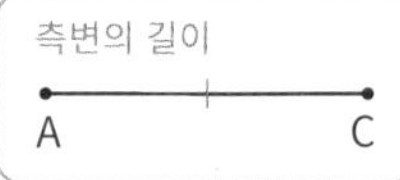

밑변

A B

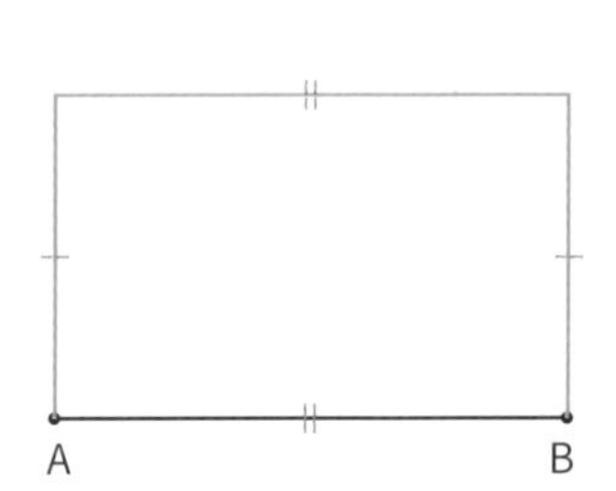

작도 1

측변의 길이

A C

A B

풀이

1. [기초 다지기 문제 5 또는 6]의 풀이법으로 선분 $\overline{AB}$의 점A를 지나가는 수직선을 그린다.

2. 컴퍼스 폭을 선분 $\overline{AC}$의 길이만큼 넓힌다.

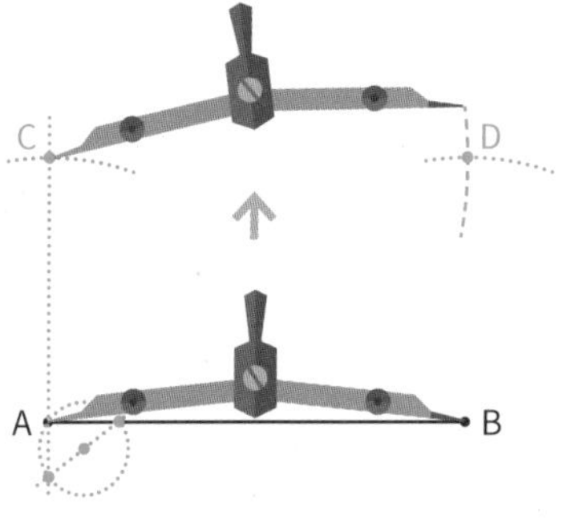

3. 컴퍼스 폭을 그대로 유지한 채, 선분 $\overline{AB}$의 점A에 중심축 바늘을 두고 호를 그린다. 호와 수직선이 만나는 지점을 C라 정한다.
컴퍼스 폭을 그대로 유지한 채, 중심축 바늘을 선분 $\overline{AB}$의 점B에 두고 호를 그린다.

4. 컴퍼스의 폭을 선분 $\overline{AB}$의 점A에서 점B까지 넓힌다. 그대로 컴퍼스 폭을 유지한 채 컴퍼스의 중심축 바늘을 점C에 두고 호를 그린다.
두 호가 만나는 지점을 D라 정한다.

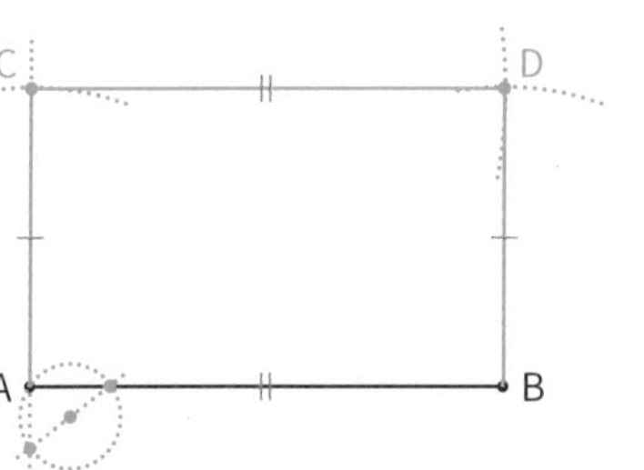

5. 점A－점C－점D－점B를 잇는 직선을 그리면 문제가 요구하는 직사각형이 완성된다.

작도 2

측변의 길이

A C

A B

작도 3

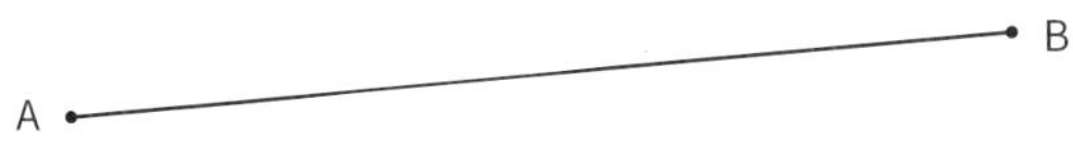

작도 4

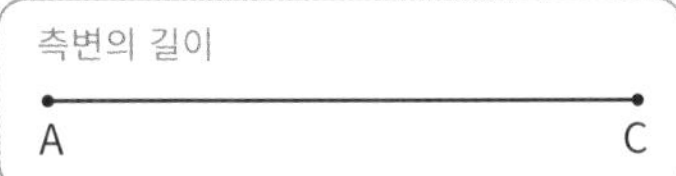

A B

작도 5

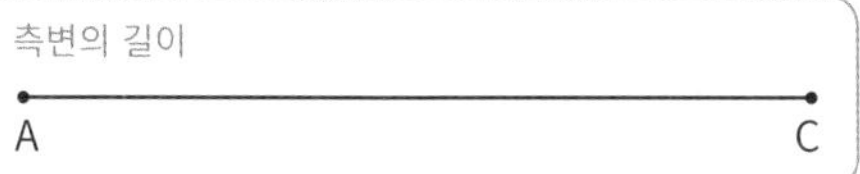

A B

문제 40 #사각형 #마름모

문제

선분 $\overline{AB}$가 대각선이고, 선분 $\overline{CD}$의 길이가 또 하나의 대각선인 마름모를 그리세요.

[마름모란 네 변의 길이가 모두 같으며, 두 대각선이 서로를 수직이등분합니다.]

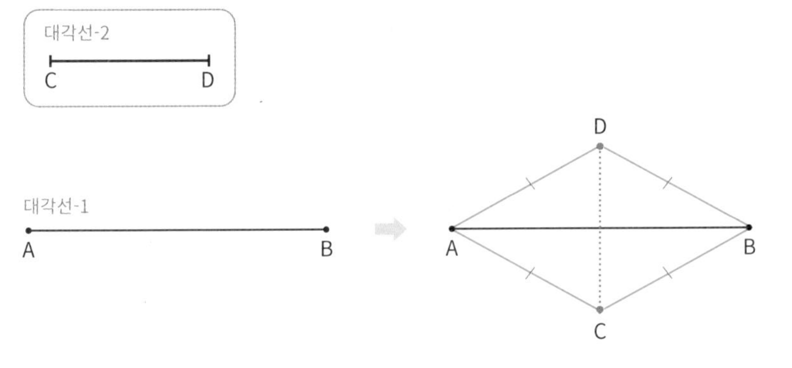

작도 1

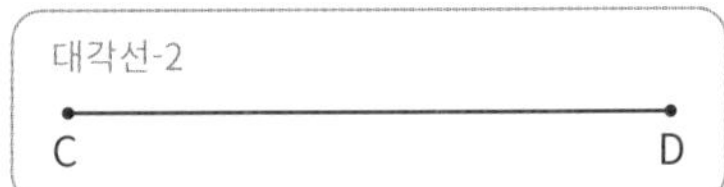

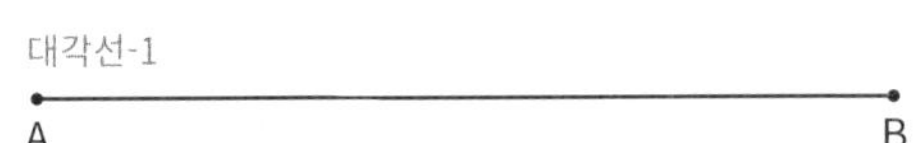

풀이

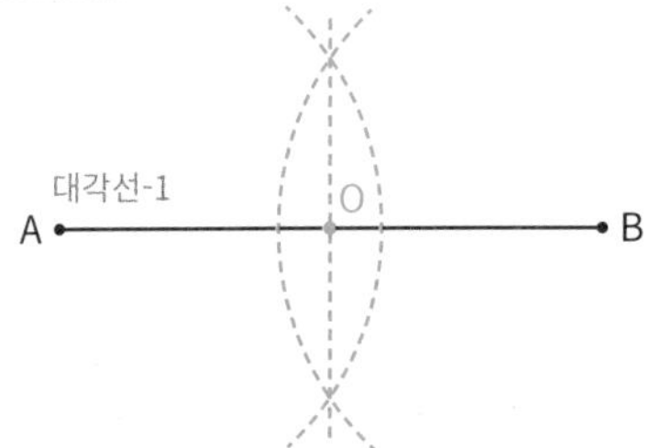

1. [기초 다지기 문제 3]의 풀이법을 이용하여 선분 $\overline{AB}$에 수직이등분선을 그어서 중점을 표시하고 그 지점을 O라 정한다.

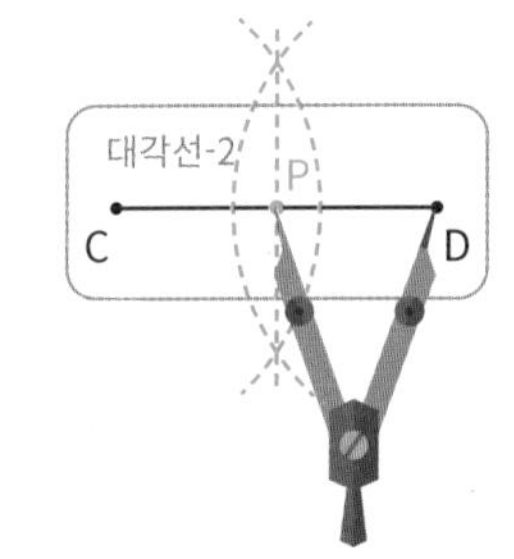

2. [기초 다지기 문제 3]의 풀이법을 이용하여 선분 $\overline{CD}$에 수직이등분선을 그어서 중점을 표시하고 그 지점을 P라 정한다. 컴퍼스의 폭을 점C와 점P 또는 점P와 점D의 거리만큼 넓힌다.

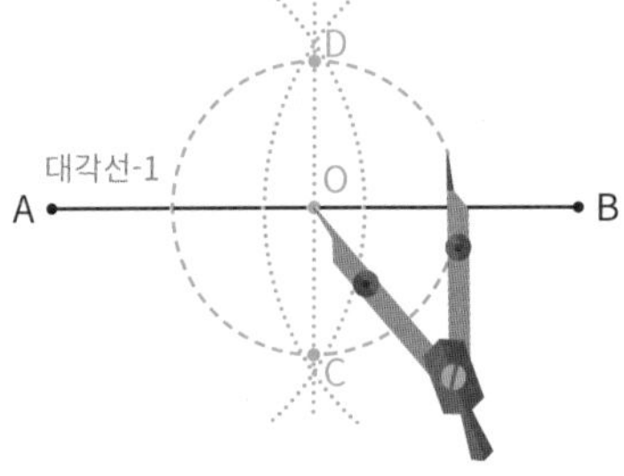

3. 컴퍼스 폭을 그대로 유지한 채, 선분 $\overline{AB}$의 점O에 중심축 바늘을 두고 원을 그린다.
   원과 수직선이 만나는 지점을 각각 C와 D라 정한다.

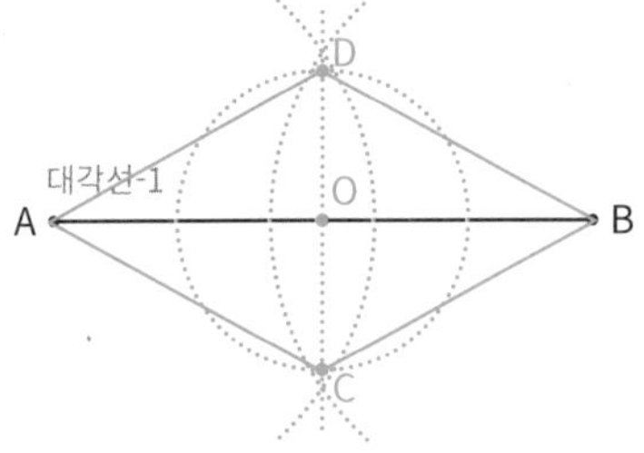

4. 점A－점C－점B－점D－점A를 잇는 직선을 그리면 문제가 요구하는 마름모가 완성된다.

작도 2

대각선-2

C D

대각선-1

A B

작도 3

대각선-2

C D

대각선-1

A B

작도 4

대각선-2

C D

대각선-1

A B

작도 5

대각선-2

C D

대각선-1

A B

문제 41 #사각형 #마름모

문제

∠a의 각도를 내각으로 하고 선분 $\overline{AB}$를 한 변으로 하는 마름모를 그리세요.

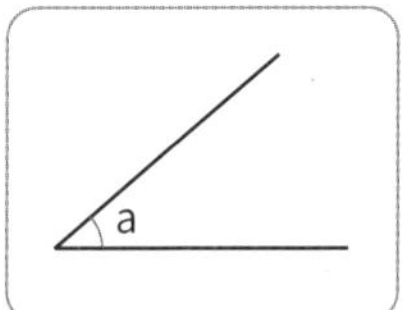

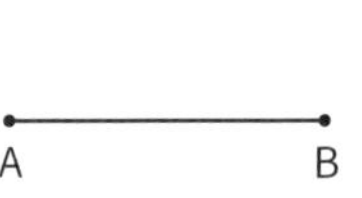

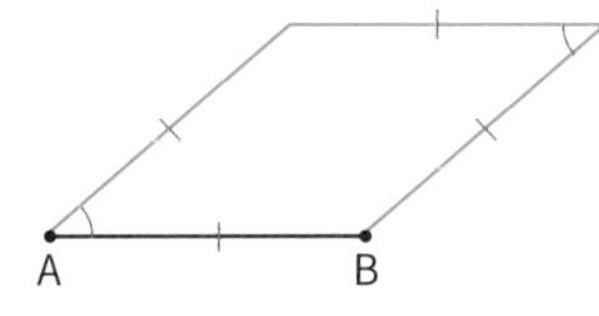

작도 1

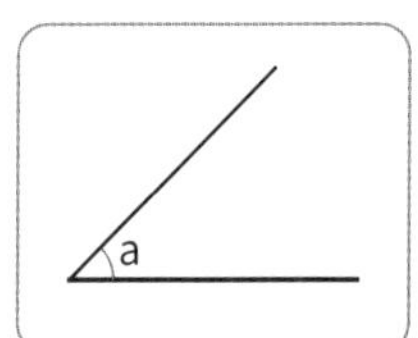

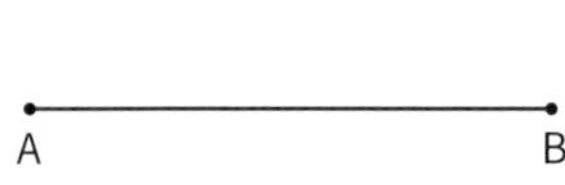

풀이

1. [기초 다지기 문제 12]의 풀이법을 이용하여 ∠a의 각도를 복사하여 선분 $\overline{AB}$의 점A에 같은 각을 옮겨 그린다 .

2. 컴퍼스의 폭을 점A에서 점B의 거리만큼 넓힌 다음 호를 그린다. 이 호와 ∠a의 다른 인접변과 만나는 지점을 C라 정한다.

3. 컴퍼스 폭을 그대로 유지한 채, 점B에 컴퍼스 중심축 바늘을 두고 호를 그린다.

4. 컴퍼스 폭을 그대로 유지한 채, 점C에 컴퍼스 중심축 바늘을 두고 호를 그린다. 두 호가 교차하는 지점을 D라 정한다.

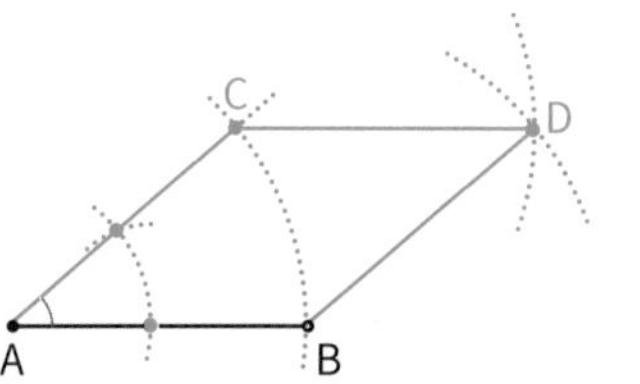

5. 점A－점B－점D－점C－점A를 잇는 직선을 그리면 문제가 요구하는 마름모가 완성된다.

작도 2

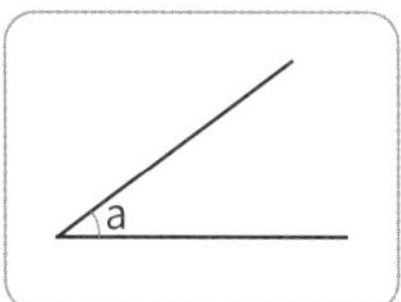

A

B

작도 3

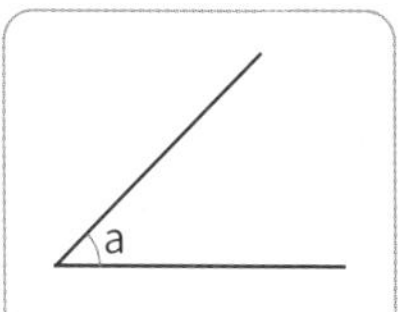

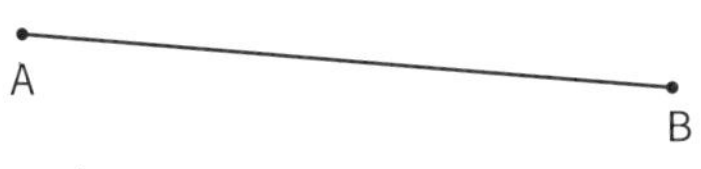

작도 4

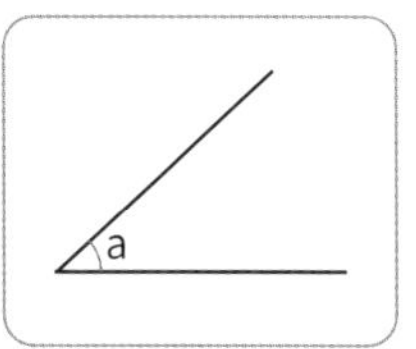

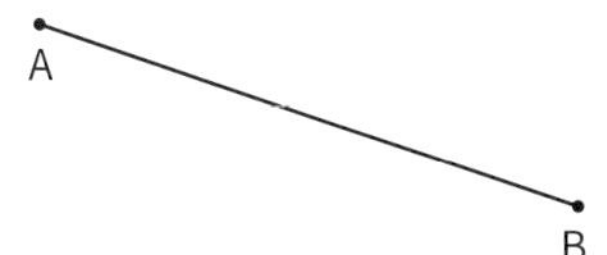

작도 5

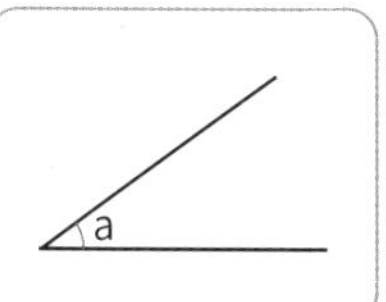

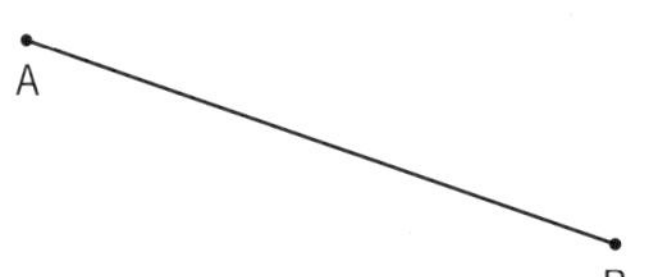

문제 42 #사각형 #마름모

문제

선분 $\overline{AB}$를 한 변으로 하고, 한 내각이 45°도인 마름모를 그리세요.

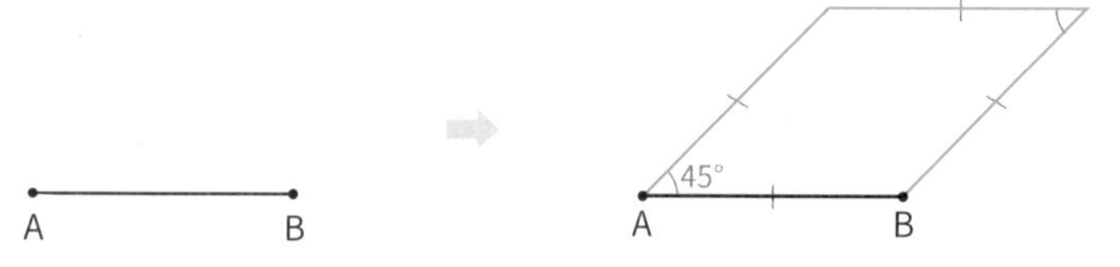

작도 1

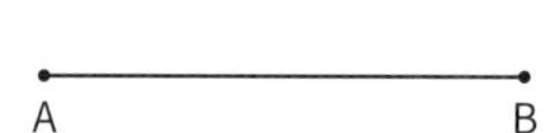

풀이

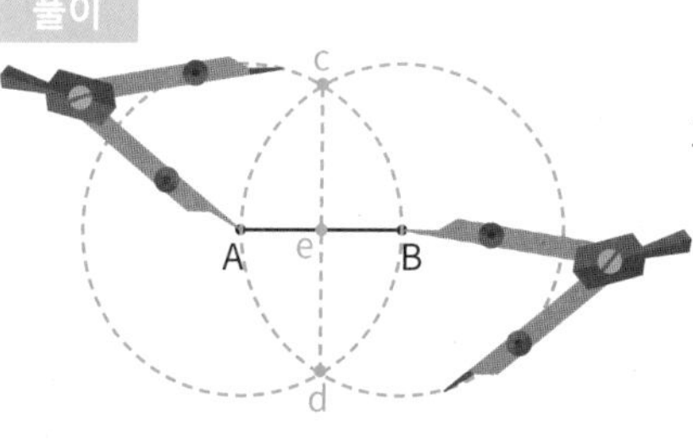

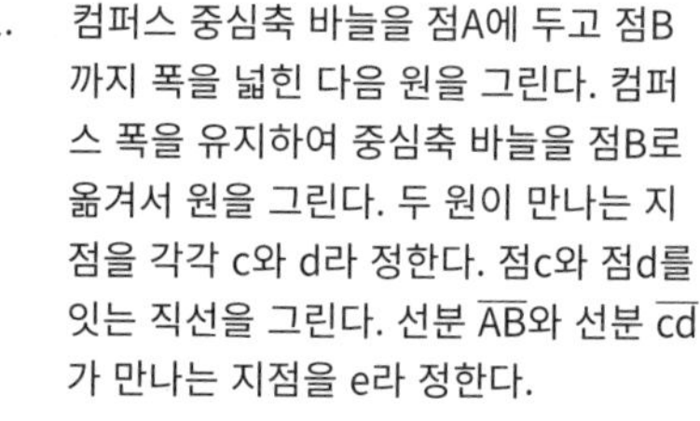

1. 컴퍼스 중심축 바늘을 점A에 두고 점B까지 폭을 넓힌 다음 원을 그린다. 컴퍼스 폭을 유지하여 중심축 바늘을 점B로 옮겨서 원을 그린다. 두 원이 만나는 지점을 각각 c와 d라 정한다. 점c와 점d를 잇는 직선을 그린다. 선분 $\overline{AB}$와 선분 $\overline{cd}$가 만나는 지점을 e라 정한다.

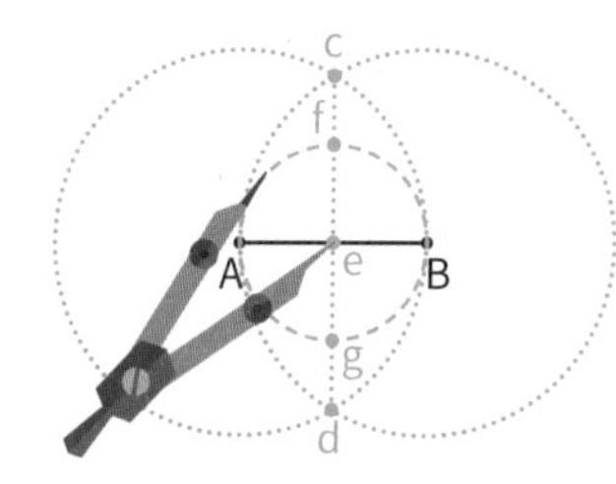

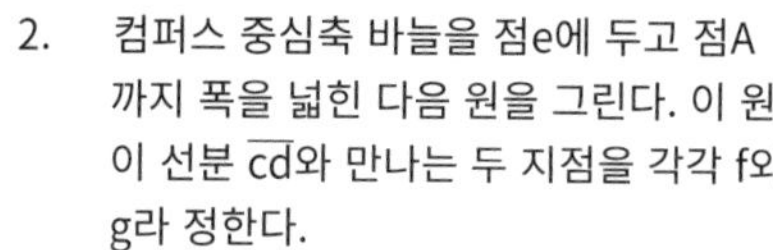

2. 컴퍼스 중심축 바늘을 점e에 두고 점A까지 폭을 넓힌 다음 원을 그린다. 이 원이 선분 $\overline{cd}$와 만나는 두 지점을 각각 f와 g라 정한다.

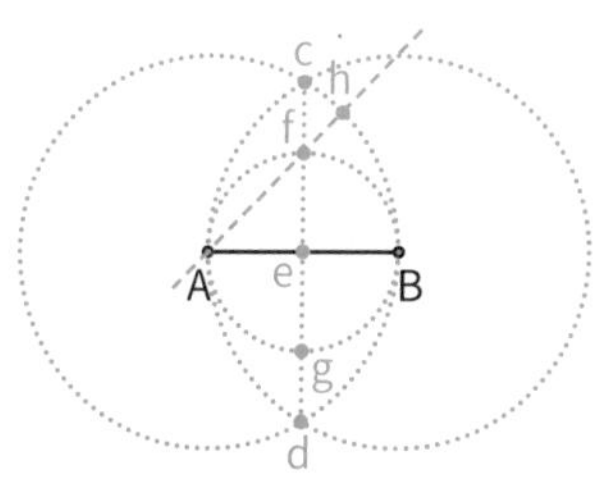

3. 점A와 점f를 지나는 직선을 그린다. 이 직선이 점A를 중심으로 하는 원과 만나는 지점을 h라 정한다.

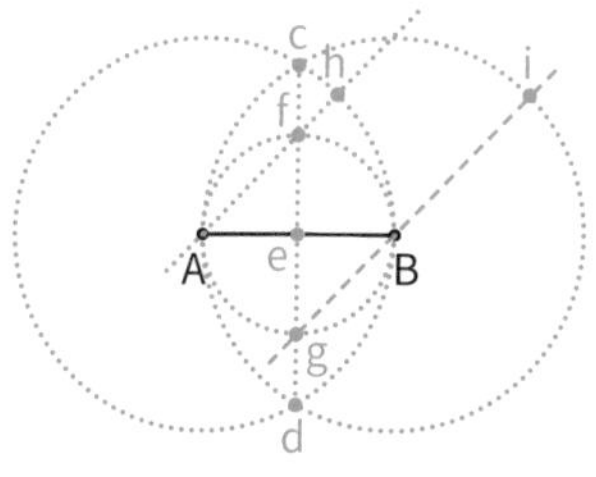

4. 점B와 점g를 지나는 직선을 그린다. 이 직선이 점B를 중심으로 하는 원과 만나는 지점을 i라 정한다.

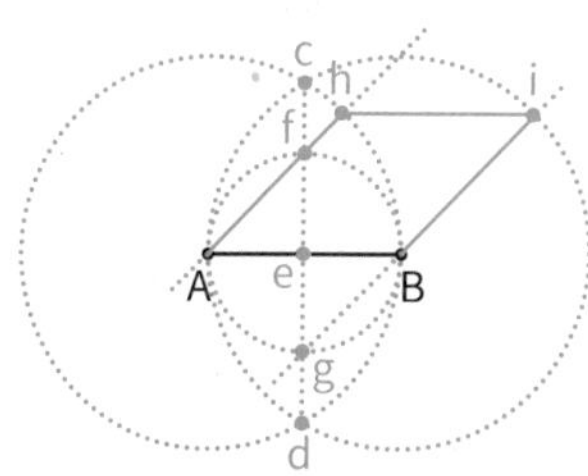

5. 점A–점h–점i–점B를 잇는 직선을 그리면 문제가 요구한 마름모가 완성된다.

작도 2

A B

작도 3

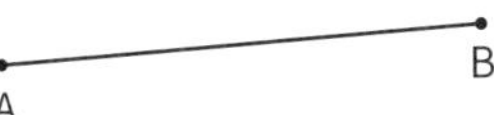

작도 4

A B

작도 5

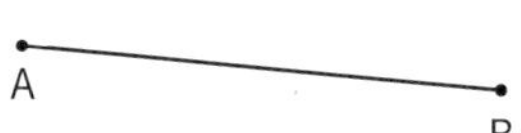

문제 43 #정오각형

문제

선분 $\overline{AB}$를 한 변으로 하는 정오각형을 그리세요.

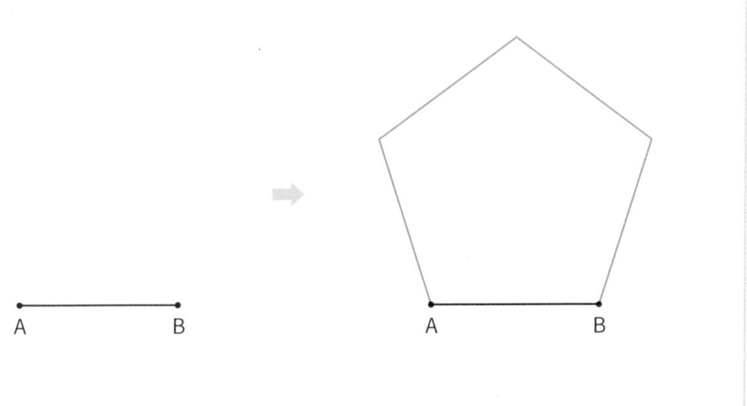

풀이

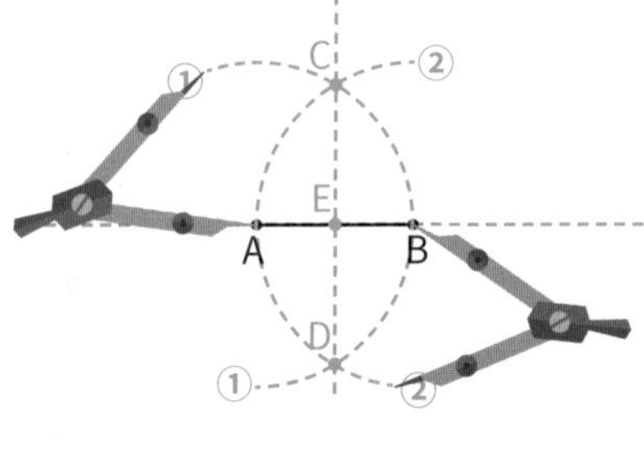

1. 선분 $\overline{AB}$를 좌우로 연장하여 직선을 그린다. 컴퍼스 중심축 바늘을 점A에 두고 점B까지 폭을 넓힌 다음 호①를 그린다. 컴퍼스 폭을 유지하여 중심축 바늘을 점B로 옮겨서 호②를 그린다. 두 호가 만나는 지점을 각각 C와 D라 정한다. 점C와 점D를 잇는 직선을 그린다. 선분 $\overline{AB}$와 선분 $\overline{CD}$가 만나는 지점을 점E라 정한다.

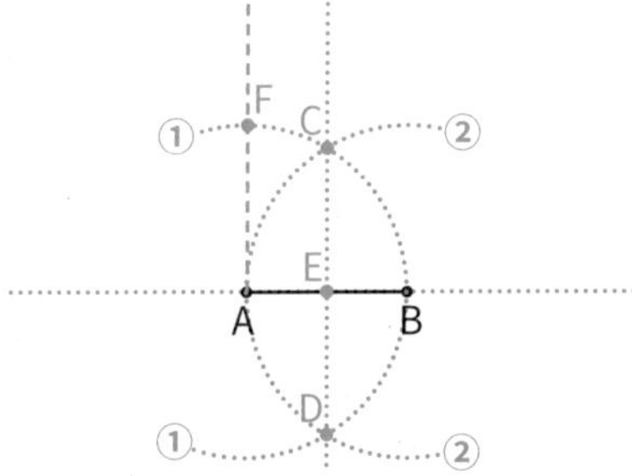

2. [기초 다지기 문제 5나 6]의 풀이법을 이용하여 점A에서 수직선을 그리고 그 수직선과 호①이 만나는 한 지점을 F라 정한다.

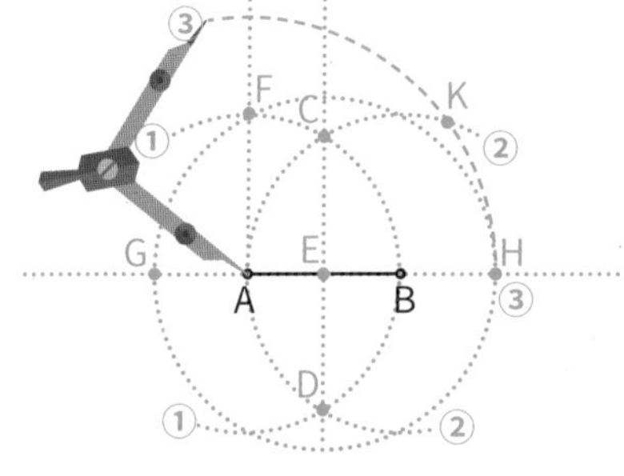

3. 컴퍼스 중심축 바늘을 점E에 두고 점F까지 폭을 넓혀 원을 그린다. 그 원과 선분 $\overline{AB}$의 연장선과 만나는 지점을 각각 G와 H라 정한다.

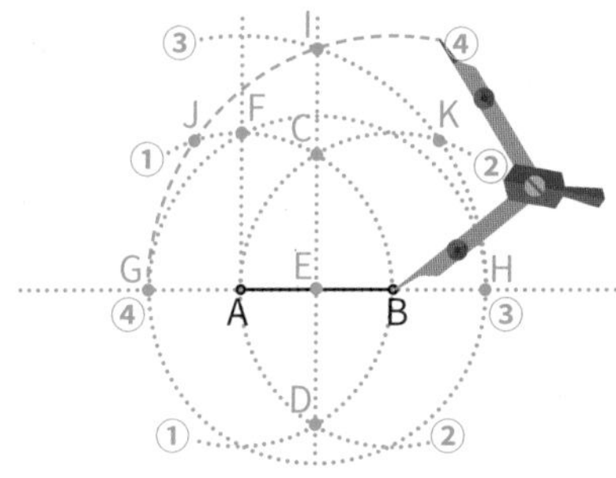

4. 점A에 컴퍼스 중심축 바늘을 두고 점H까지 폭을 넓혀 호③을 그린다. 호②와 호③이 만나는 지점을 K라 정한다.

5. 컴퍼스 중심축 바늘을 점B에 두고 점G까지 폭을 넓혀 호④를 그린다. 호①과 호④가 만나는 지점을 J라 정한다. 두 호③④가 만나는 지점을 I라 정한다.

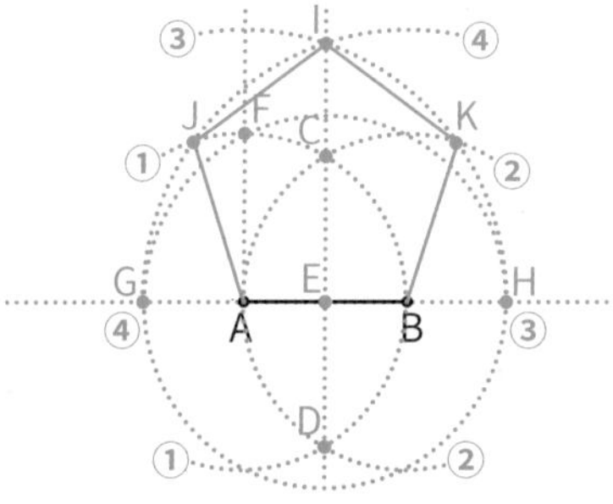

6. 점A－점J－점I－점K－점B를 잇는 직선을 그리면 문제가 요구하는 조건의 정오각형이 완성된다.

작도 1

A B

작도 2

A B

작도 3

A B

작도 4

A B

 #정육각형

문제

선분 $\overline{AB}$를 한 변으로 하는 정육각형을 그리세요.

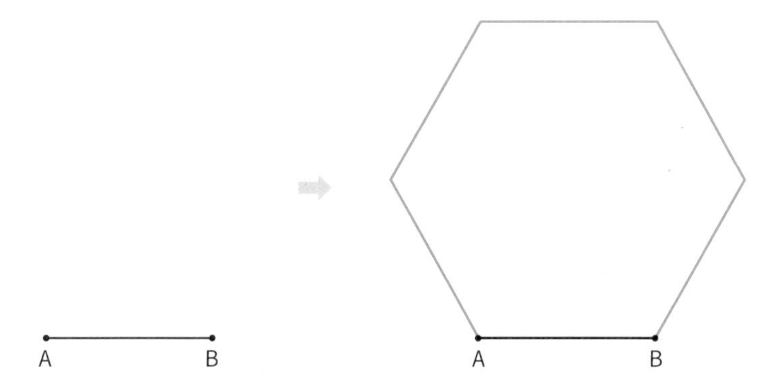

작도 1

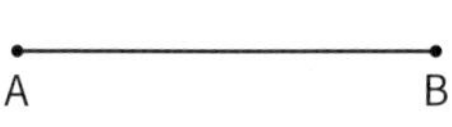

풀이

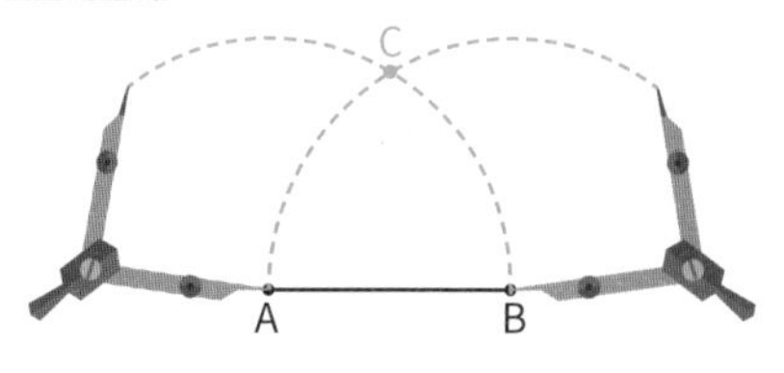

1. 컴퍼스 중심축 바늘을 점A에 두고 점B까지 폭을 넓힌 다음 호를 그린다. 컴퍼스 폭을 유지하여 중심축 바늘을 점B로 옮겨서 호를 그린다. 두 호가 만나는 지점을 C라 정한다.

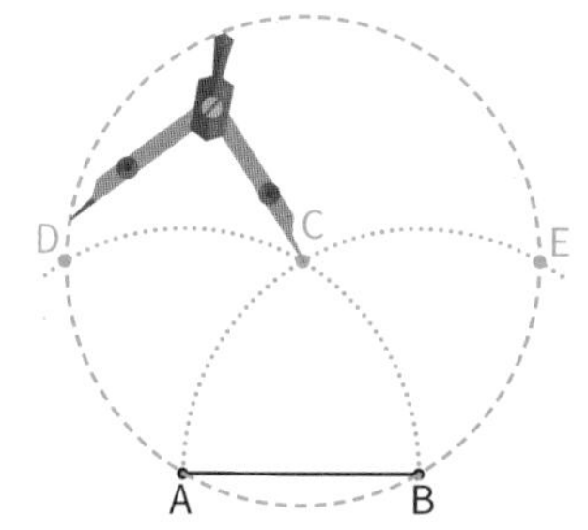

2. 컴퍼스 중심축 바늘을 점C에 두고 점A까지 폭을 넓힌 다음 원을 그린다. 원과 두 호가 만나는 지점을 각각 D와 E라 정한다.

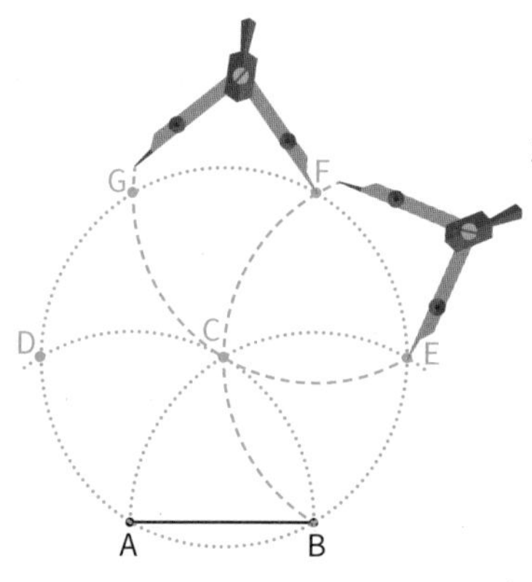

3. 컴퍼스 중심축 바늘을 점E에 두고 점C까지 폭을 넓힌 다음 호를 그리고 그 호와 원이 만나는 지점을 F라 정한다. 컴퍼스 중심축 바늘을 점F에 두고 점C까지 폭을 넓힌 다음 호를 그리고 그 호와 원이 만나는 지점을 G라 정한다.

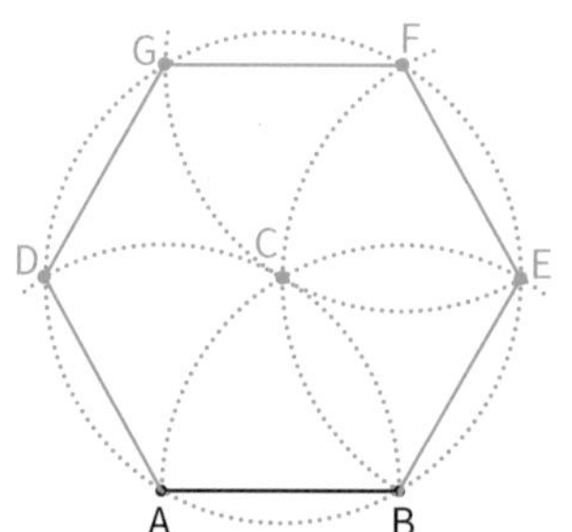

4. 점A－점D－점G－점F－점E－점B를 잇는 직선을 그리면 문제가 요구하는 조건의 정육각형이 완성된다.

작도 2

A B

작도 3

B
A

작도 4

A B

작도 5

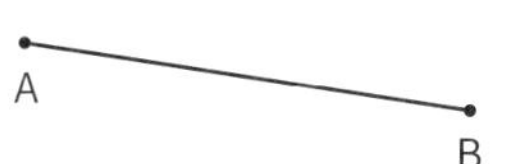

문제 45 #정육각형

문제

선분 $\overline{AB}$의 길이가 마주보는 두 변의 거리가 되도록 정육각형을 그리세요.

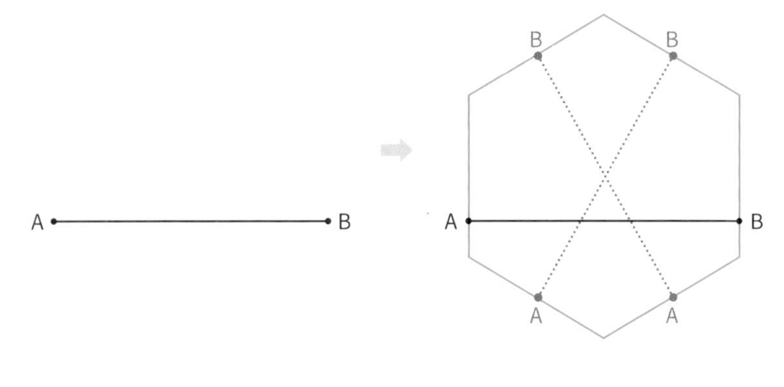

풀이

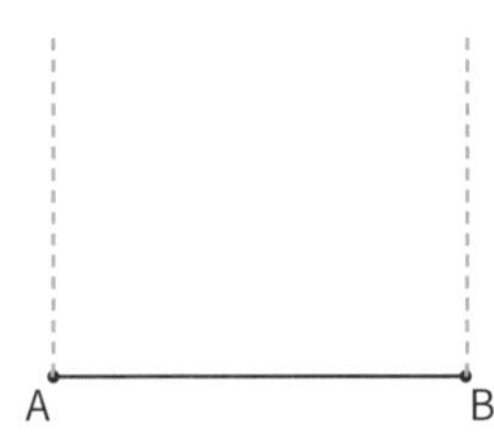

1. [기초 다지기 문제 5나 6]의 풀이법을 이용하여 점A와 점B에서 각각 수직선을 그린다.

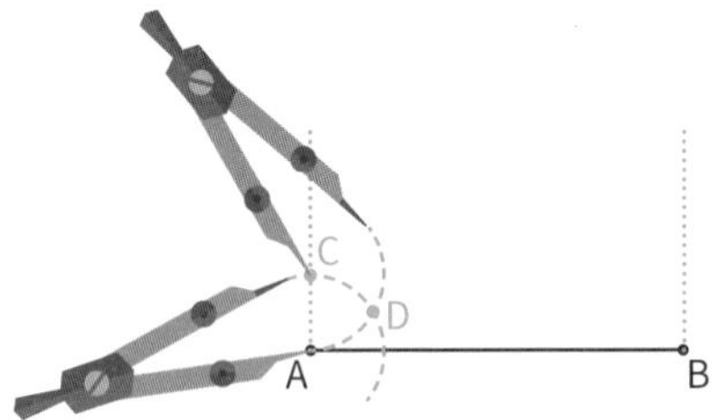

2. 컴퍼스 중심축 바늘을 점A에 두고 적당히 폭을 넓힌 다음 호를 그린다. 수직선과 호가 만나는 지점을 C라 정한다. 컴퍼스 폭을 유지하여 중심축 바늘을 점C로 옮겨서 호를 그린다. 두 호가 만나는 지점을 D라 정한다.

3. 점A와 점D를 잇는 직선을 그린다. 그 직선이 점B에서 시작된 수직선과 만나는 지점을 E라 정한다. [기초 다지기 문제 5나 6]의 풀이법을 이용하여 점E에서 왼쪽으로 향하는 수직선을 그리고 그 수직선이 점A에서 시작된 수직선과 만나는 지점을 F라 정한다.

4. 컴퍼스 중심축 바늘을 점A에 두고 점F까지 벌려 호를 그린다. 컴퍼스 중심축 바늘을 점B에 두고 점E까지 벌려 호를 그린다. 두 호가 만나는 아래 지점을 G라 정한다.

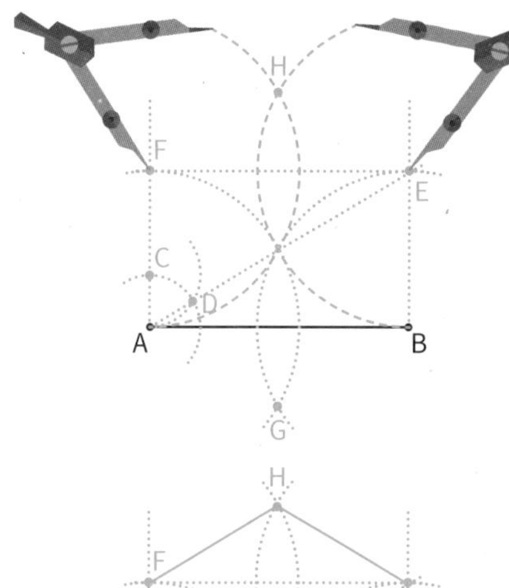

5. 컴퍼스 중심축 바늘을 점E에 두고 점B까지 벌려 호를 그린다. 컴퍼스 중심축 바늘을 점F에 두고 점A까지 벌려 호를 그린다. 두 호가 만나는 위 지점을 H라 정한다.

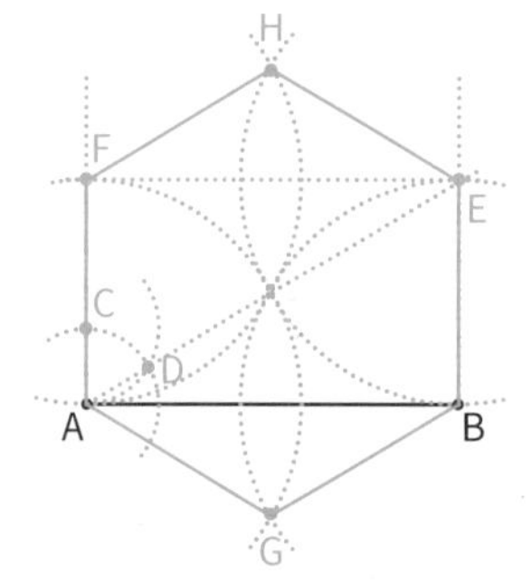

6. 점A－점G－점B－점E－점H－점F－점A를 잇는 직선을 그리면 문제가 요구하는 정육각형이 완성된다.

작도 1

A B

작도 2

A B

작도 3

A B

작도 4

A B

문제 46 #정육각형

문제

중심에서 한 변까지의 거리가 선분 $\overline{AB}$인 정육각형을 그리세요.

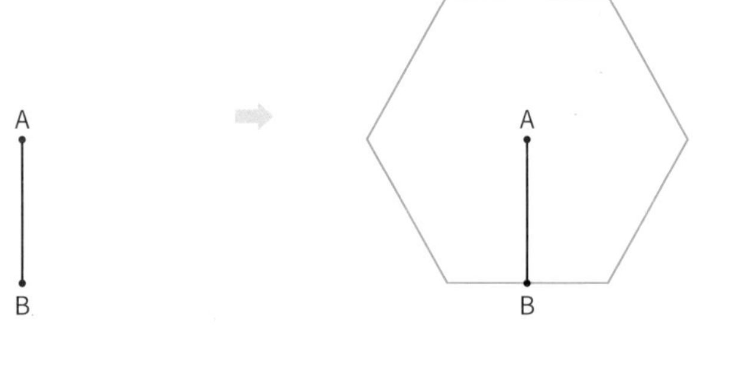

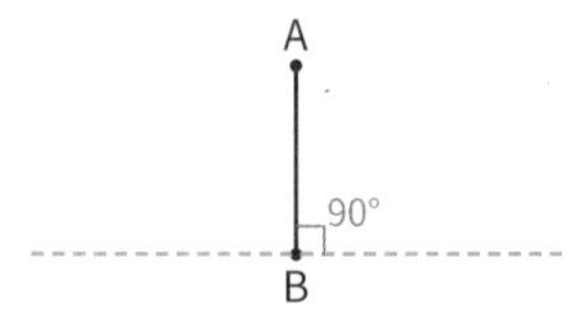

1. [기초 다지기 문제 5나 6]의 풀이법을 이용하여 선분 $\overline{AB}$의 점B에서 수직선을 그린다.

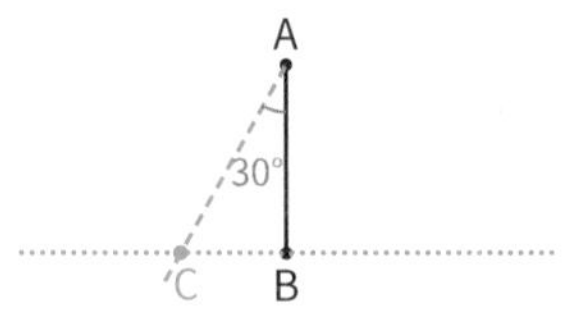

2. [문제 18]번의 풀이법을 이용하여 점A에서 아래로 30° 각도의 직선을 그린다. 그 직선이 선분 $\overline{AB}$의 수직선과 만나는 지점을 C라 정한다.

3. 컴퍼스의 중심축 바늘을 점A에 두고 점C까지 폭을 넓혀 원을 그린다. 원과 수직선이 만나는 다른 지점을 D라 정한다.

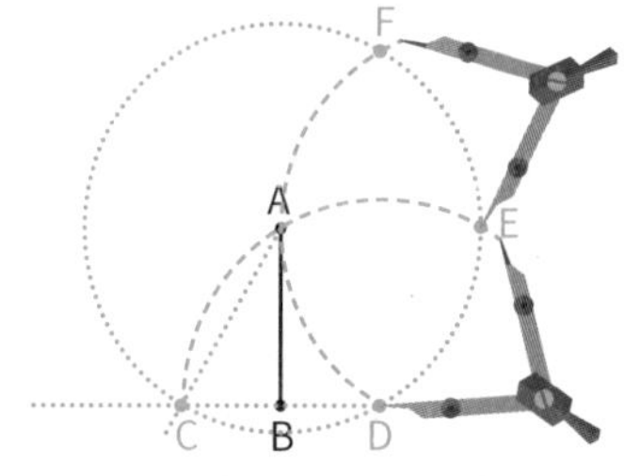

4. 컴퍼스 중심축 바늘을 점D에 두고 점C까지 폭을 넓혀 호를 그린다. 그 호가 원과 만나는 지점을 E라 정한다. 컴퍼스 중심축 바늘을 점E에 두고 점D까지 폭을 넓혀 호를 그린다. 그 호가 원과 만나는 지점을 F라 정한다.

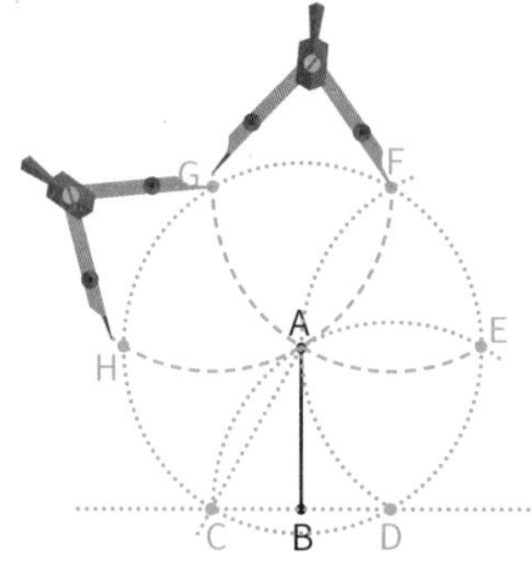

5. 컴퍼스 중심축 바늘을 점F에 두고 점E까지 폭을 넓혀 호를 그린다. 그 호가 원과 만나는 지점을 G라 정한다. 컴퍼스 중심축 바늘을 점G에 두고 점F까지 폭을 넓혀 호를 그린다. 그 호가 원과 만나는 지점을 H라 정한다.

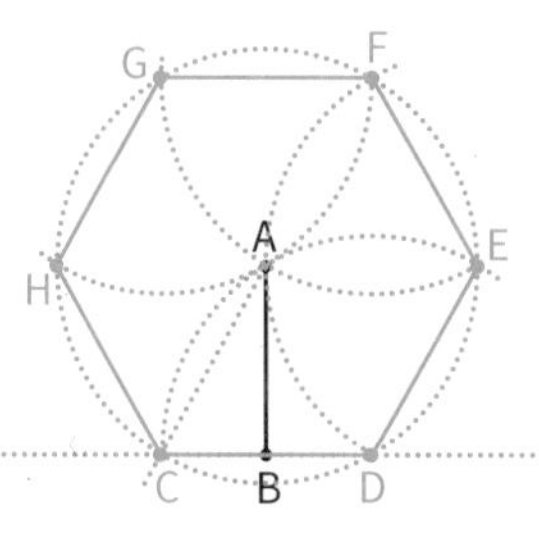

6. 점C－점D－점E－점F－점G－점H－점C를 잇는 직선을 그리면 문제가 원하는 정육각형이 완성된다.

작도 1

A

B

작도 2

A

B

작도 3

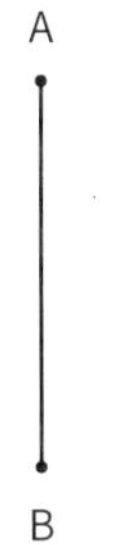

작도 4

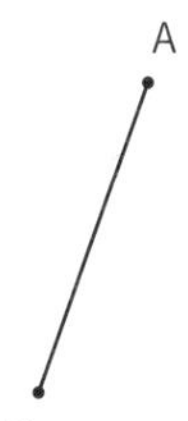

문제 47 #정팔각형

문제

선분 $\overline{AB}$를 한 변으로 하는 정팔각형을 그리세요.

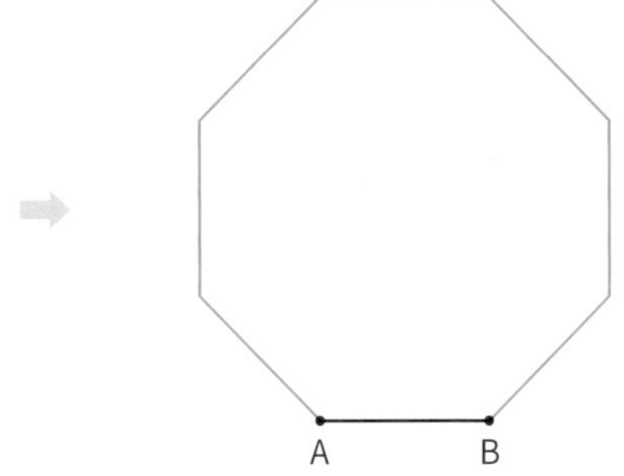

풀이

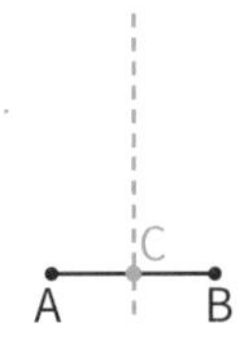

1. [기초 다지기 문제 3]의 풀이법을 이용하여 선분 $\overline{AB}$의 중심을 지나는 수직이등분선을 그리고 그 두 직선이 만나는 지점을 C라 정한다.

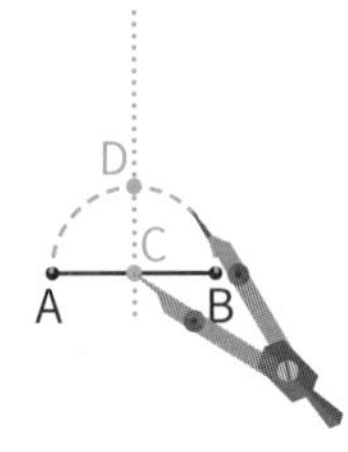

2. 컴퍼스 중심축 바늘을 점C에 두고 점A까지 넓힌 다음 호를 그리고 그 호와 수직이등분선이 만나는 지점을 D라 정한다.

3. 컴퍼스 중심축 바늘을 점D에 두고 점A까지 넓힌 다음 원을 그리고 그 원과 수직이등분선이 만나는 지점을 E라 정한다.

4. 컴퍼스 중심축 바늘을 점E에 두고 점A까지 넓힌 다음 원을 그린다.

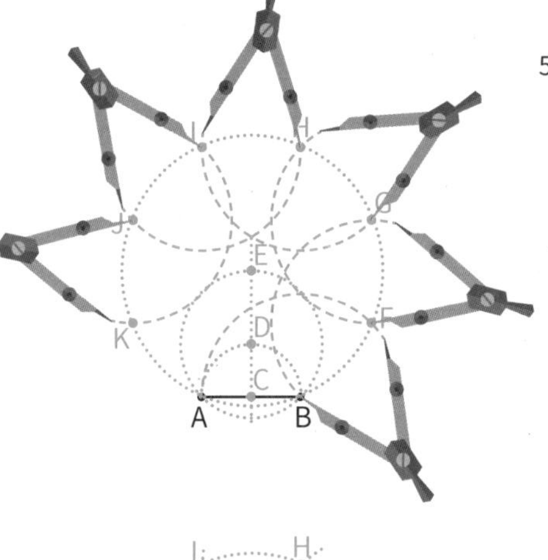

5. 컴퍼스 중심축 바늘을 점B에 두고 점A까지 넓힌 다음 호를 그리고 그 호와 바깥 원이 만나는 지점을 F라 정한다. 컴퍼스 중심축 바늘을 점F에 두고 점B까지 넓힌 다음 호를 그리고 그 호와 바깥 원이 만나는 지점을 G라 정한다. 컴퍼스 중심축 바늘을 점G에 두고 점F까지 넓힌 다음 호를 그리고 그 호와 바깥 원이 만나는 지점을 H라 정한다. ... 이 방법을 반복하여 점K까지 호를 그린다.

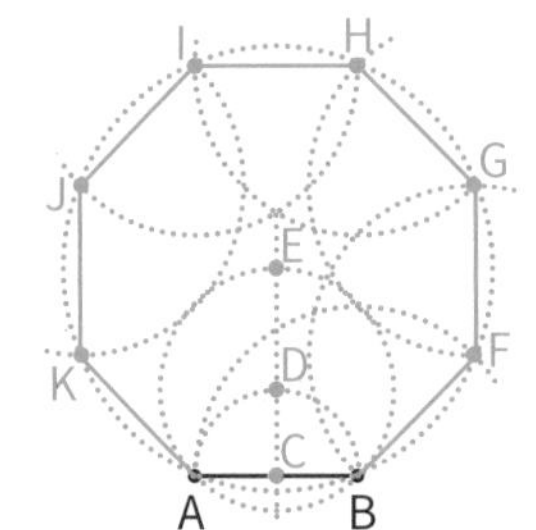

6. 점B－점F－점G－점H－점I－점J－점K－점A를 잇는 직선을 그리면 문제가 원하는 정팔각형이 완성된다.

작도 1

A B

작도 2

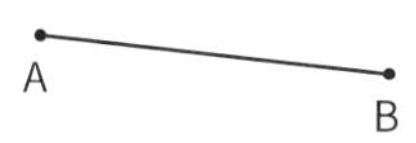

작도 3

A B

작도 4

A B

#정팔각형

문제

선분 $\overline{AB}$가 마주보는 두 변의 거리가 되도록 정팔각형을 그리세요.

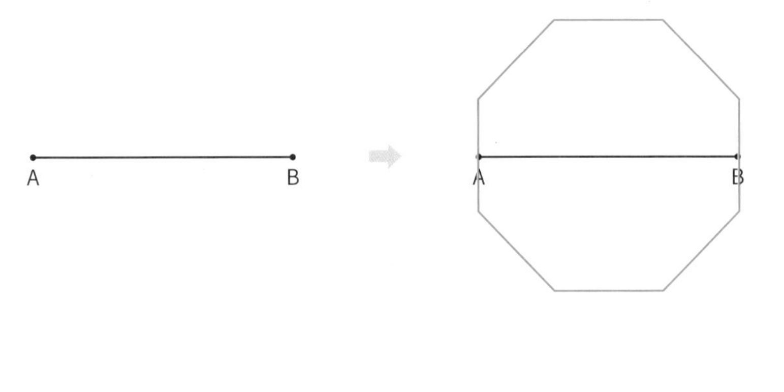

작도 1

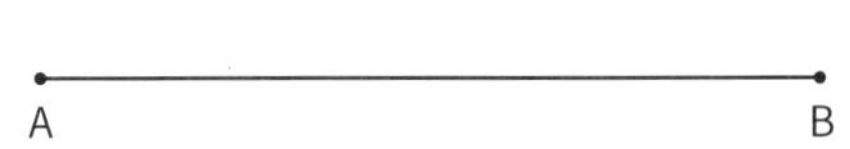

풀이

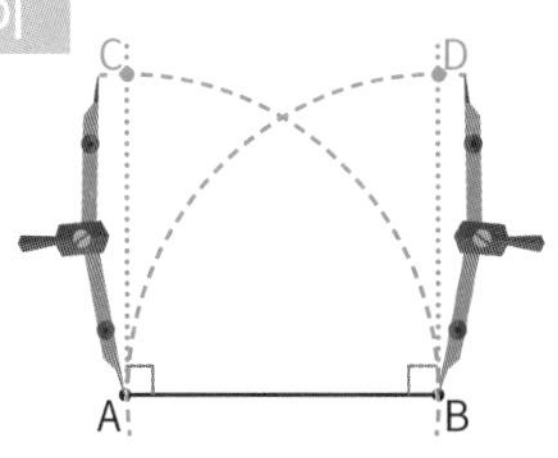

1. [기초 다지기 문제 5나 6]의 풀이법을 이용하여 선분 $\overline{AB}$의 점A와 점B에서 각각 수직선을 그린다. 컴퍼스의 중심축 바늘을 점A에 두고 점B까지 폭을 넓혀 호를 그리고 호와 수직선이 만나는 지점을 C라 정한다. 컴퍼스의 중심축 바늘을 점B에 두고 점A까지 폭을 넓혀 호를 그리고 호와 수직선이 만나는 지점을 D라 정한다.

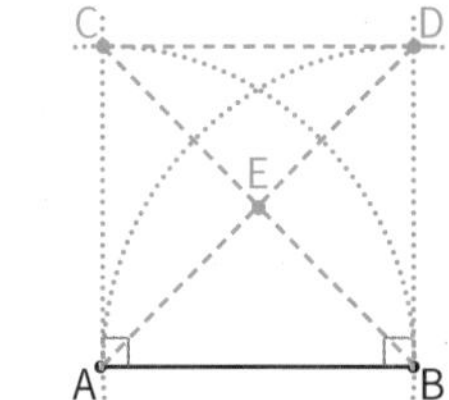

2. 점C와 점D를 잇는 직선을 그린다. 점A에서 점D까지 직선을 그린다. 점B에서 점C까지 직선을 그린다. 두 직선이 만나는 지점을 E라 정한다.

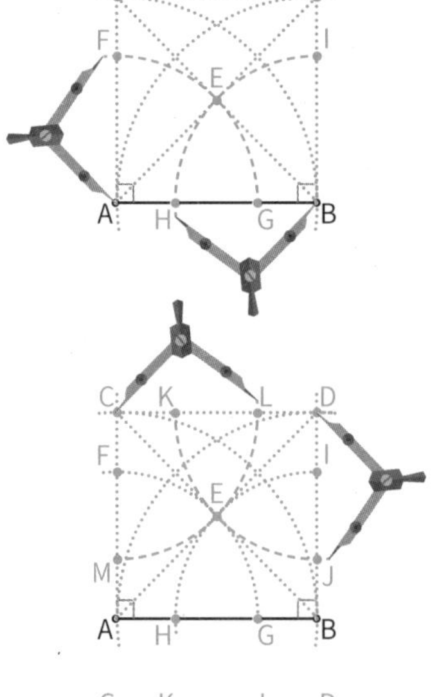

3. 컴퍼스 중심축 바늘을 점A에 두고 점E까지 폭을 넓혀 호를 그린다. 그 호가 두 변과 만나는 지점을 각각 F와 G라 정한다. 컴퍼스 중심축 바늘을 점B에 두고 점E까지 폭을 넓혀 호를 그린다. 그 호가 두 변과 만나는 지점을 각각 H와 I라 정한다.

4. 컴퍼스 중심축 바늘을 점D에 두고 점E까지 폭을 넓혀 호를 그린다. 그 호가 두 변과 만나는 지점을 각각 J와 K라 정한다. 컴퍼스 중심축 바늘을 점C에 두고 점E까지 폭을 넓혀 호를 그린다. 그 호가 두 변과 만나는 지점을 각각 L과 M이라 정한다.

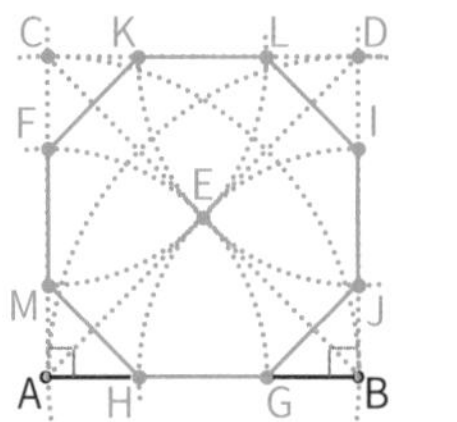

5. 점H－점G－점J－점I－점L－점K－점F－점M－점H를 잇는 직선을 그리면 문제가 요구하는 정팔각형이 완성된다.

작도 2

A B

작도 3

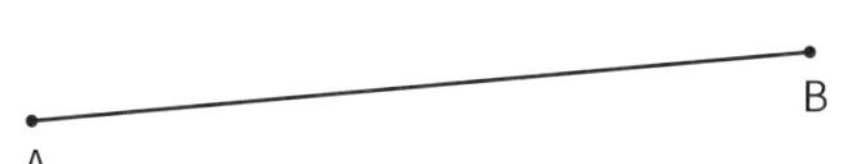

작도 4

A B

작도 5

A
B

문제 49 #정십각형

문제

선분 $\overline{AB}$를 한 변으로 하는 정십각형을 그리세요.

A B

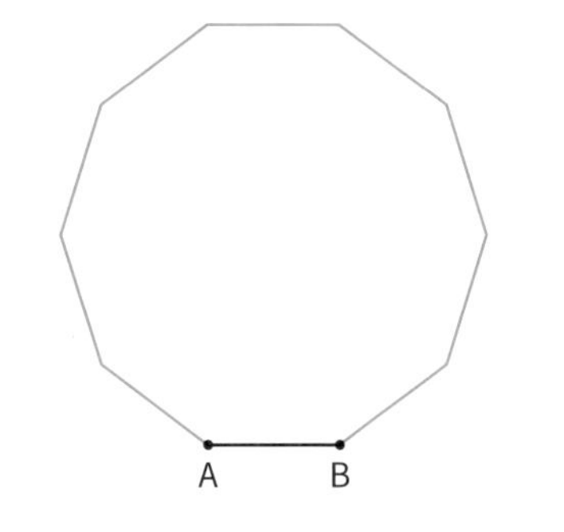

풀이

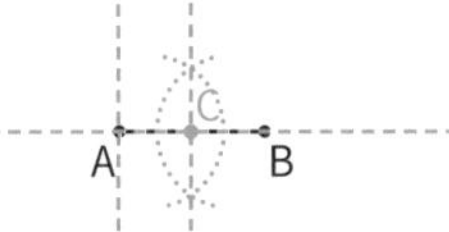

1. 선분 $\overline{AB}$에 자를 대고 연장선을 그린다. [기초 다지기 문제 3]의 풀이법을 이용하여 점A와 점B 사이의 수직이등분선을 그리고 주어진 선분과 만나는 지점을 C라 정한다. [기초 다지기 문제 5]의 풀이법을 이용하여 점A를 지나는 수직선을 그린다.

2. 컴퍼스 중심축 바늘을 점A에 두고 점B까지 폭을 넓혀 호를 그린다. 그 호가 점 A를 지나는 수직선과 만나는 지점을 D라 정한다.

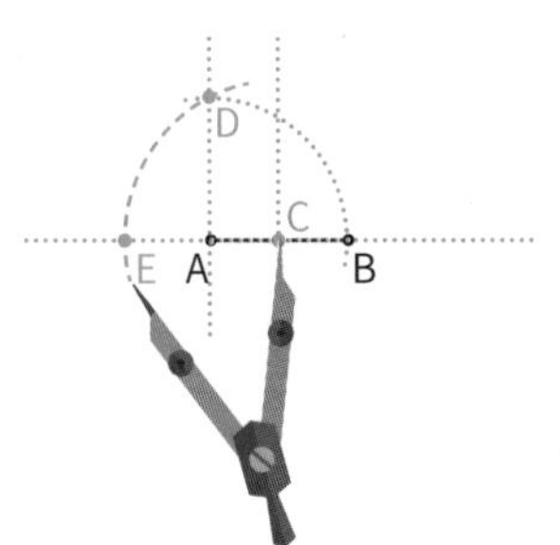

3. 컴퍼스 중심축 바늘을 점C에 두고 점D까지 폭을 넓혀 호를 아래로 그린다. 그 호가 선분$\overline{AB}$를 연장한 직선과 만나는 지점을 E라 정한다.

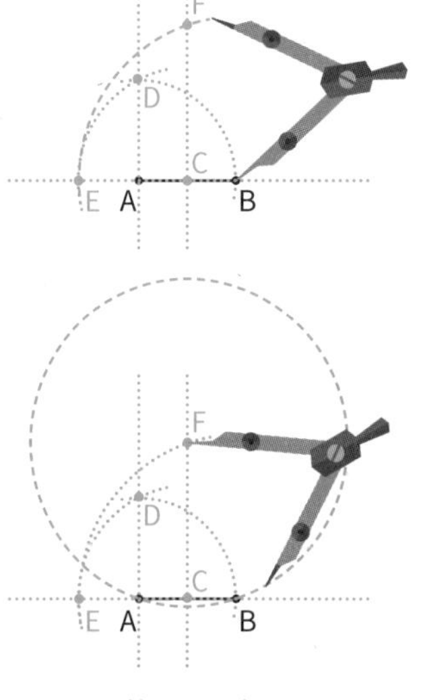

4. 컴퍼스 중심축 바늘을 점B에 두고 점E까지 폭을 넓혀 호를 위로 그린다. 그 호가 선분 $\overline{AB}$의 수직이등분선과 만나는 지점을 F라 정한다.

5. 컴퍼스 중심축 바늘을 점F에 두고 점B까지 폭을 넓혀 원을 그린다.

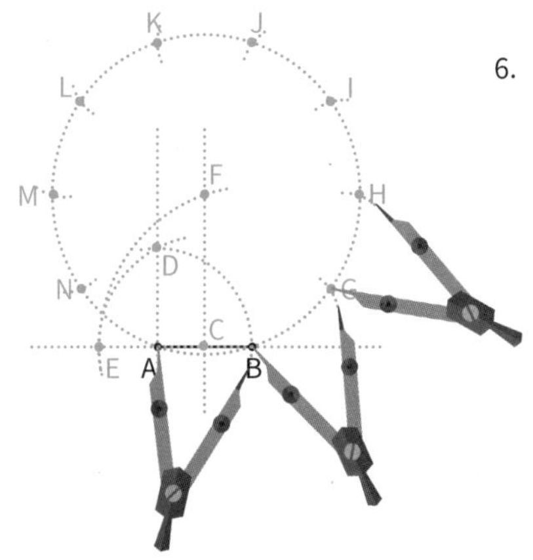

6. 컴퍼스 중심축 바늘을 점A에 두고 점B까지 폭을 넓힌다. 컴퍼스 폭을 그대로 유지하여 중심축 바늘을 점B에 두고 원둘레에 그 폭만큼의 거리를 표시한다. 그 지점을 G라 정한다. 컴퍼스 폭을 그대로 유지하여 중심축 바늘을 점G에 두고 원둘레에 그 폭만큼의 거리를 표시한다. 그 지점을 H라 정한다. ... 이 방법으로 원둘레를 따라 점N까지 표시한다.

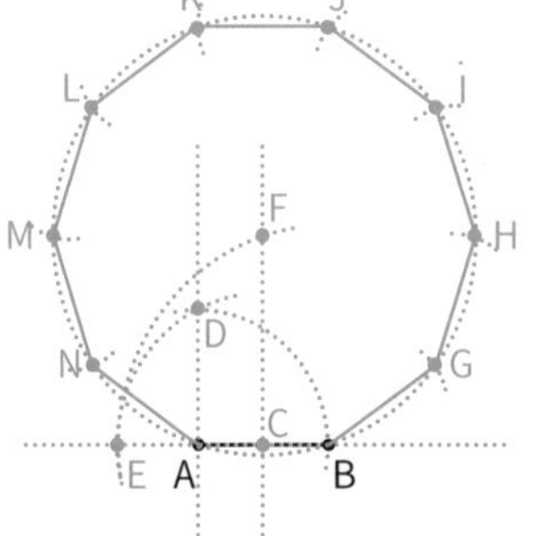

7. 점B－점G－점H－점I－점J－점K－점L－점M－점N－점A를 잇는 직선을 그리면 정십각형이 완성된다.

작도 1

A B

작도 2

A B

작도 3

A B

작도 4

A B

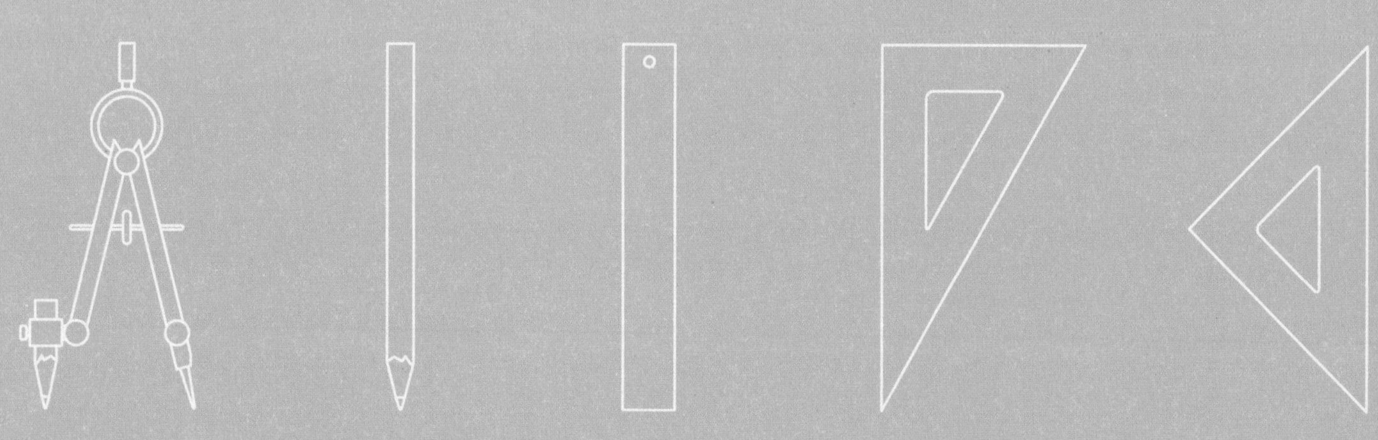

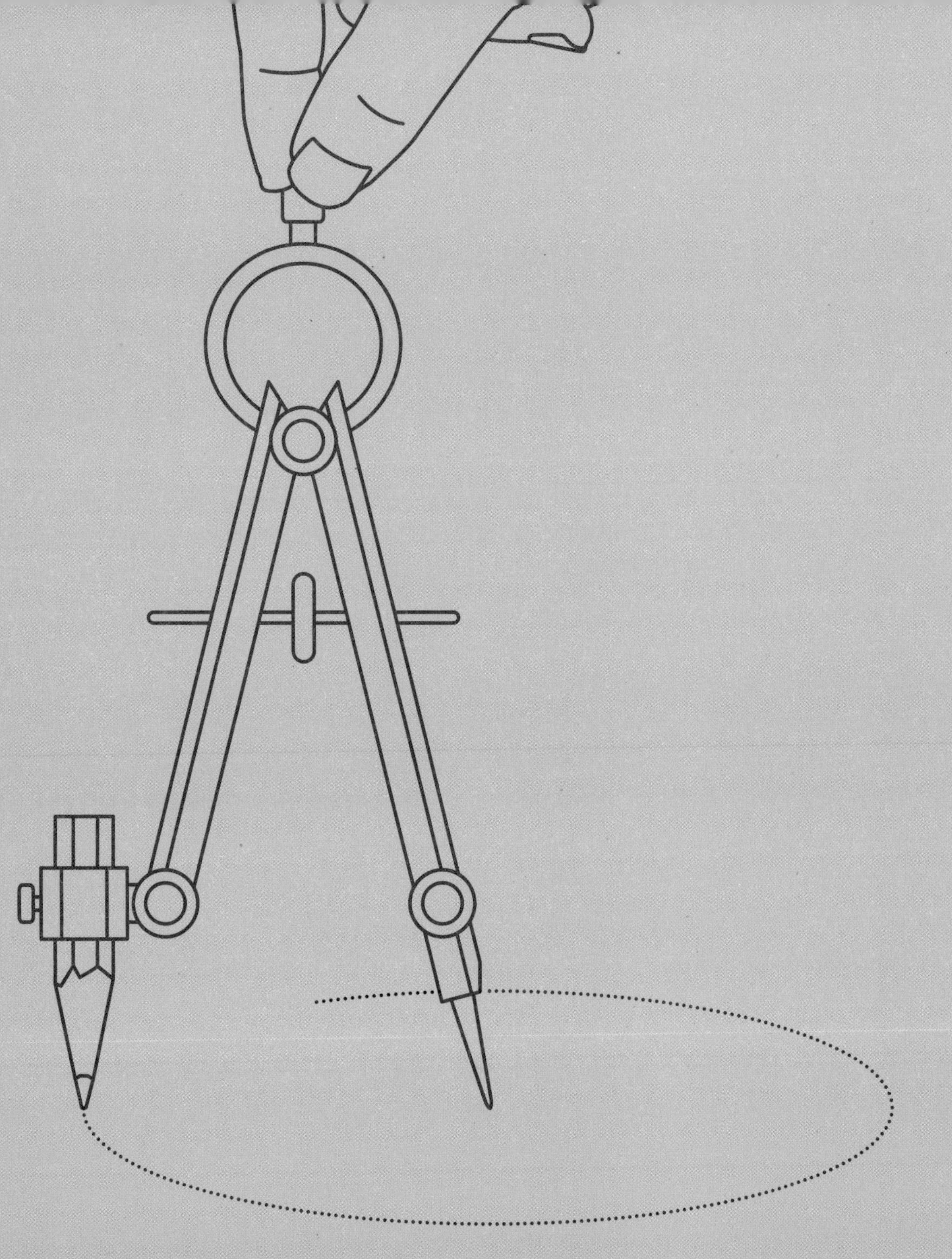

파트 II

문제 50 #정삼각형 #원내접

문제

중심점 A가 있는 원에 내접하는 정삼각형을 그리세요.

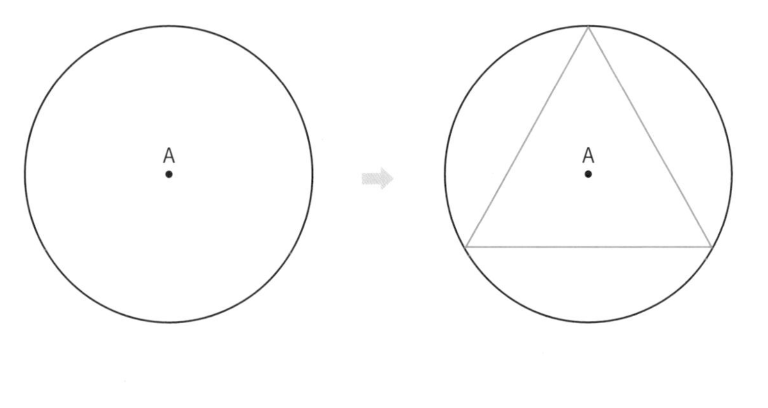

작도 1

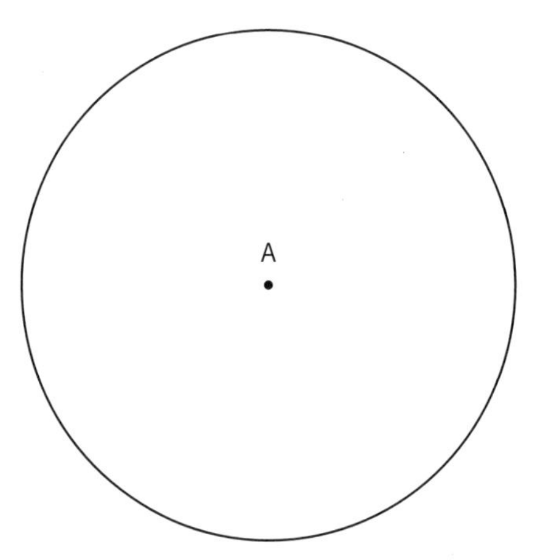

풀이

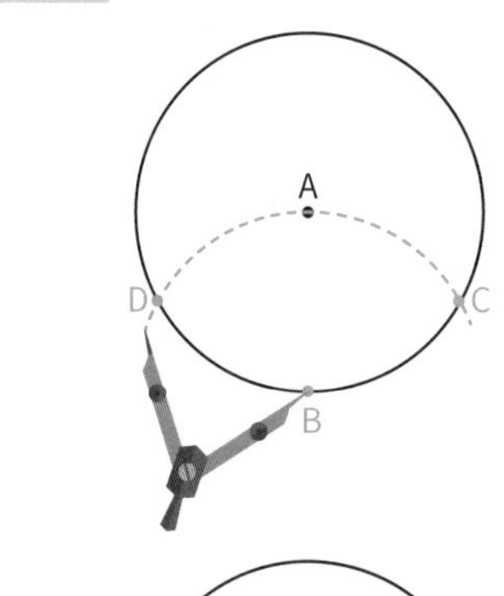

1. 원 위의 아무 곳이나 한 점을 찍고 B라 정한다. 컴퍼스 중심축 바늘을 점B에 두고 점A까지 폭을 넓혀 호를 그린다. 그 호가 원과 만나는 두 지점을 각각 C와 D라 정한다.

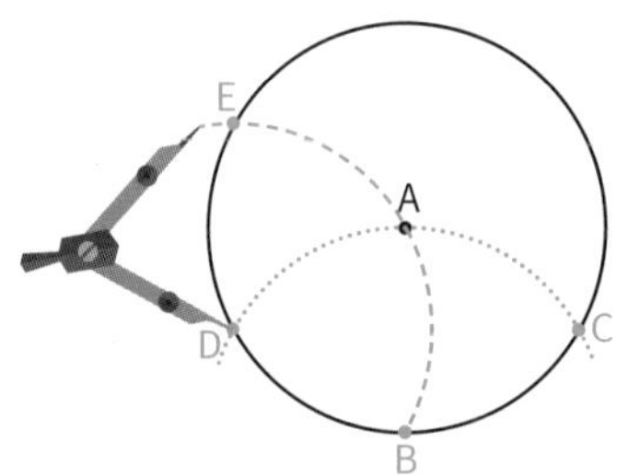

2. 컴퍼스 중심축 바늘을 점D에 두고 점A를 지나는 호를 그린다. 그 호가 원과 만나는 지점을 E라 정한다.

F
E
A
D
C
B

3. 컴퍼스 중심축 바늘을 점E에 두고 점A를 지나는 호를 그린다. 그 호가 원과 만나는 지점을 F라 정한다.

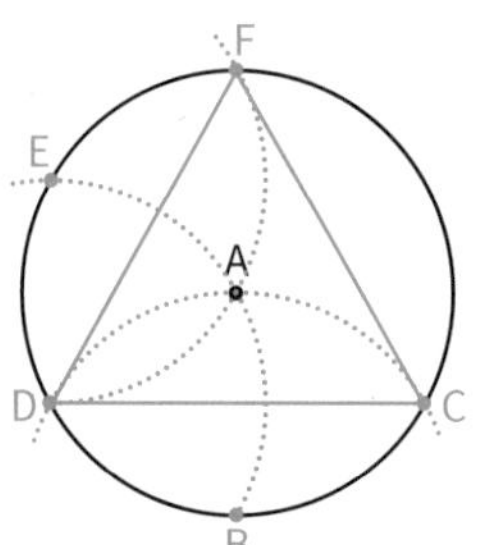

4. 점C—점D—점F—점C를 잇는 직선을 그리면 문제가 요구하는 정삼각형이 완성된다.

작도 2

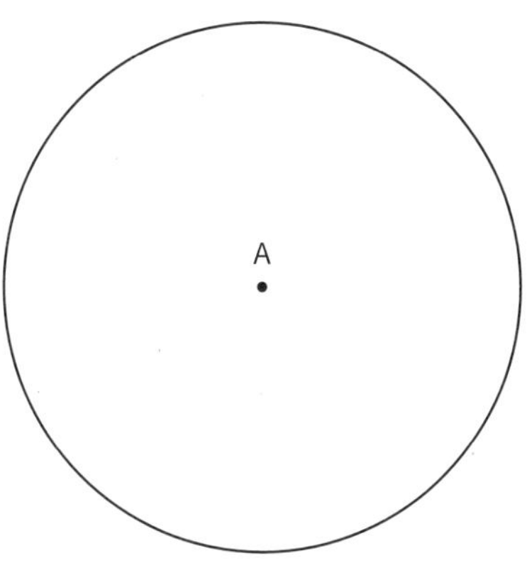

작도 3

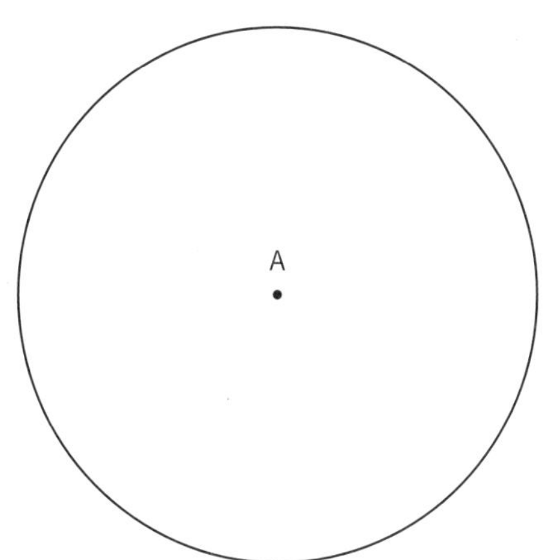

작도 4

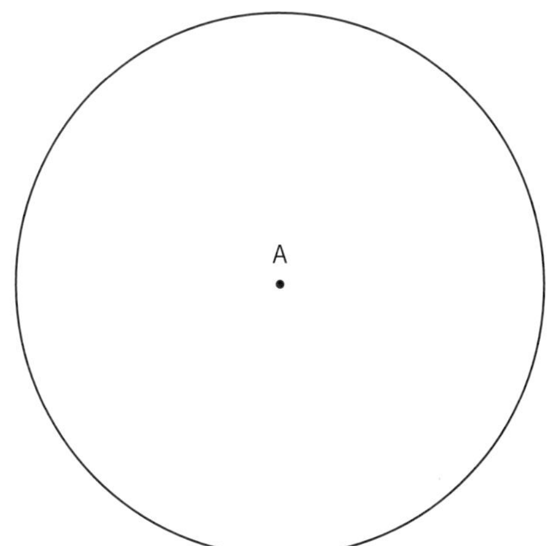

작도 5

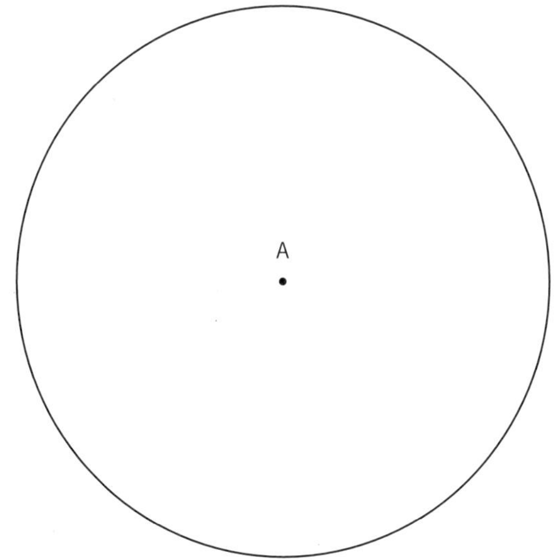

문제

중심점 A가 있는 원에 내접하는 정사각형을 그리세요.

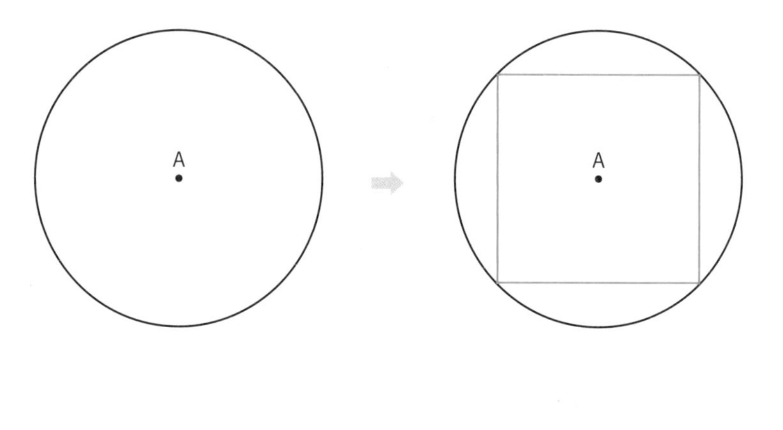

작도 1

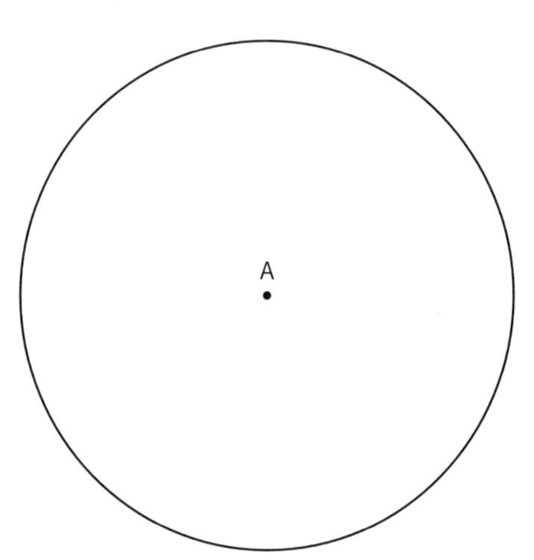

풀이 A

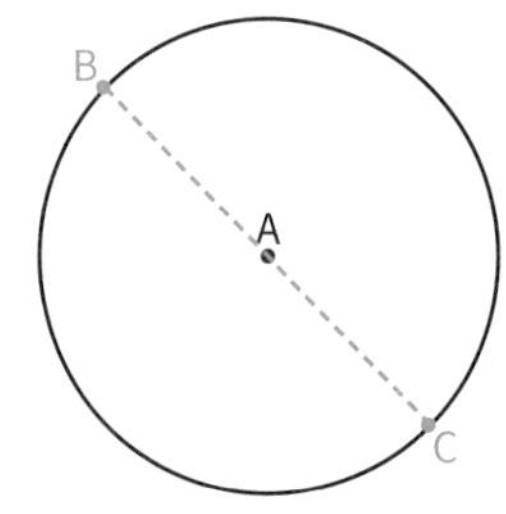

1. 원 위의 아무 곳이나 한 점을 찍고 B라 정한다. 점B에서 점A를 지나는 직선을 그리고 그 직선이 맞은편 원둘레와 만나는 지점을 C라 정한다.

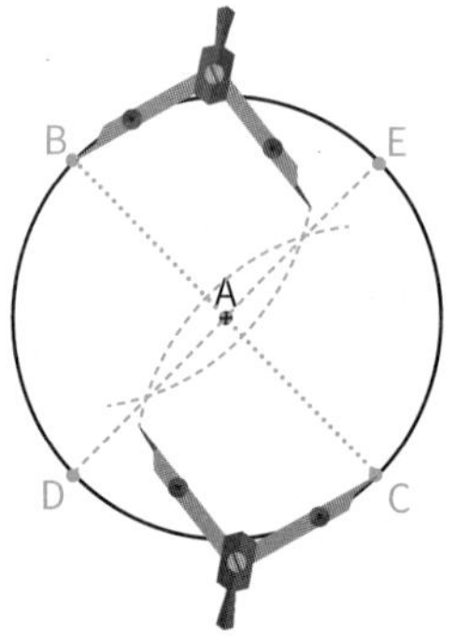

2. [기초 다지기 문제 3]의 풀이법을 이용하여 선분 $\overline{BC}$의 중점을 지나는 수직이등분선을 그리고 그 수직이등분선이 원둘레와 만나는 지점을 각각 D와 E라 정한다.

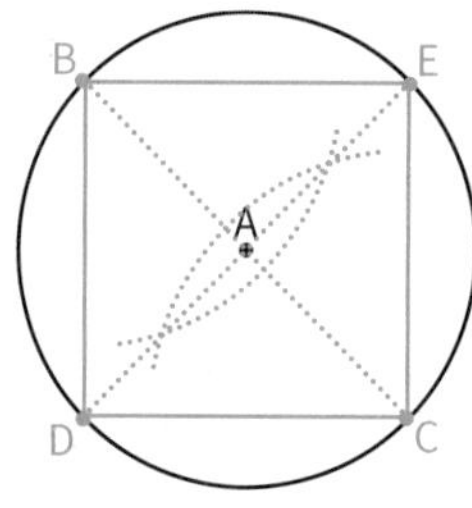

3. 점B－점E－점C－점D－점B를 잇는 직선을 그리면 문제가 요구하는 정사각형이 완성된다.

작도 2

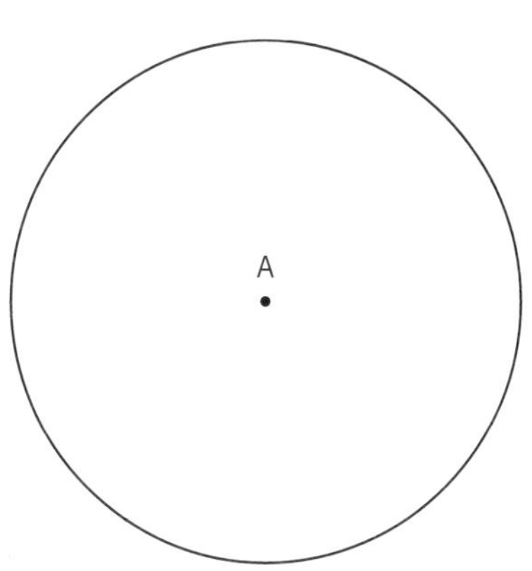

작도 3

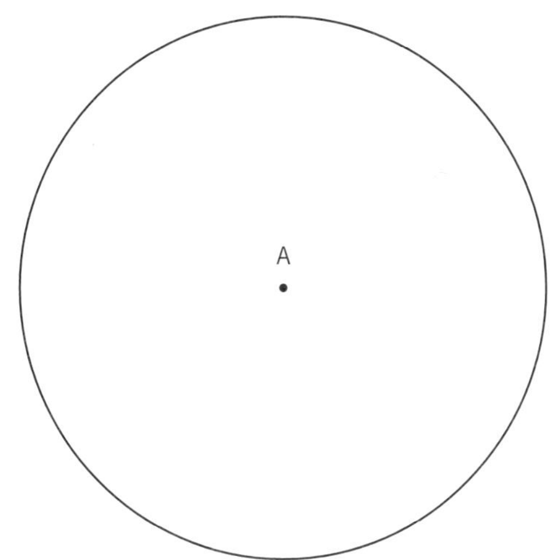

작도 4

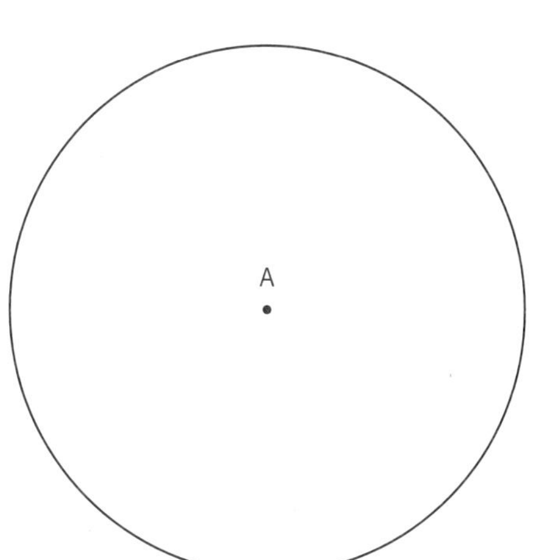

작도 5

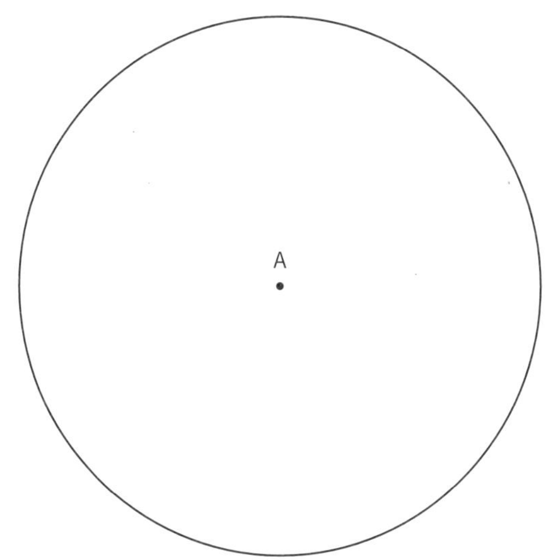

풀이 B

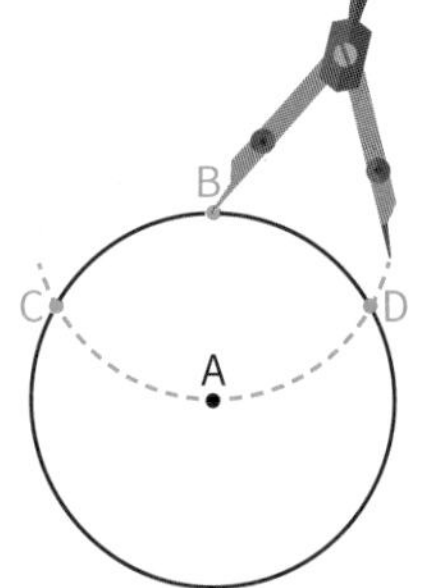

1. 주어진 원 위의 아무 곳이나 한 점을 찍고 B라 정한다. 점B에서 점A까지 폭을 넓혀 호를 그린다. 주어진 원과 호가 만나는 지점을 각각 C와 D라 정한다.

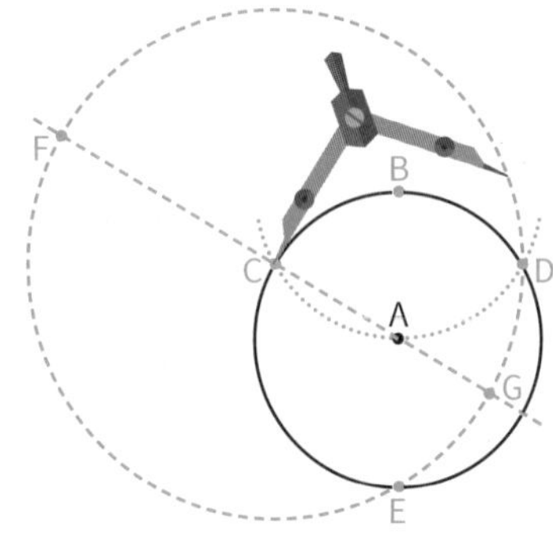

2. 컴퍼스 중심축 바늘을 점C에 두고 점D까지 폭을 넓혀 원을 그린다. 새로 그린 원과 주어진 원이 만나는 한 지점을 E라 정한디. 점C와 점A를 지나는 직선을 그리고 그 직선이 새로 그린 원과 만나는 지점을 F와 G라 정한다.

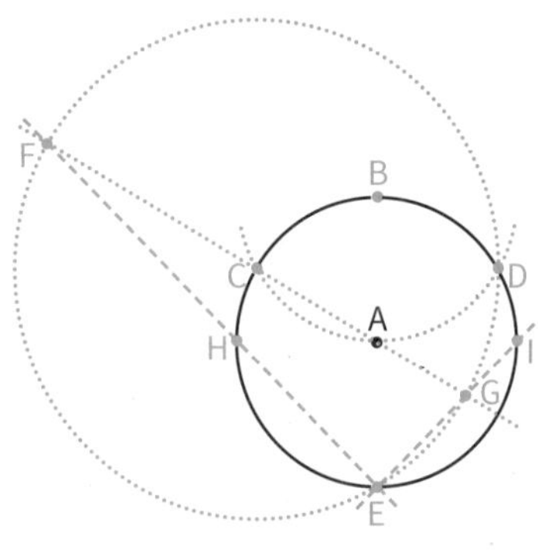

3. 점F와 점E를 잇는 직선을 그리고 이 직선이 주어진 원과 만나는 지점을 H라 정한다. 점E에서 점G를 지나는 직선을 그리고 그 직선이 주어진 원과 만나는 지점을 I라 정한다.

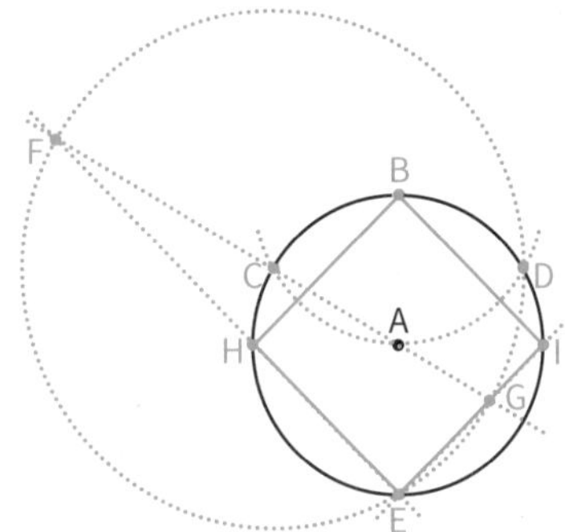

4. 점B－점H－점E－점I－점B를 잇는 직선을 그리면 주어진 원에 내접하는 정사각형이 완성된다.

작도 1

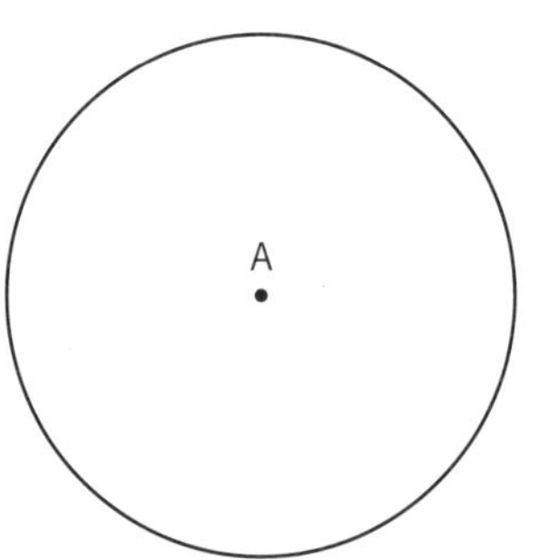

작도 2

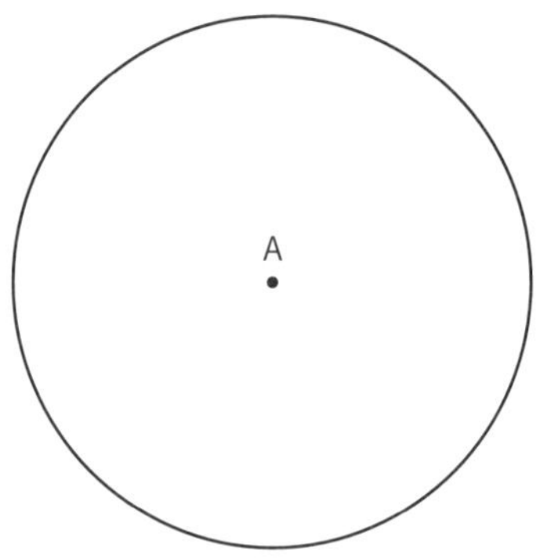

작도 3

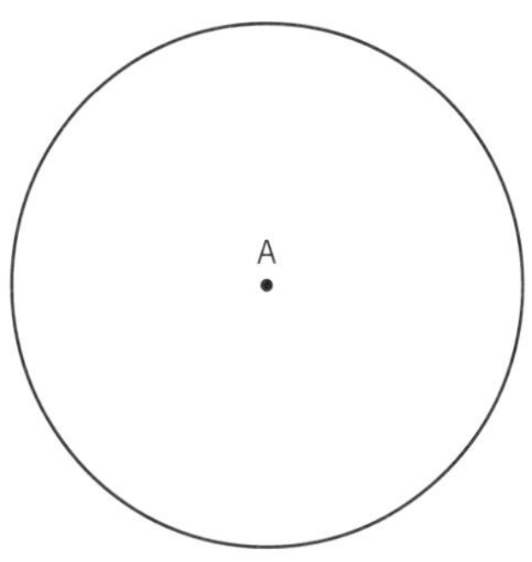

작도 4

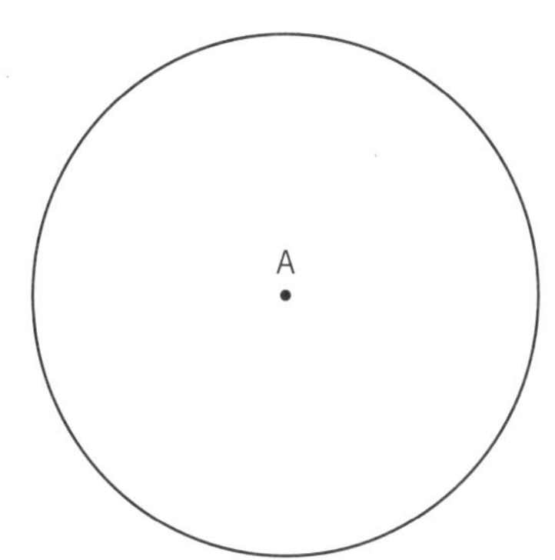

작도 5

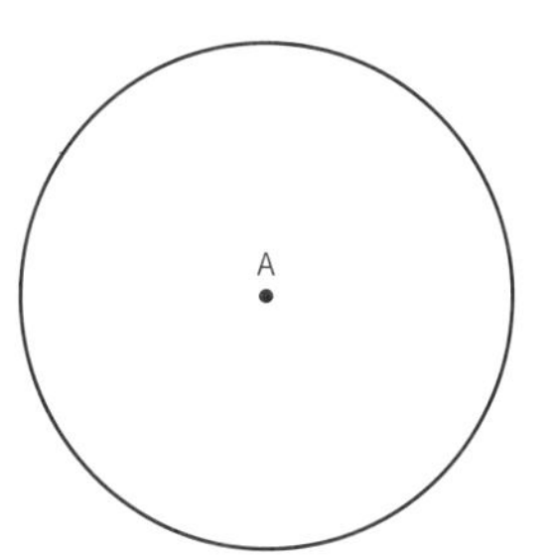

작도 6

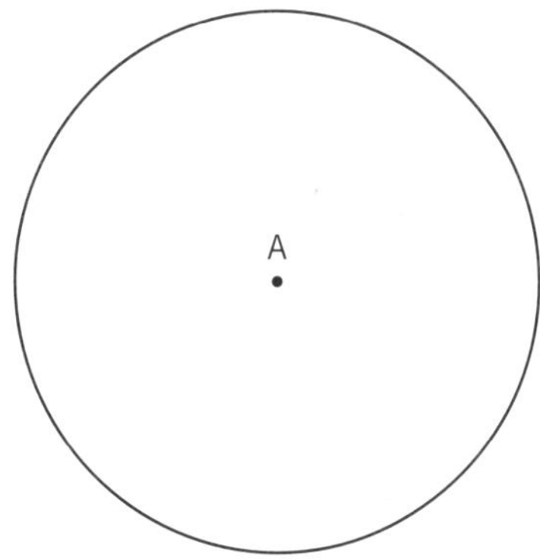

문제 52 #정사각형 #원외접

문제

중심점 A가 있는 원에 외접하는 정사각형을 그리세요.

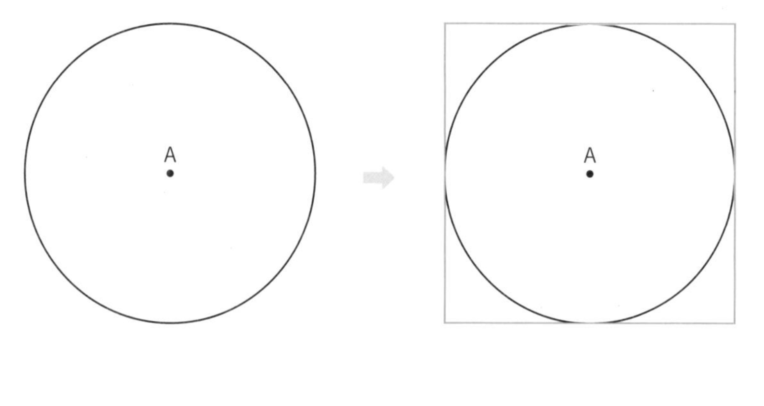

작도 1

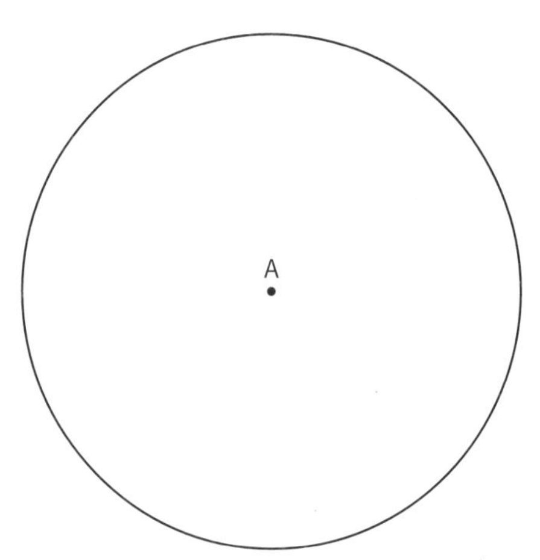

풀이

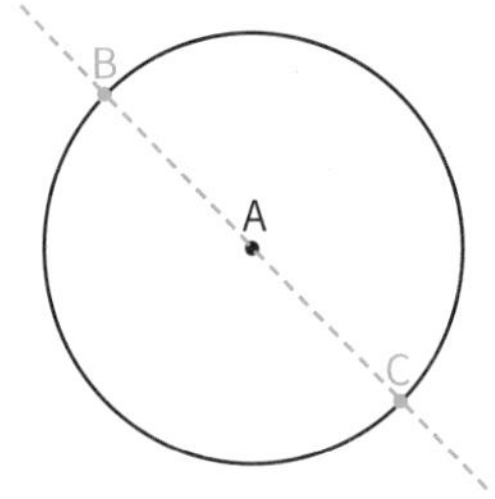

1. 주어진 원 위의 아무 곳이나 한 점을 찍고 B라 정한다. 점B와 점A를 지나는 직선을 그리고 그 직선이 맞은편 원둘레와 만나는 지점을 C라 정한다.

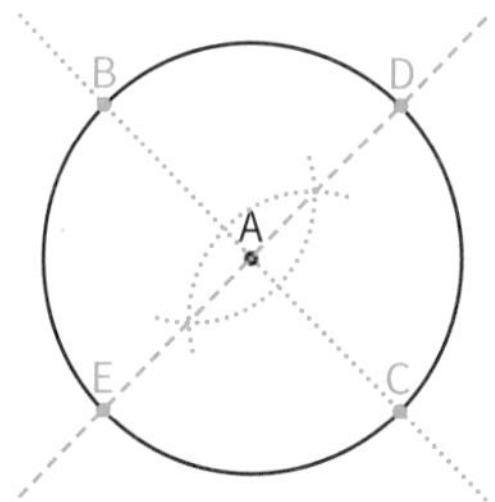

2. [기초 다지기 문제 3]의 풀이법을 이용하여 선분 $\overline{BC}$의 중심을 지나는 수직이등분선을 그리고 그 수직이등분선이 원과 만나는 지점을 각각 D와 E라 정한다.

3. 컴퍼스를 점B와 점D까지 폭을 넓힌 다음 그대로 유지하여 컴퍼스 중심축 바늘을 점A에 두고 원을 그린다. 점B와 점C를 지나는 직선과 바깥 원이 만나는 지점을 각각 F와 H라 정한다. 점D와 점E를 지나는 직선과 바깥 원이 만나는 지점을 각각 G와 I라 정한다.

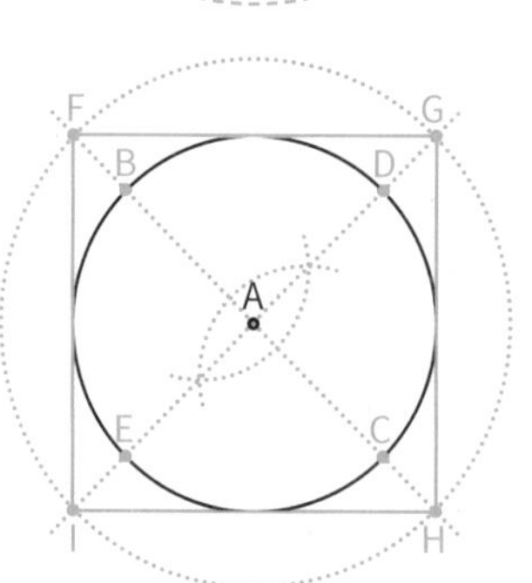

4. 점F—점G—점H—점I—점F를 잇는 직선을 그리면 주어진 원에 외접하는 정사각형이 완성된다.

작도 2

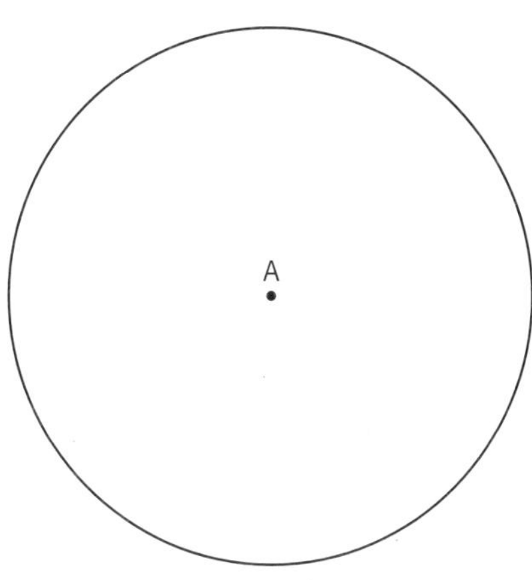

작도 3

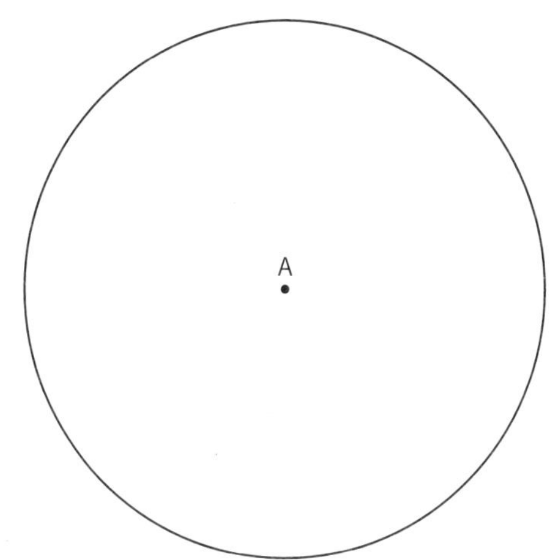

작도 4

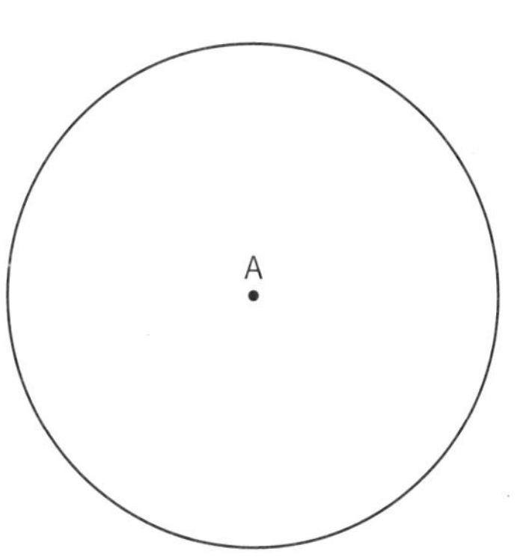

작도 5

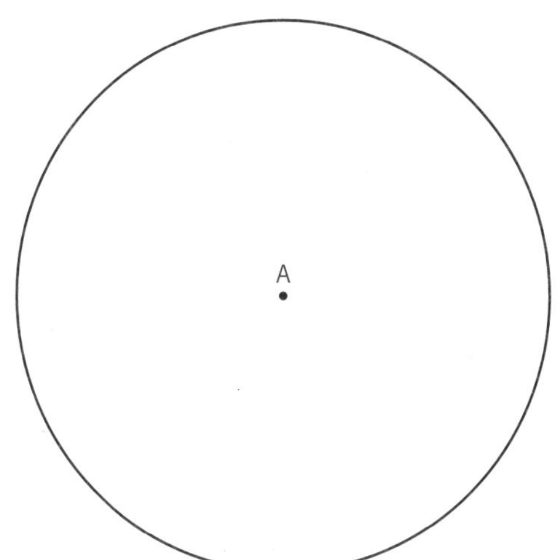

문제 53 #정사각형 #원외접

문제

중심점 A가 있는 원에 외접하는 정사각형을 그리세요.
정사각형의 두 변이 아래 또는 옆에 주어진 직선과 평행해야 합니다.

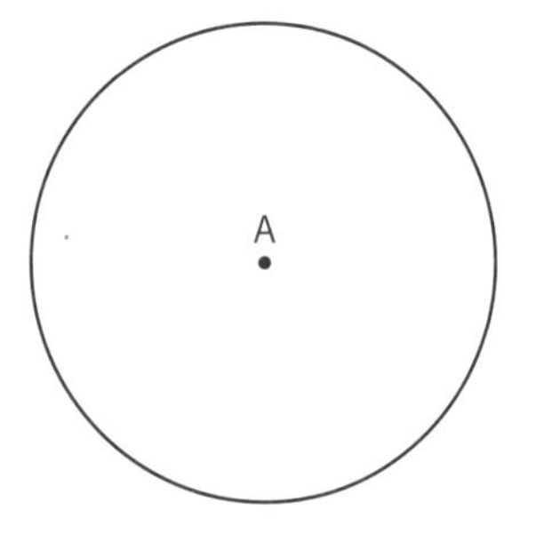

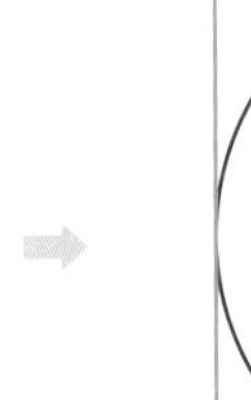

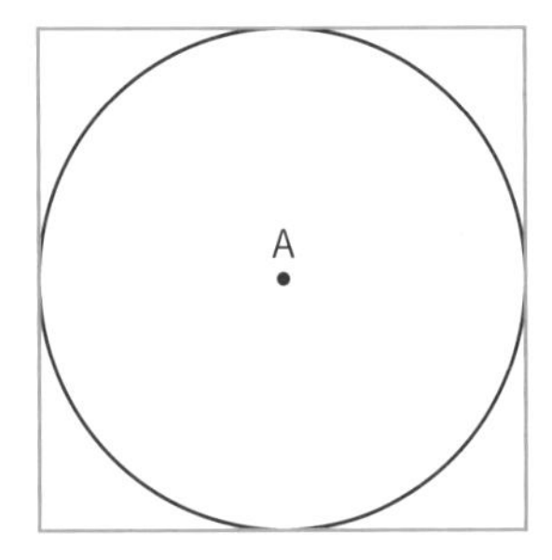

풀이

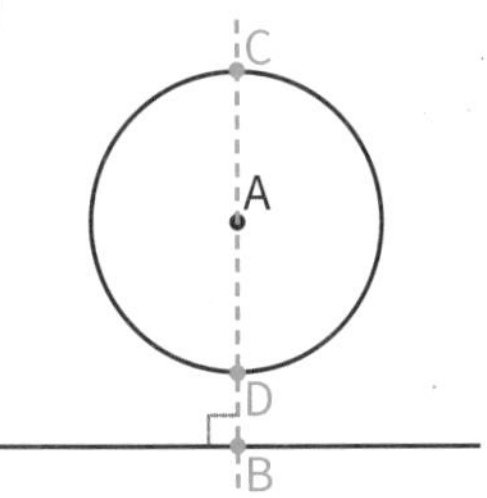

1. [기초 다지기 문제 4]의 풀이법을 이용하여 주어진 직선에서 원의 중심점A를 지나는 수직선을 그리고 그 수직선이 주어진 직선과 만나는 지점을 B라 정한다. 또한 수직선이 원과 만나는 지점을 각각 C와 D라 정한다.

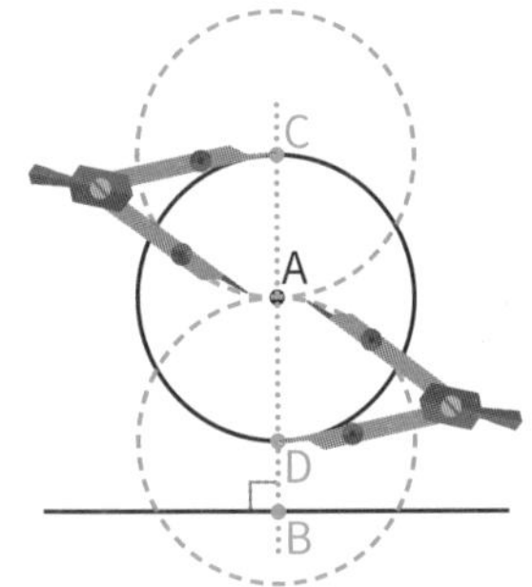

2. 컴퍼스 중심축 바늘을 점C에 두고 점A까지 폭을 넓힌 다음 원을 그린다. 컴퍼스 중심축 바늘을 점D에 두고 점A까지 폭을 넓힌 다음 원을 그린다.

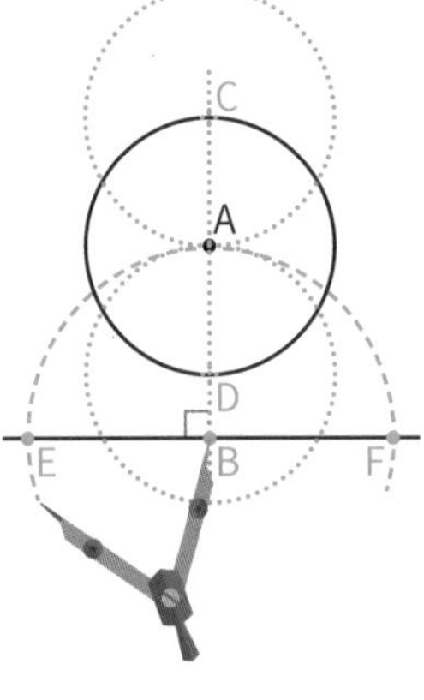

3. 컴퍼스 중심축 바늘을 점B에 두고 점A까지 폭을 넓혀 호를 그린다. 그 호가 주어진 직선과 만나는 지점을 각각 E와 F라 정한다.

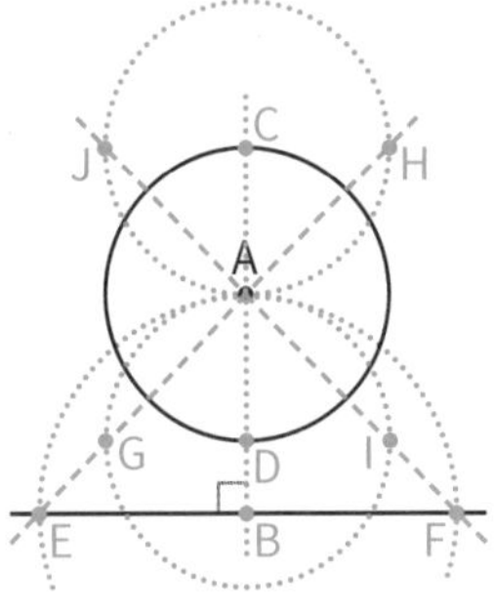

4. 점E에서 점A를 지나는 직선을 그리고 그 직선이 아래 원과 만나는 지점을 G, 위의 원과 만나는 지점을 H라 정한다. 점F에서 점A를 지나는 직선을 그리고 그 직선이 아래 원과 만나는 지점을 I, 위의 원과 만나는 지점을 J라 정한다.

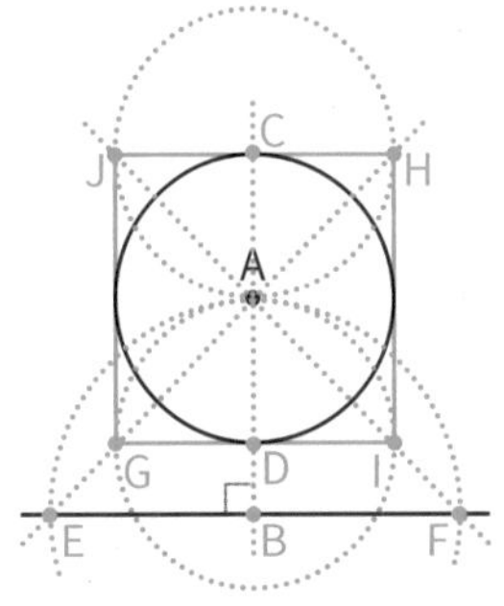

5. 점G－점I－점H－점J－점G를 잇는 직선을 그리면 문제가 요구하는 정사각형이 완성된다.

작도 1

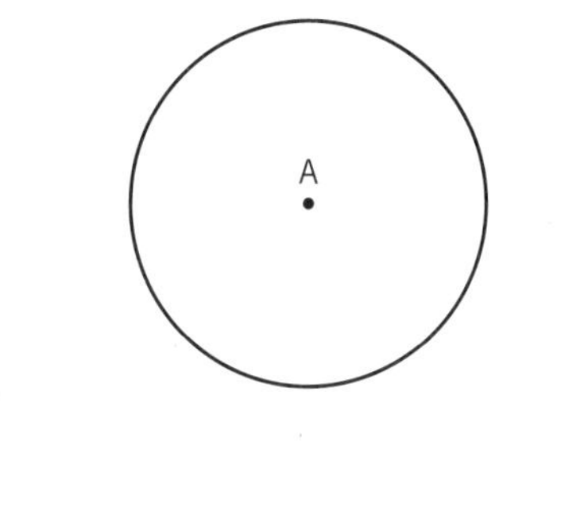

작도 2

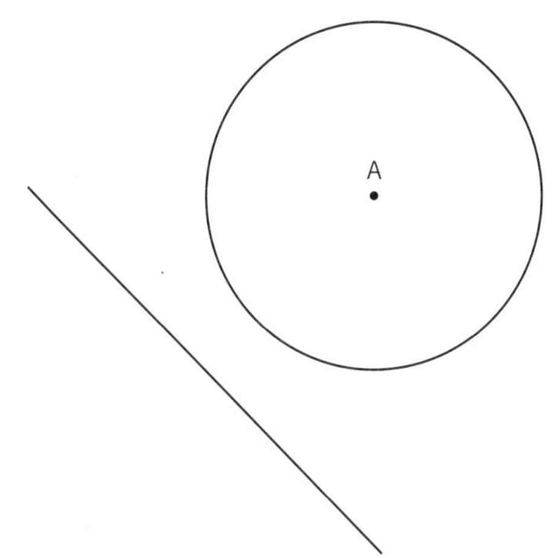

작도 3

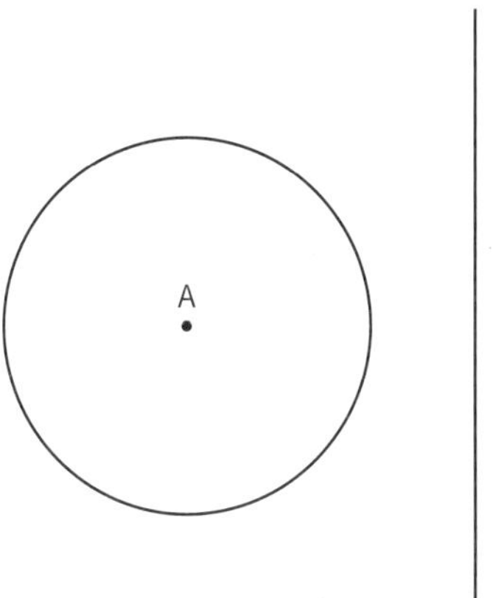

작도 4

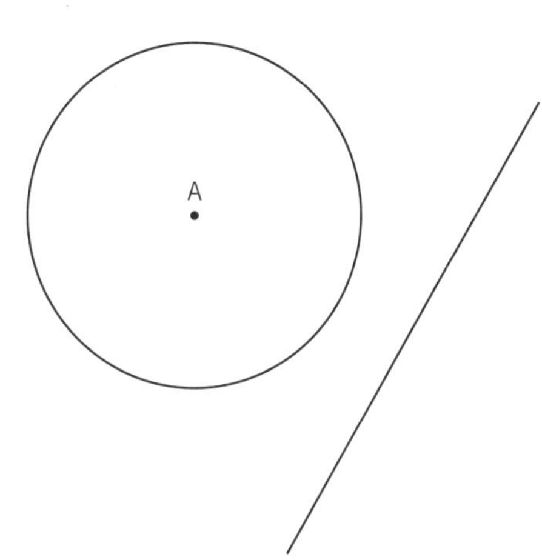

 #정오각형 #원내접

문제

중심점 A가 있는 원에 내접하는 정오각형을 그리세요.

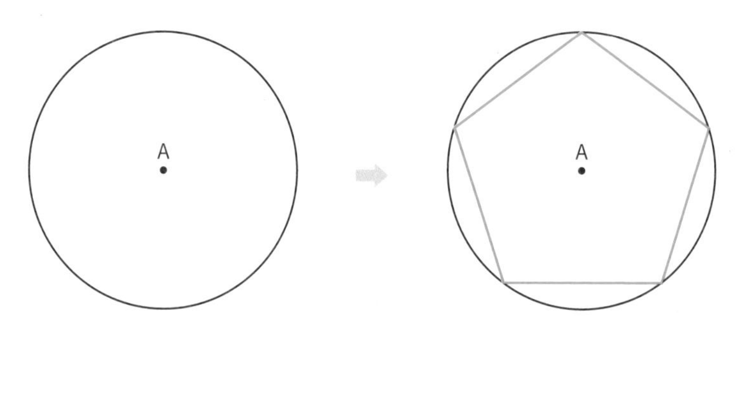

풀이

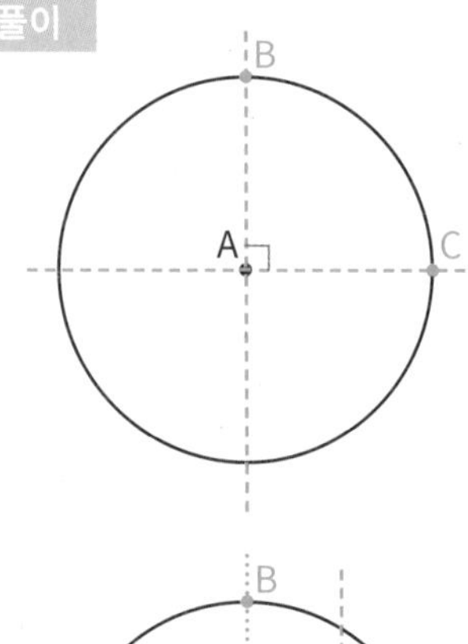

1. 주어진 원의 아무 곳에나 한 점을 찍고 그 점을 B라 정한다. 점B에서 점A를 지나는 직선을 그린다. [기초 다지기 문제 5]의 풀이법을 이용하여 먼저 그린 직선 위의 점A를 지나는 수직선을 그리고 그 수직선이 주어진 원과 만나는 한 지점을 C라 정한다.

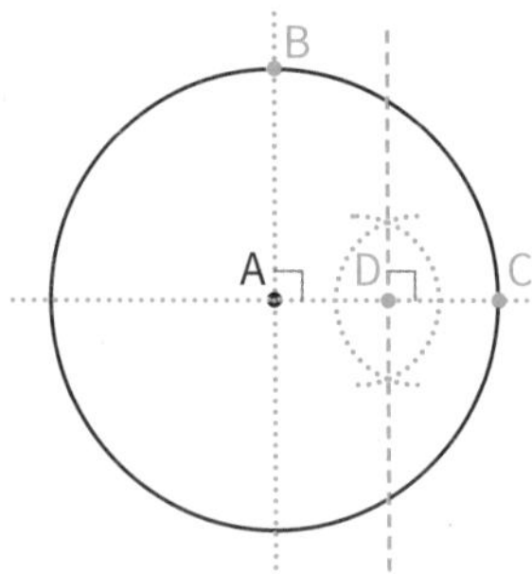

2. [기초 다지기 문제 3]의 풀이법을 이용하여 점A와 점C 사이의 수직이등분선을 그려서 두 직선이 만나는 지점을 D라 정한다.

3. 컴퍼스 중심축 바늘을 점D에 두고 점B까지 넓힌 다음 호를 그린다. 그 호가 먼저 그린 수직선과 만나는 지점을 E라 정한다.

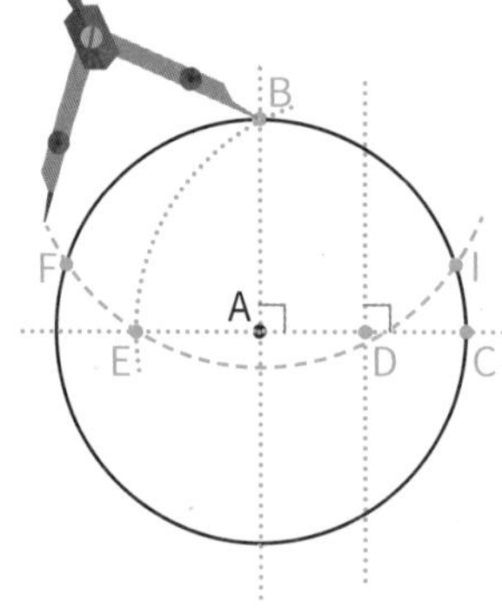

4. 컴퍼스 중심축 바늘을 점B에 두고 점E까지 넓혀 호를 그린다. 그 호가 주어진 원과 만나는 지점을 각각 F와 I라 정한다.

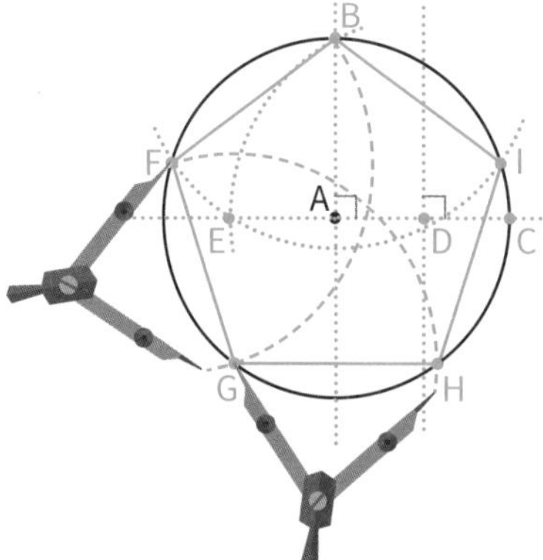

5. 컴퍼스 폭을 그대로 유지하여 컴퍼스 중심축 바늘을 점F에 두고 호를 그리고 그 호가 주어진 원과 만나는 지점을 G라 정한다. 컴퍼스 폭을 그대로 유지하여 컴퍼스 중심축 바늘을 점G에 두고 호를 그리고 그 호가 주어진 원과 만나는 지점을 H라 정한다. 점B－점F－점G－점H－점I－점B를 잇는 직선을 그리면 완성된다.

작도 1

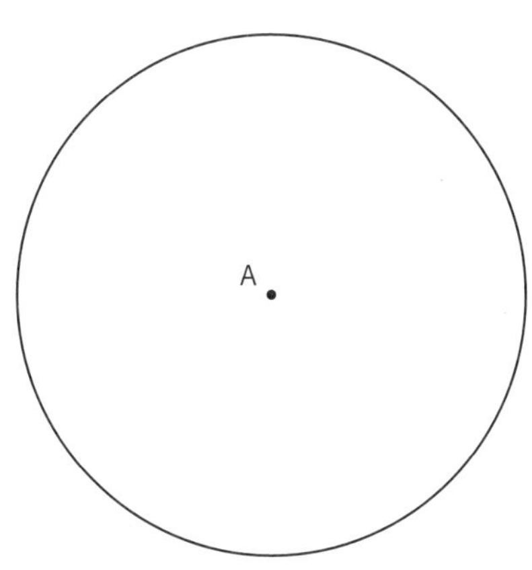

작도 2

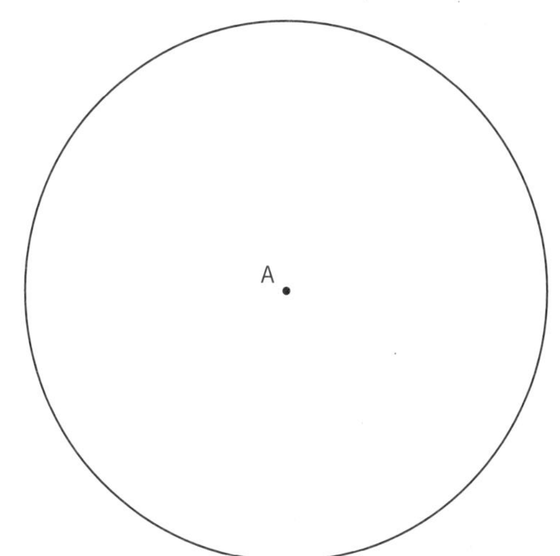

작도 3

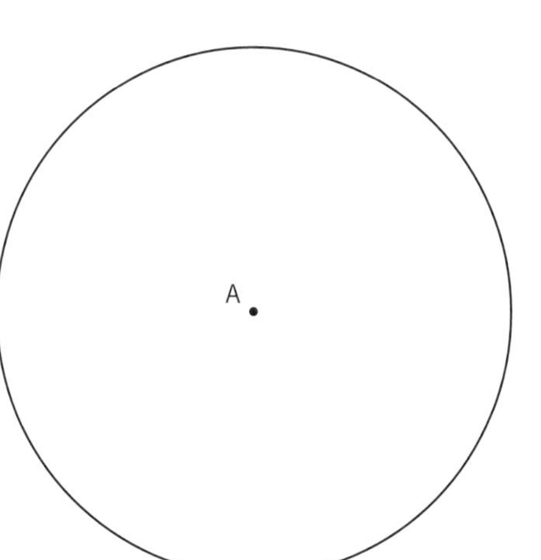

작도 4

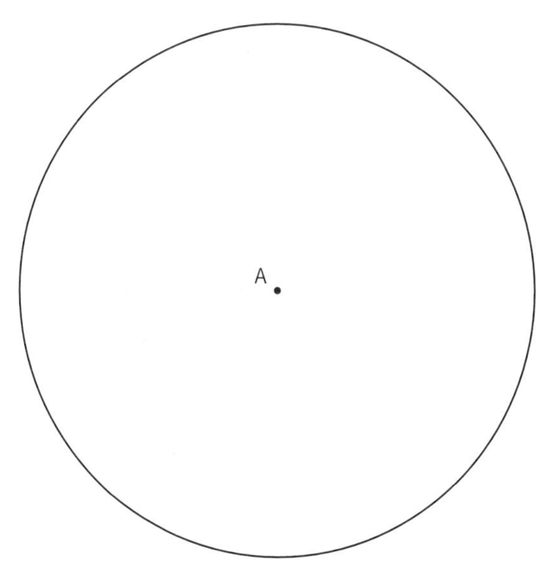

 #정육각형 #원내접

문제

중심점 A가 있는 원에 내접하는 정육각형을 그리세요.

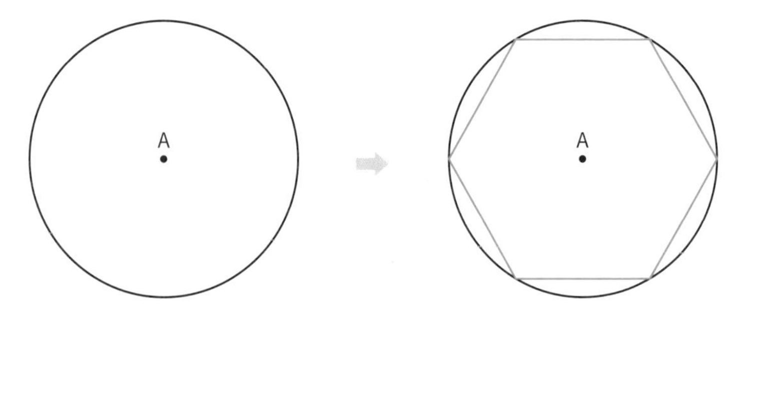

작도 1

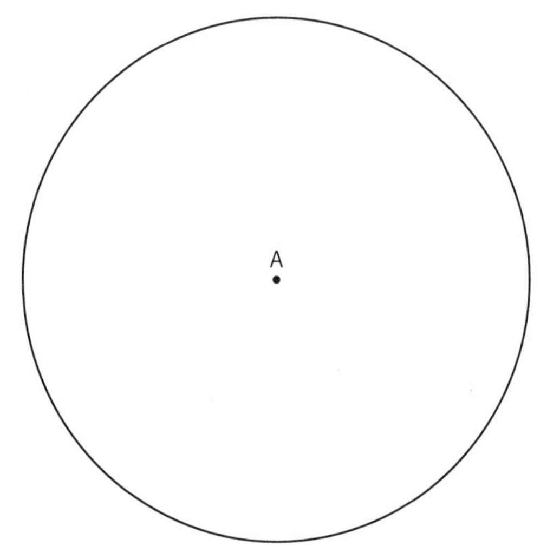

풀이

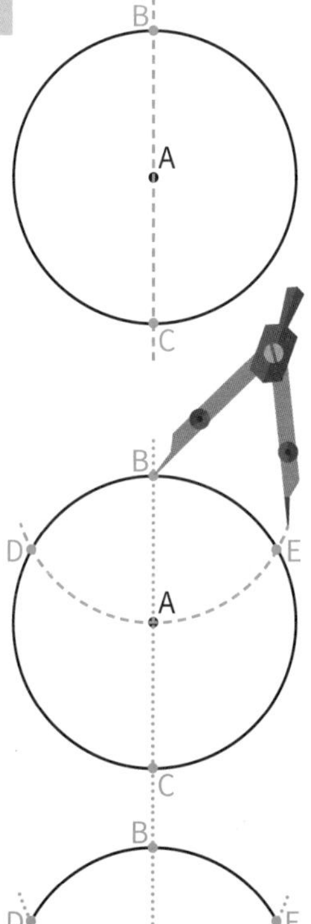

1. 주어진 원의 아무 곳에나 한 점을 찍고 그 점을 B라 정한다. 점B에서 점A를 지나는 직선을 그리고 그 직선이 맞은편 원둘레와 만나는 지점을 C라 정한다.

2. 컴퍼스 중심축 바늘을 점B에 두고 점A까지 폭을 넓혀 호를 그린다. 그 호가 주어진 원과 만나는 지점을 각각 D와 E라 정한다.

3. 컴퍼스 중심축 바늘을 점C에 두고 점A까지 폭을 넓혀 호를 그린다. 그 호가 주어진 원과 만나는 지점을 각각 F와 G라 정한다.

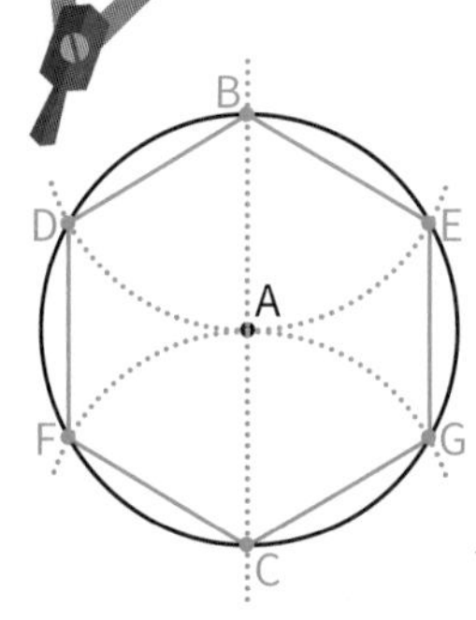

4. 점B–점D–점F–점C–점G–점E–점B를 잇는 직선을 그리면 주어진 원에 내접하는 정육각형이 완성된다.

작도 2

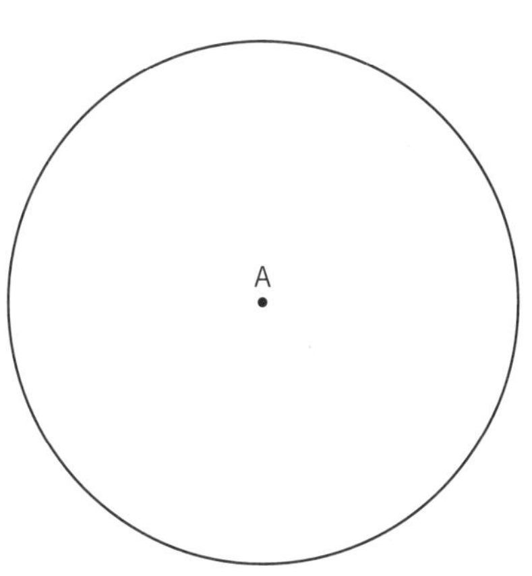

작도 3

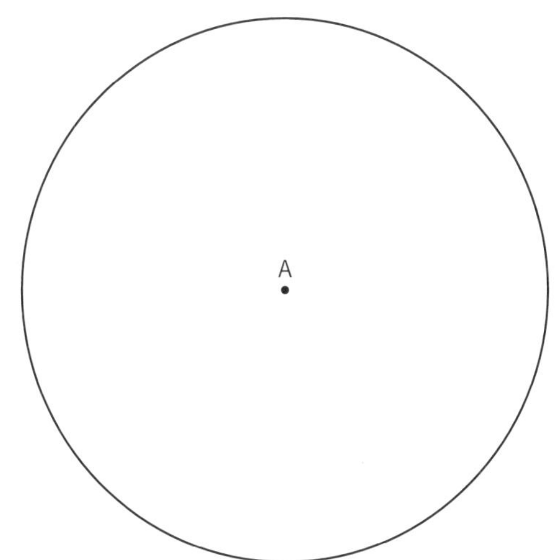

작도 4

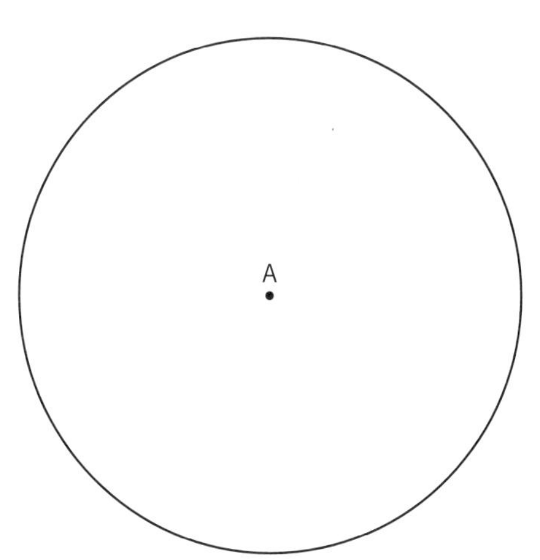

작도 5

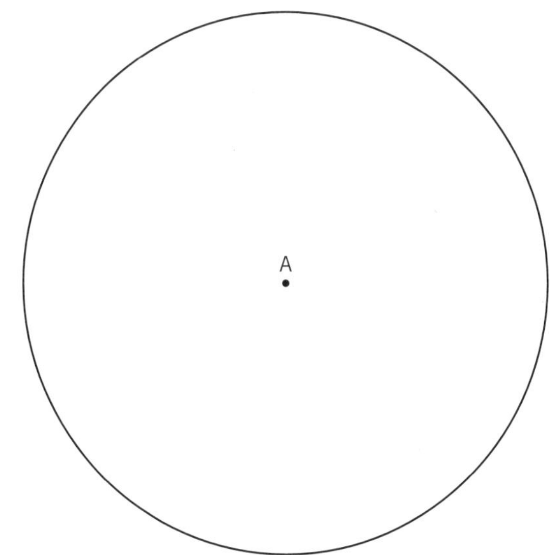

문제 56

#정팔각형 #원내접

문제

중심점 A가 있는 원에 내접하는 정팔각형을 그리세요.

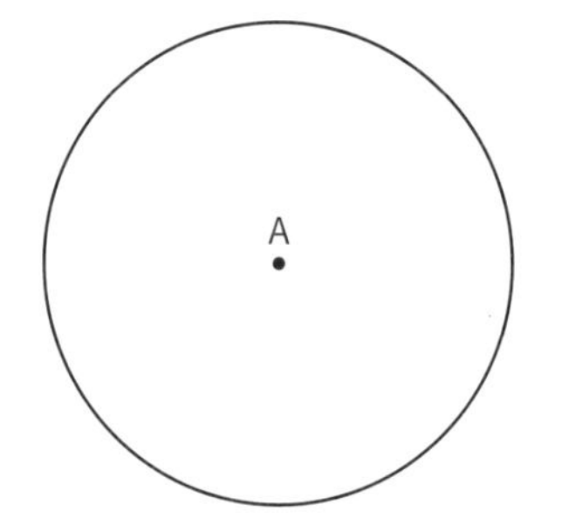

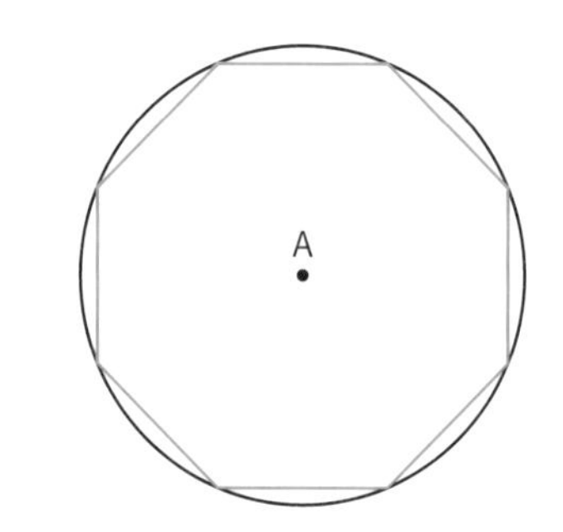

풀이

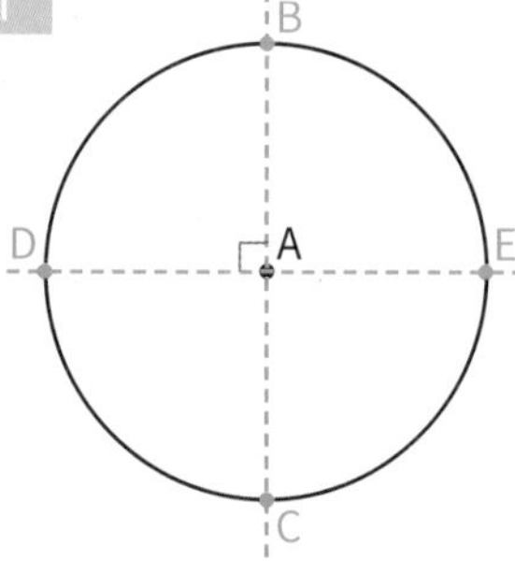

1. 주어진 원의 아무 곳에나 한 점을 찍고 그 점을 B라 정한다. 점B에서 점A를 지나는 직선을 그리고 그 직선이 맞은편 원둘레와 만나는 지점을 C라 정한다. [기초 다지기 문제 5]의 풀이법을 이용하여 먼저 그린 직선 위의 점A를 지나는 수직선을 그리고 그 수직선이 주어진 원과 만나는 두 지점을 각각 D와 E라 정한다.

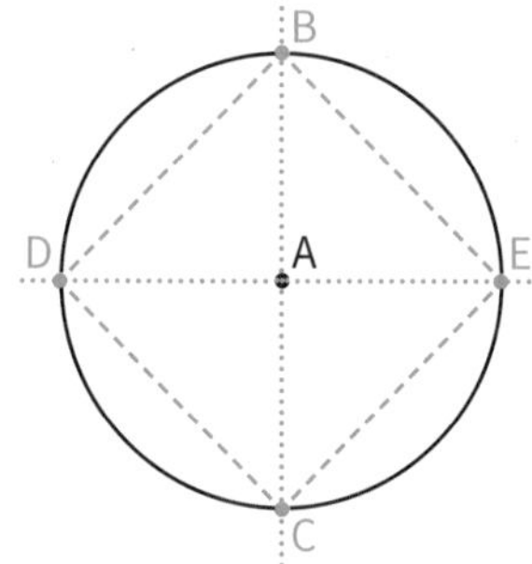

2. 점B–점D–점C–점E–점B를 잇는 직선을 그린다.

3. [기초 다지기 문제 3]의 풀이법을 이용하여 점B와 점D 사이 직선의 수직이등분선을 그린다. 그 수직이등분선이 주어진 원과 만나는 두 지점을 F와 G라 정한다.

4. [기초 다지기 문제 3]의 풀이법을 이용하여 점B와 점E 사이 직선의 수직이등분선을 그린다. 그 수직이등분선이 주어진 원과 만나는 두 지점을 H와 I라 정한다.

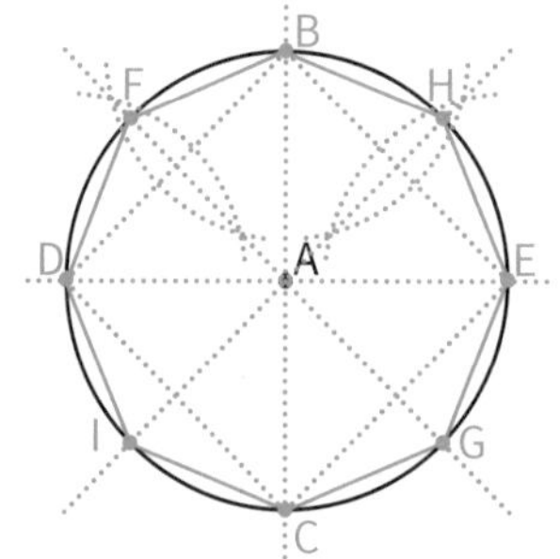

5. 점B–점F–점D–점I–점C–점G–점E–점H–점B를 잇는 직선을 그리면 원에 내접하는 정팔각형이 완성된다.

작도 1

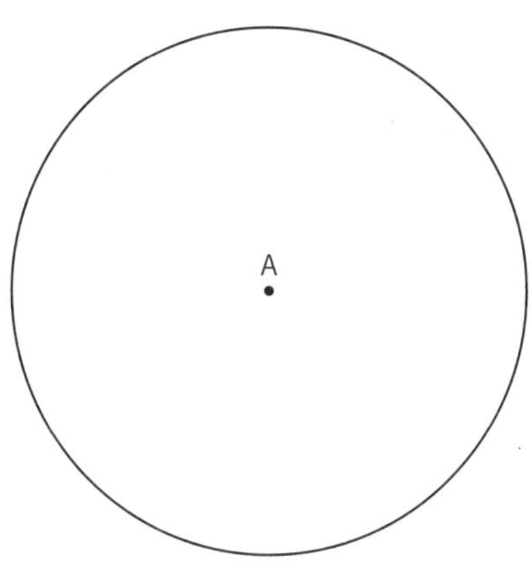

작도 2

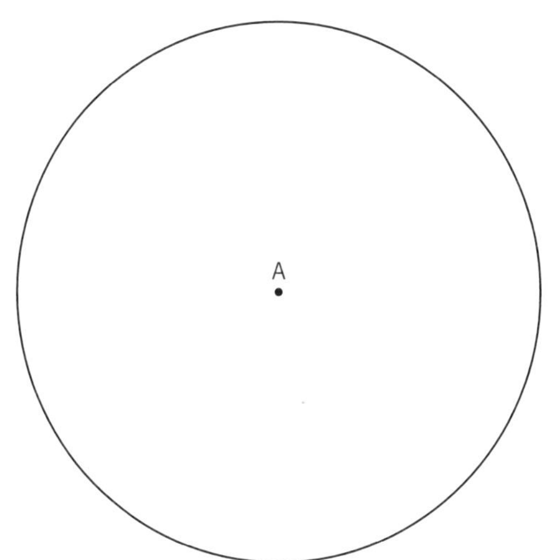

작도 3

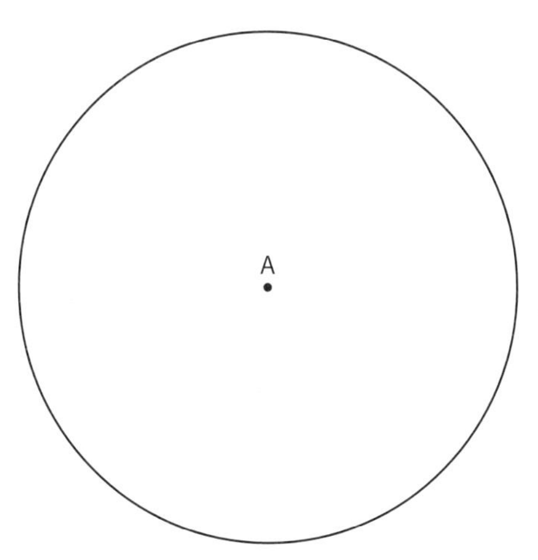

작도 4

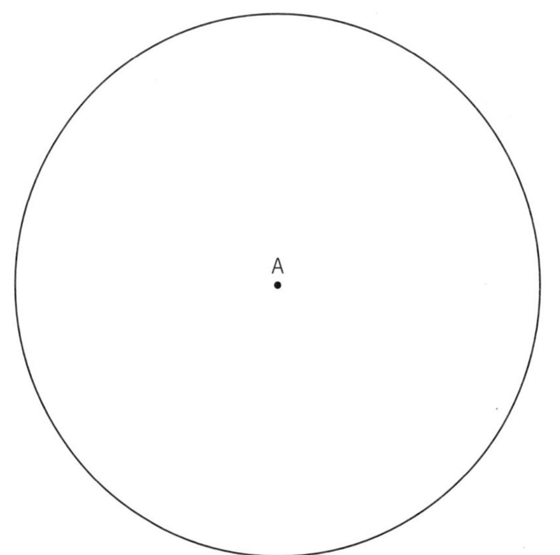

문제

중심점 A가 있는 원에 외접하는 정팔각형을 그리세요.

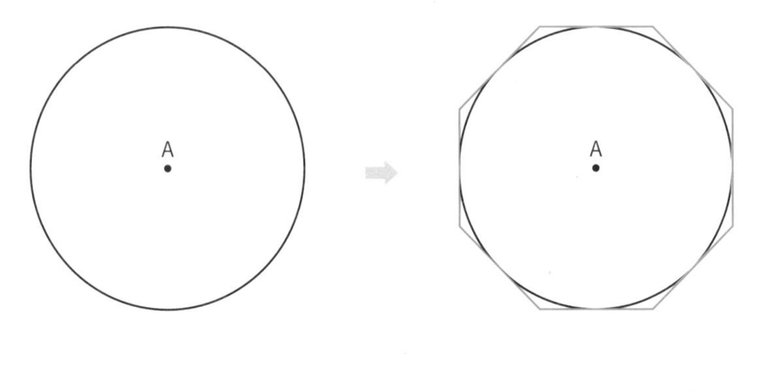

풀이

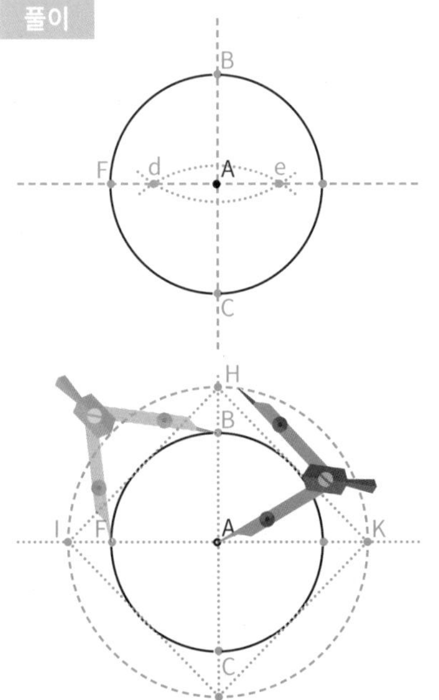

1. 주어진 원둘레의 아무 곳에나 한 점을 찍고 그 점을 B라 정한다. 점B에서 점A를 지나는 직선을 그리고 그 직선이 원과 만나는 지점을 C라 정한다. [기초 다지기 문제 3]의 풀이법을 이용하여 선분 $\overline{BC}$의 수직이등분선을 그리고 원과 만나는 두 지점 중 한 곳을 F라 정한다.

2. 컴퍼스의 폭을 점B에서 점F까지 넓힌 다음 폭을 그대로 유지하여 컴퍼스 중심축 바늘을 점A에 두고 원을 그린다. 그 원과 두 직선이 만나는 지점을 각각 H, I, J, K라 정하고 순서대로 선을 연결한다.

3. 컴퍼스 폭을 그대로 유지하여 컴퍼스 중심축 바늘을 점H에 두고 호를 그린다. 그 호가 선분 $\overline{HI}$와 만나는 지점을 L, 선분 $\overline{HK}$와 만나는 지점을 M이라 정한다. 컴퍼스 폭을 그대로 유지하여 컴퍼스 중심축 바늘을 점I에 두고 호를 그린다. 그 호가 선분 $\overline{HI}$와 만나는 지점을 N, 선분 $\overline{IJ}$와 만나는 지점을 O라 정한다.

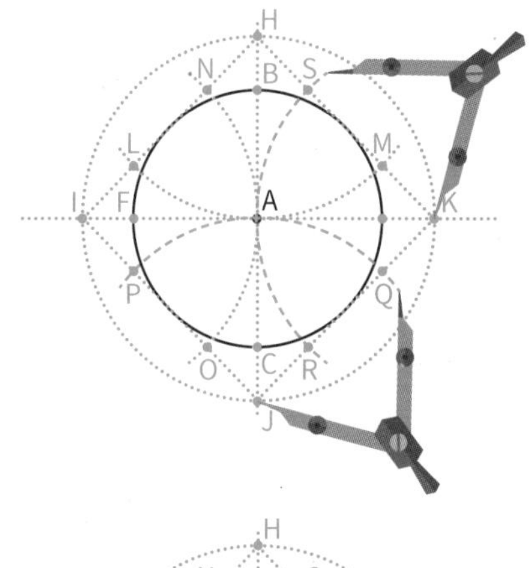

4. 컴퍼스 폭을 그대로 유지하여 컴퍼스 중심축 바늘을 점J에 두고 호를 그린다. 그 호가 선분 $\overline{IJ}$와 만나는 지점을 P, 선분 $\overline{JK}$와 만나는 지점을 Q라 정한다. 컴퍼스 폭을 그대로 유지하여 컴퍼스 중심축 바늘을 점K에 두고 호를 그린다. 그 호가 선분 $\overline{JK}$와 만나는 지점을 R, 선분 $\overline{HK}$와 만나는 지점을 S라 정한다.

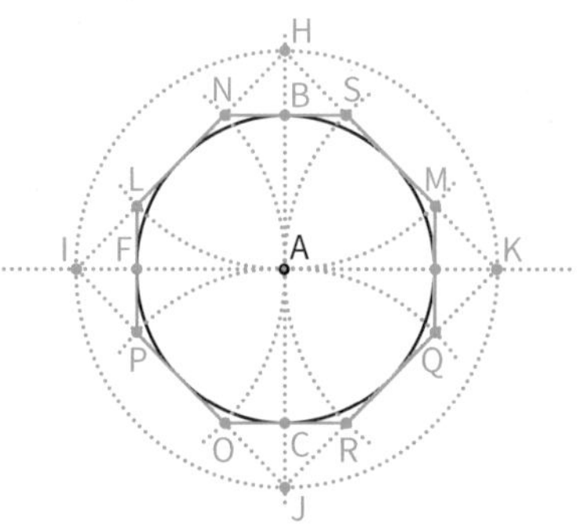

5. 점N－점L－점P－점O－점R－점Q－점M－점S－점N을 잇는 직선을 그리면 완성된다.

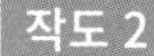

작도 1

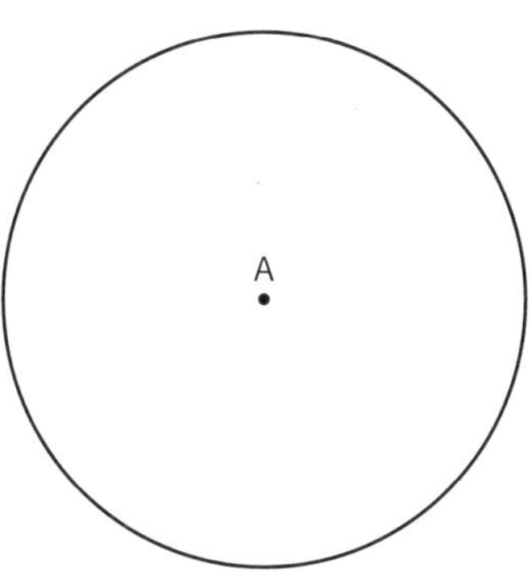

작도 2

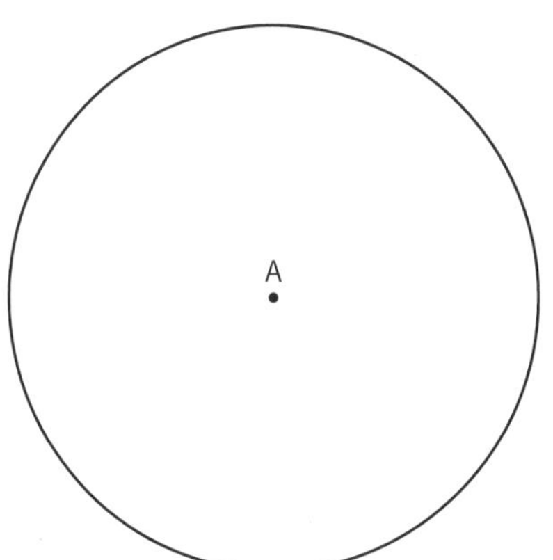

작도 3

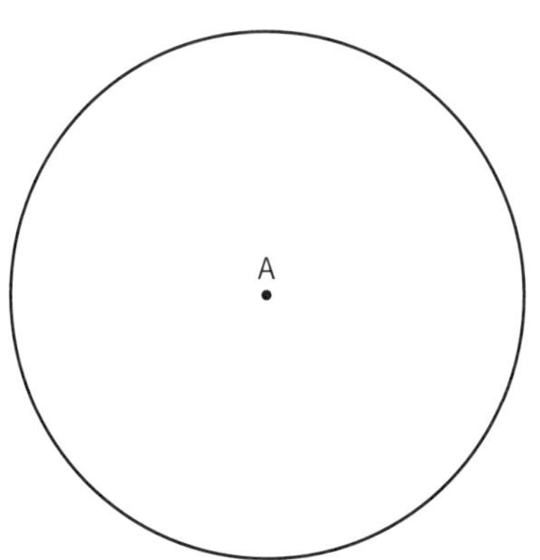

작도 4

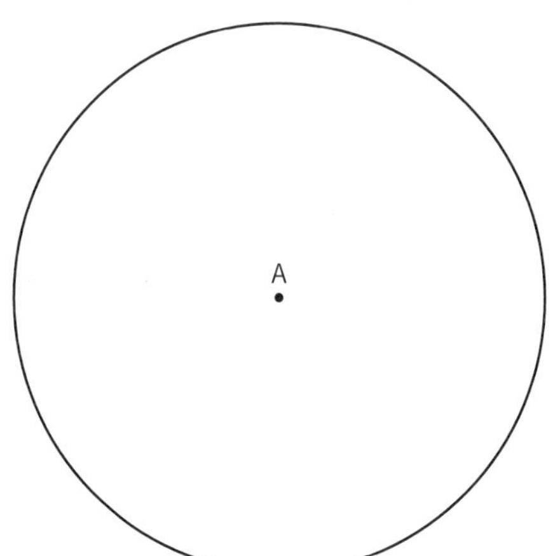

문제 58 #정십각형 #원내접

문제

중심점 A가 있는 원에 내접하는 정십각형을 그리세요.

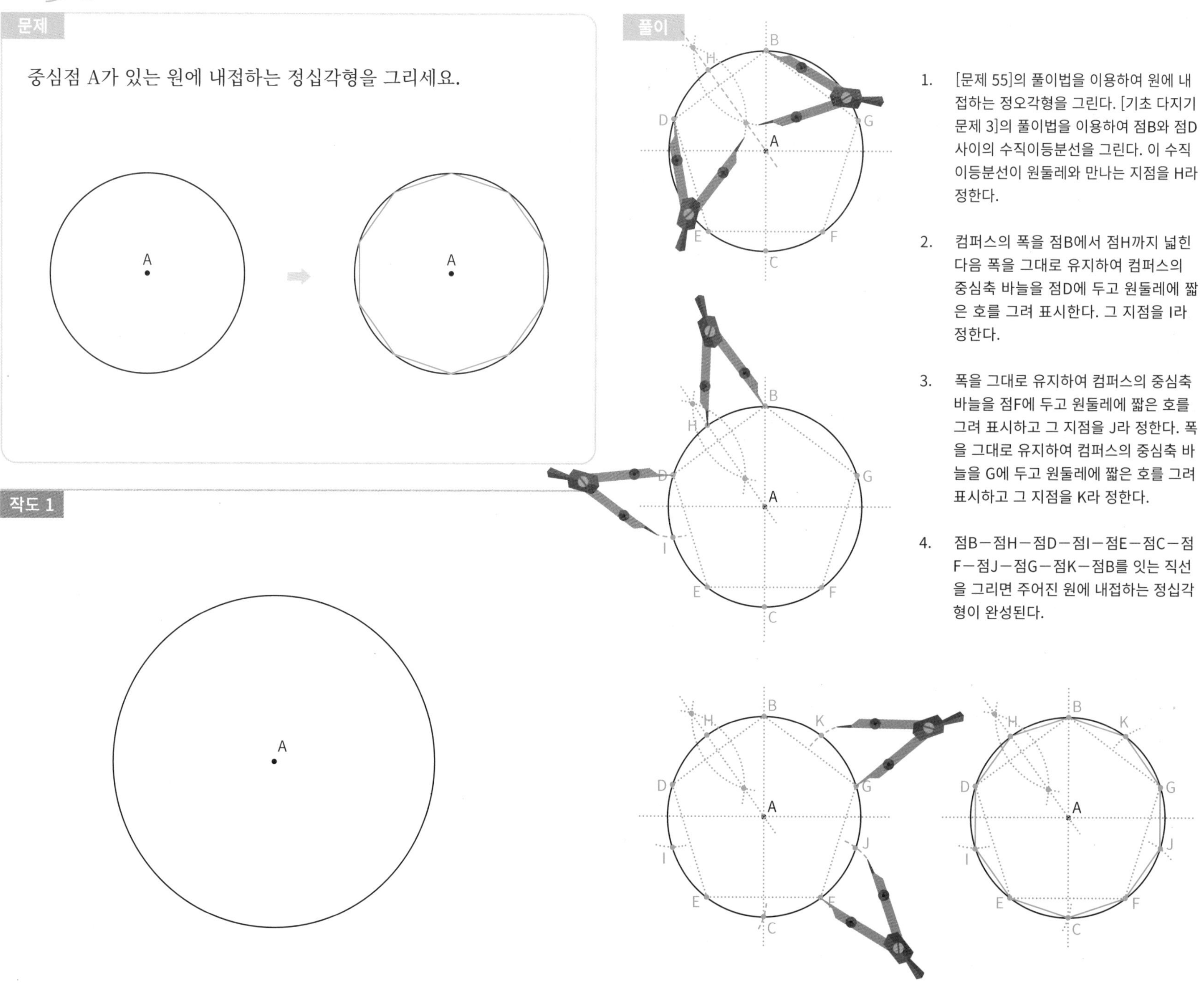

작도 1

풀이

1. [문제 55]의 풀이법을 이용하여 원에 내접하는 정오각형을 그린다. [기초 다지기 문제 3]의 풀이법을 이용하여 점B와 점D 사이의 수직이등분선을 그린다. 이 수직이등분선이 원둘레와 만나는 지점을 H라 정한다.

2. 컴퍼스의 폭을 점B에서 점H까지 넓힌 다음 폭을 그대로 유지하여 컴퍼스의 중심축 바늘을 점D에 두고 원둘레에 짧은 호를 그려 표시한다. 그 지점을 I라 정한다.

3. 폭을 그대로 유지하여 컴퍼스의 중심축 바늘을 점F에 두고 원둘레에 짧은 호를 그려 표시하고 그 지점을 J라 정한다. 폭을 그대로 유지하여 컴퍼스의 중심축 바늘을 G에 두고 원둘레에 짧은 호를 그려 표시하고 그 지점을 K라 정한다.

4. 점B－점H－점D－점I－점E－점C－점F－점J－점G－점K－점B를 잇는 직선을 그리면 주어진 원에 내접하는 정십각형이 완성된다.

작도 2

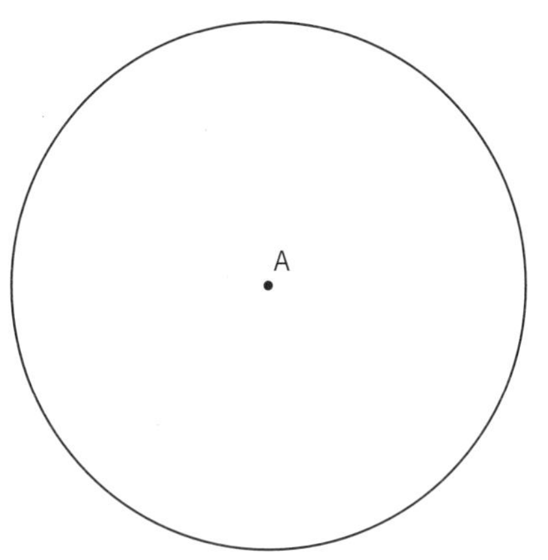

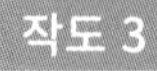

작도 3

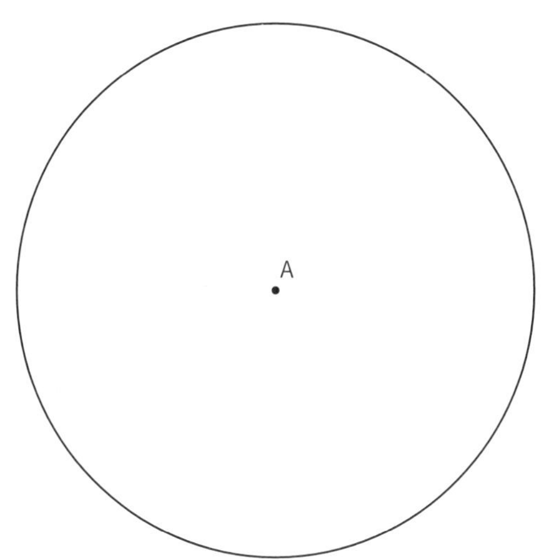

작도 4

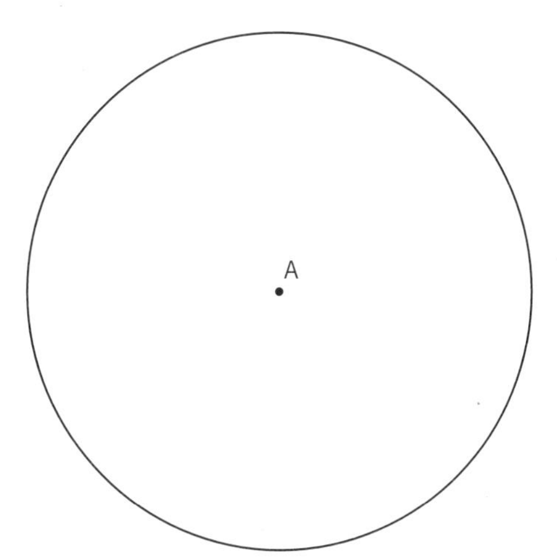

작도 5

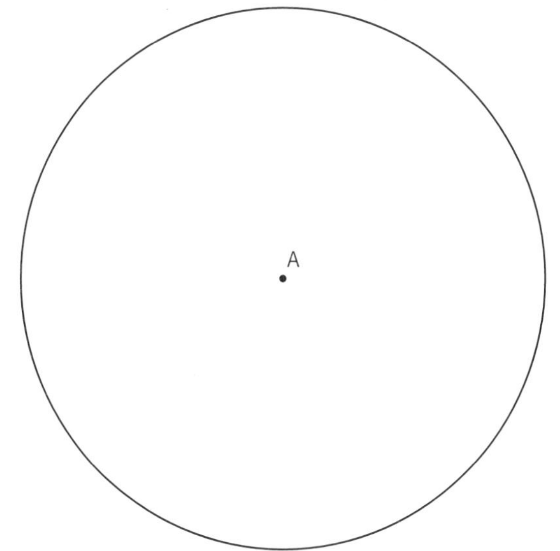

문제 59 #정12각형 #원내접

문제

중심점 A가 있는 원에 내접하는 정12각형을 그리세요.

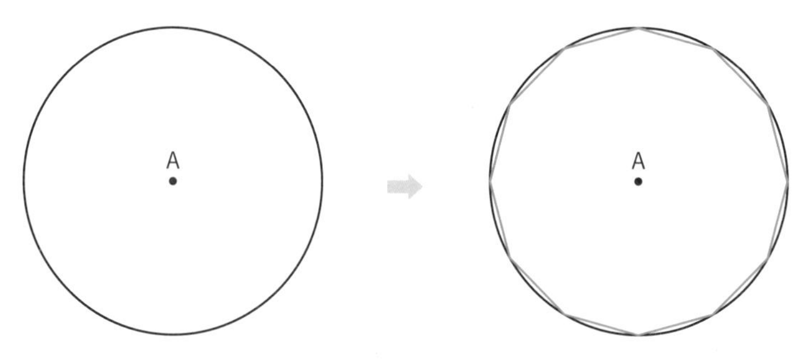

풀이

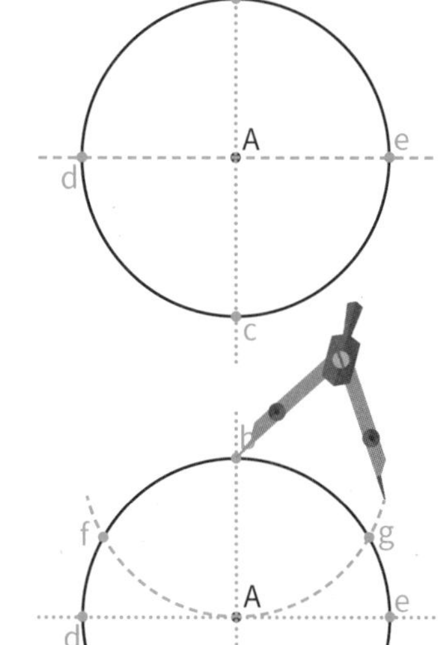

1. 원의 중심점 A를 지나는 직선을 그리고 원둘레와 만나는 지점을 각각 b와 c라 정한다. [기초 다지기 문제 5]의 풀이법을 이용하여 $\overline{bc}$의 수직선을 그리고 원둘레와 만나는 지점을 각각 d와 e라 정한다.

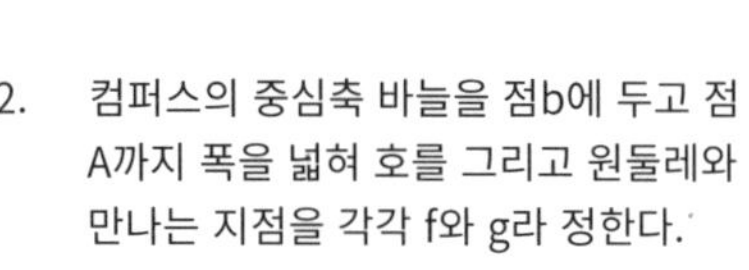

2. 컴퍼스의 중심축 바늘을 점b에 두고 점A까지 폭을 넓혀 호를 그리고 원둘레와 만나는 지점을 각각 f와 g라 정한다.

3. 컴퍼스의 중심축 바늘을 점c에 두고 점A까지 폭을 넓혀 호를 그리고 원둘레와 만나는 지점을 각각 h와 i라 정한다.

4. 컴퍼스의 중심축 바늘을 점d에 두고 점A까지 폭을 넓혀 호를 그리고 원둘레와 만나는 지점을 각각 j와 k라 정한다. 컴퍼스의 중심축 바늘을 점e에 두고 점A까지 폭을 넓혀 호를 그리고 원둘레와 만나는 지점을 각각 l과 m이라 정한다.

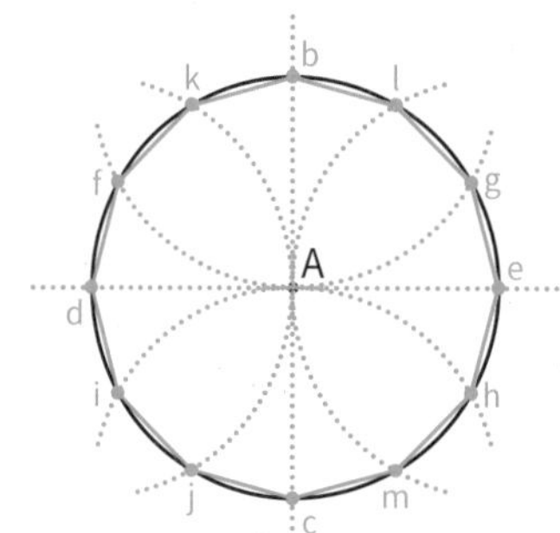

5. 점b－점k－점f－점d－점i－점j－점c－점m－점h－점e－점g－점l－점b를 잇는 직선을 그리면 주어진 원에 내접하는 정12각형이 완성된다.

작도 1

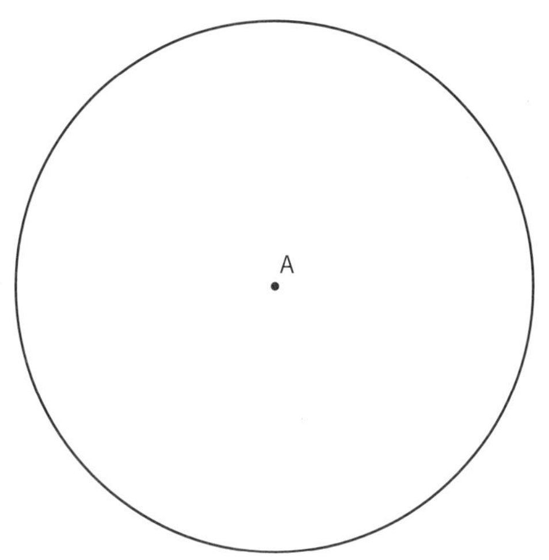

작도 2

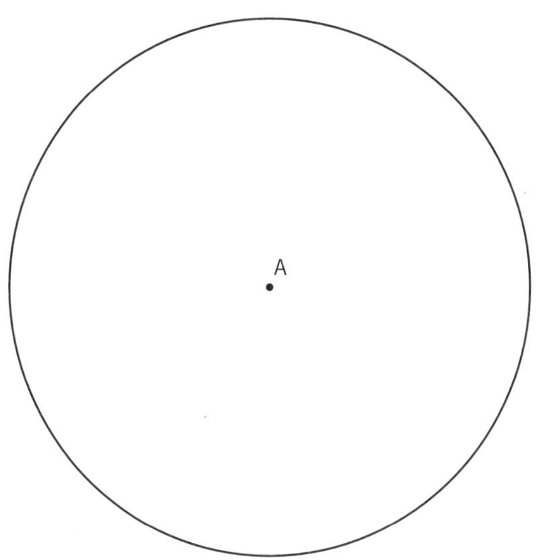

작도 3

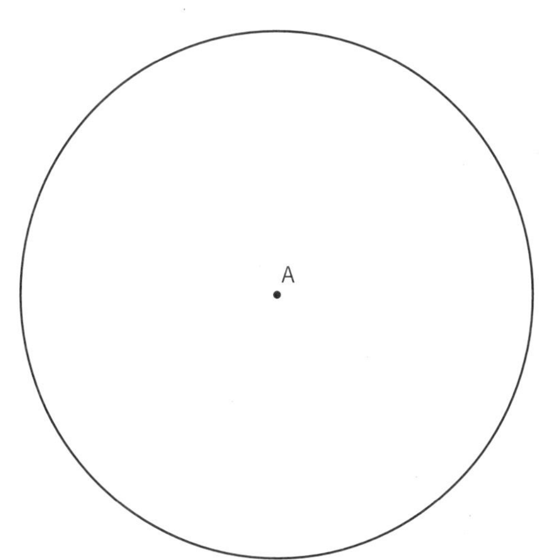

작도 4

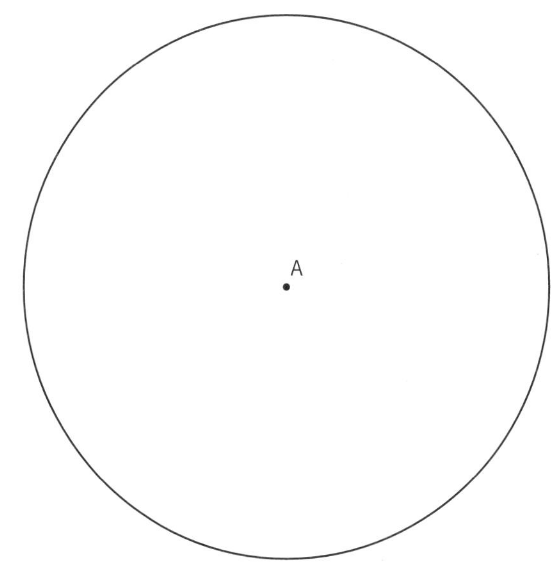

문제 60 #원

문제

주어진 3개의 점을 지나는 원을 그리세요.

작도 1

풀이

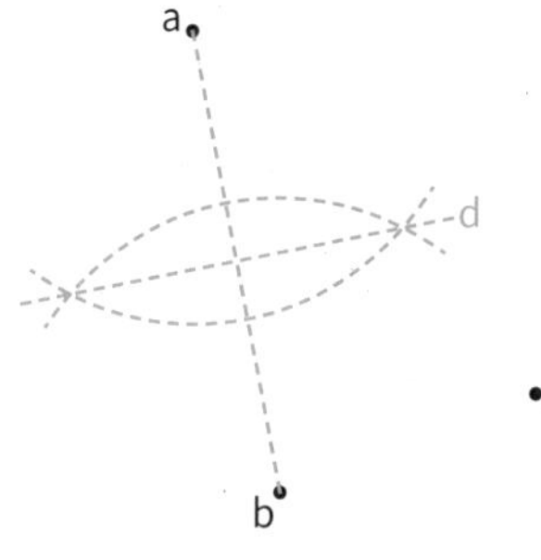

1. 점a와 점b를 잇는 직선을 그린다. [기초 다지기 문제 3]의 풀이법을 이용하여 수직이등분선을 그리고 그 직선을 d라 정한다.

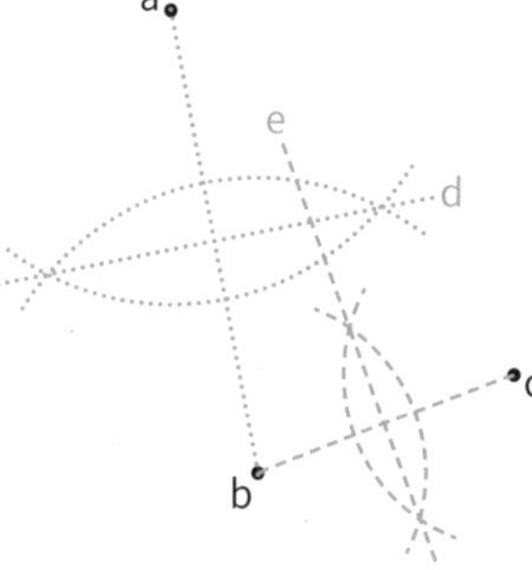

2. 점b와 점c를 잇는 직선을 그린다. [기초 다지기 문제 3]의 풀이법을 이용하여 수직이등분선을 그리고 그 직선을 e라 정한다.

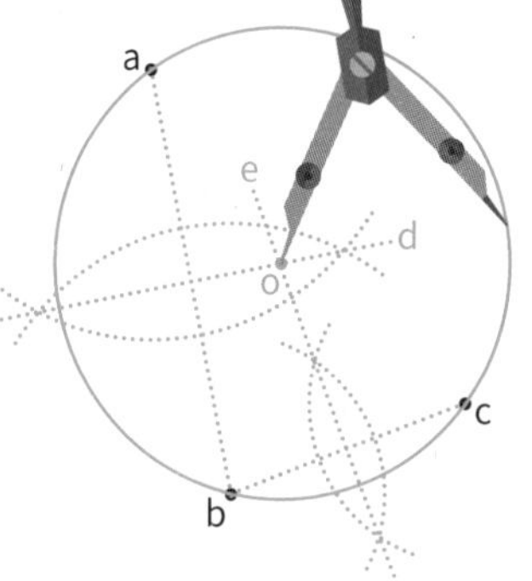

3. 직선d와 직선e가 만나는 지점을 o라 정한다. 점o에 컴퍼스의 중심축 바늘을 두고 점a까지 폭을 넓혀 원을 그리면 점b와 점c도 지나게 된다.

작도 2

a

c

b

작도 3

a

b

c

작도 4

c

a

b

작도 5

c

b

a

문제

주어진 직선 위에 선분 $\overline{ab}$의 길이만큼의 간격을 둔 평행선을 그리세요.

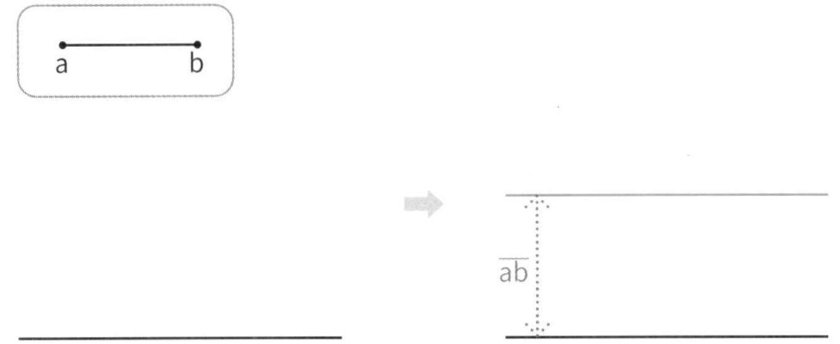

풀이

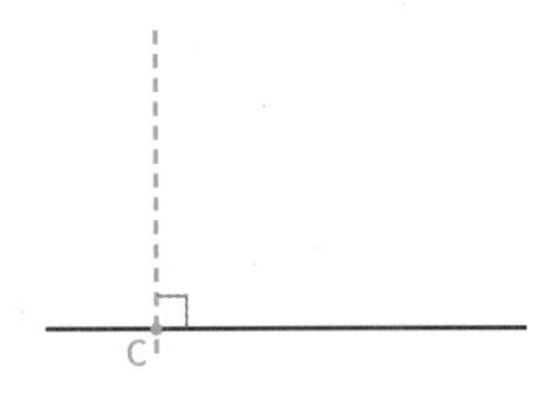

1. 주어진 직선 위에 임의의 점c를 찍고, [기초 다지기 문제 4]의 풀이법을 이용하여 수직선을 그린다.

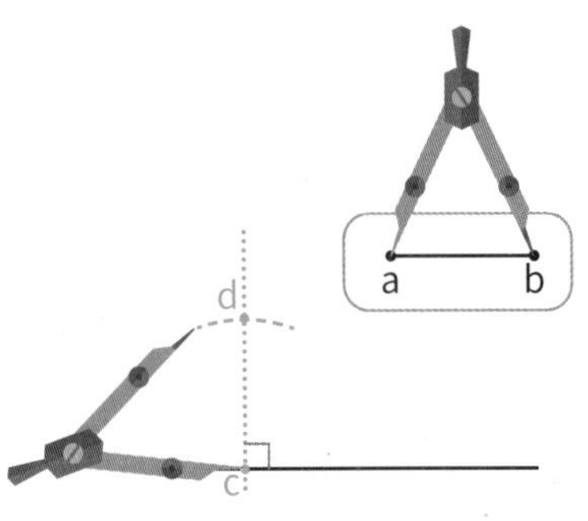

2. 컴퍼스의 폭을 점a에서 점b까지 넓힌 다음 폭을 그대로 유지하여 컴퍼스 중심축 바늘을 점c에 두고 수직선에 선분 $\overline{ab}$만큼의 길이를 표시하고 d라 정한다.

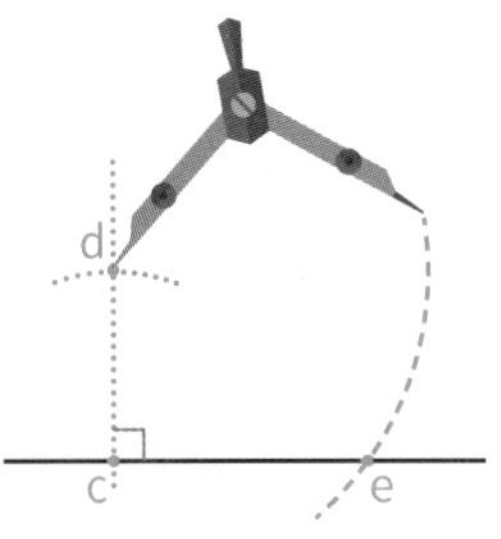

3. 컴퍼스 중심축 바늘을 점d에 두고 적당히 폭을 넓혀 호를 그리고 주어진 직선과 만나는 지점을 e라 정한다.

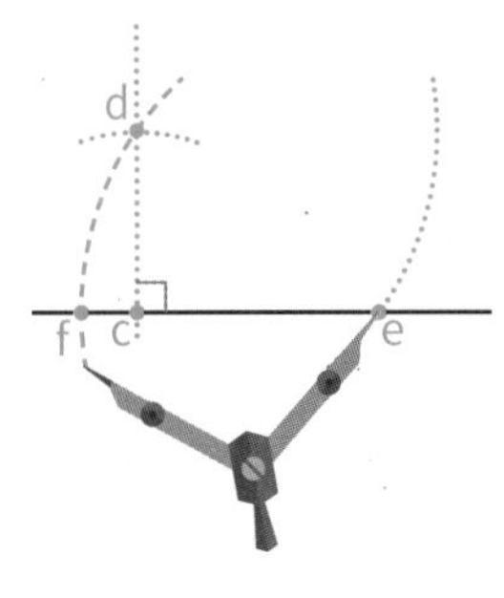

4. 컴퍼스의 폭을 그대로 유지하여 중심축 바늘을 점e에 두고 호를 그리고 그 호가 주어진 직선과 만나는 지점을 f라 정한다.

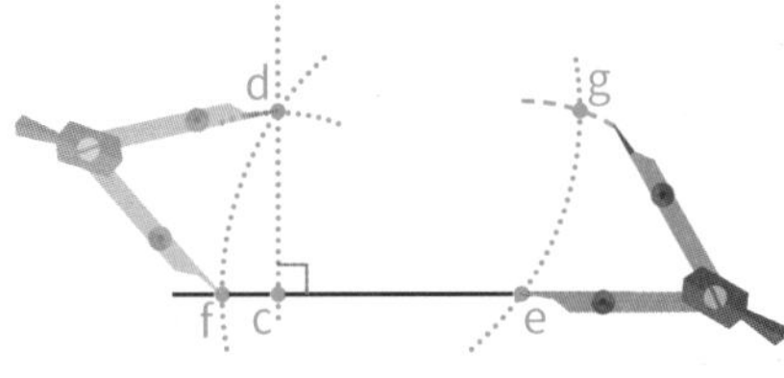

5. 컴퍼스를 점d에서 점f까지 폭을 넓힌다. 폭을 그대로 유지하여 중심축 바늘을 점e에 두고 호를 그려 먼저 그린 호와 만나는 지점을 g라 정한다.

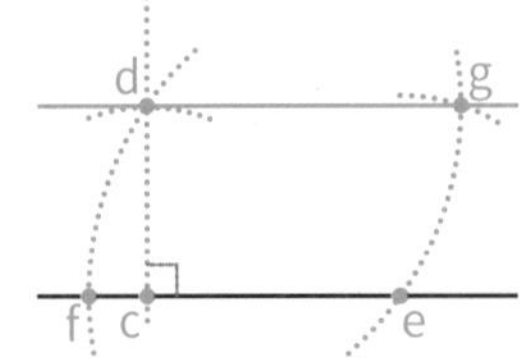

6. 점d와 점g를 지나는 직선을 그리면 문제가 요구하는 평행선이 완성된다.

작도 1

a b

작도 2

a b

작도 3

a b

작도 4

a b

문제 62 #마름모 #내접원

문제

마름모 안에 4개의 변과 맞닿는 내접원을 그리세요.

[내접원이란 다각형의 모든 변에 접하는 원입니다.]

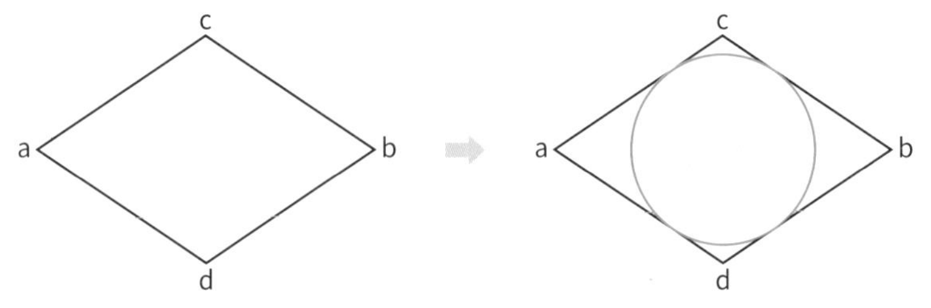

풀이

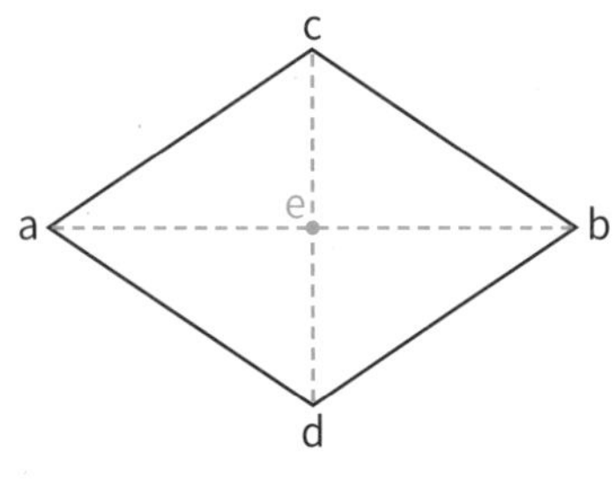

1. ∠a와 ∠b를 잇는 직선을 그리고, ∠c와 ∠d를 잇는 직선을 그린다. 두 직선이 만나는 지점을 e라 정한다.

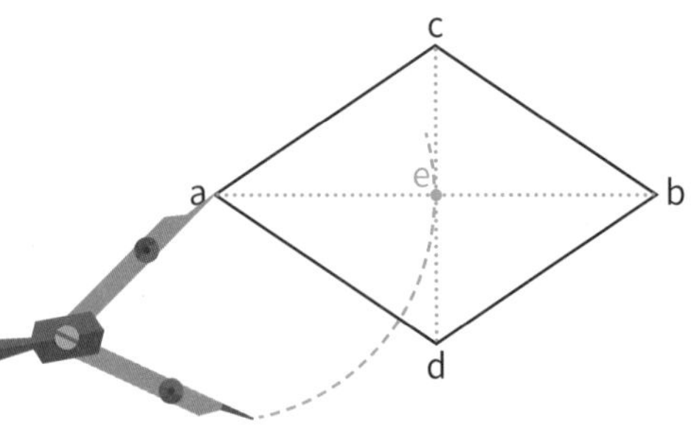

2. 컴퍼스 중심축 바늘을 ∠a에 두고 점e까지 폭을 넓혀 호를 그린다.

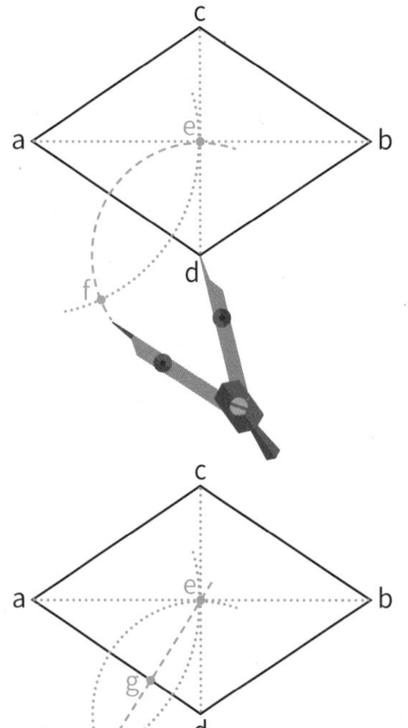

3. 컴퍼스 중심축 바늘을 ∠d에 두고 점e까지 폭을 넓혀 호를 그린다. 두 호가 만나는 지점을 f라 정한다.

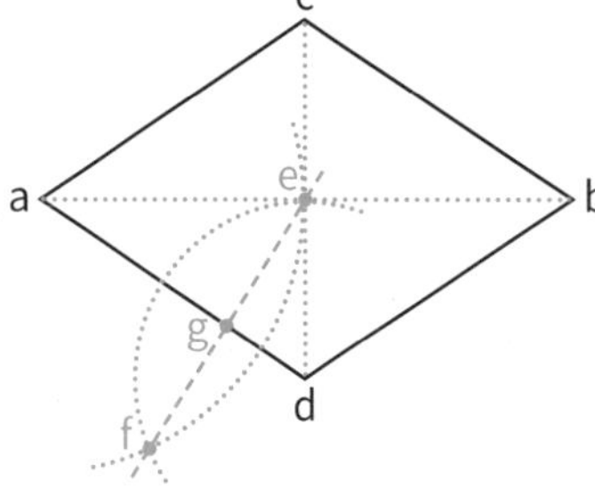

4. 점e와 점f를 잇는 직선을 그린다. 그 직선이 마름모의 변과 만나는 지점을 g라 정한다.

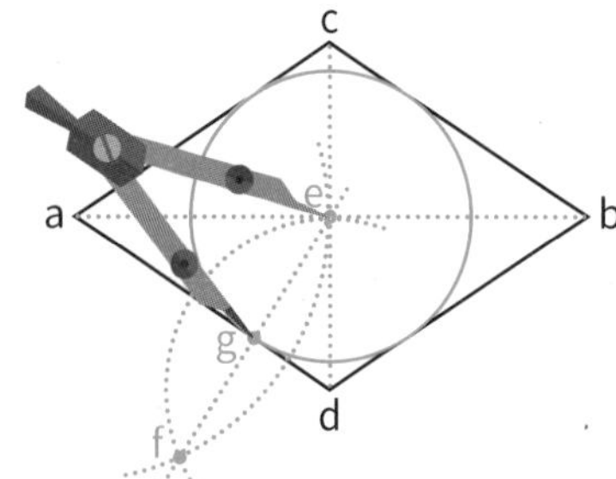

5. 컴퍼스 중심축 바늘을 점e에 두고 점g까지 폭을 넓혀 원을 그리면 문제가 요구하는 마름모 내접원이 완성된다.

작도 1

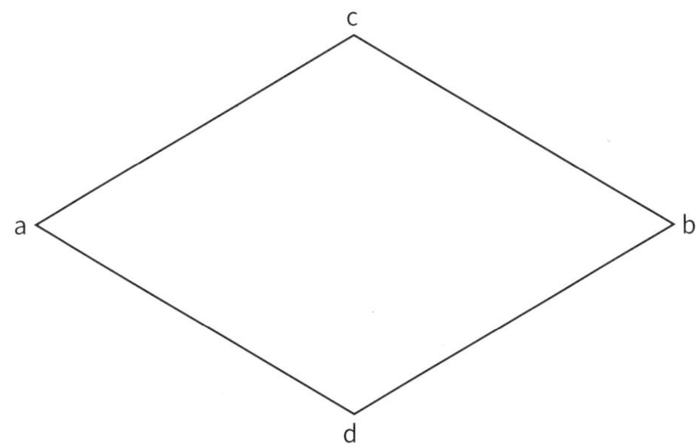

작도 2

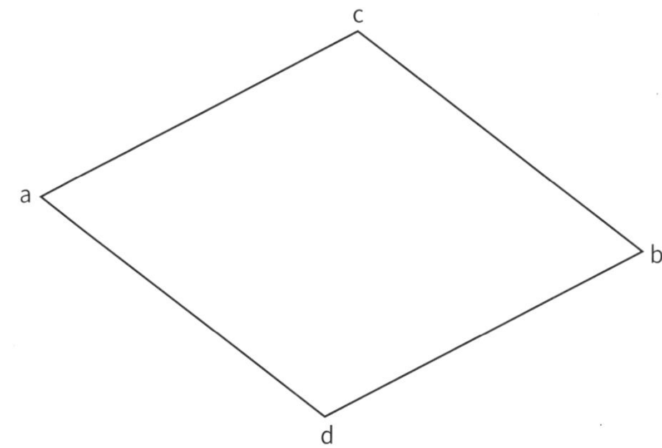

작도 3

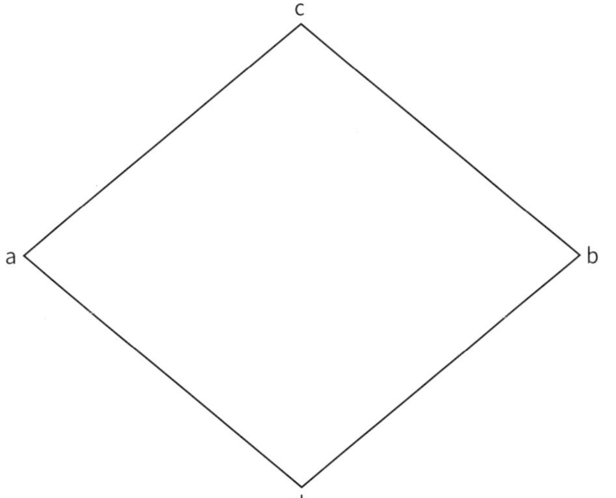

작도 4

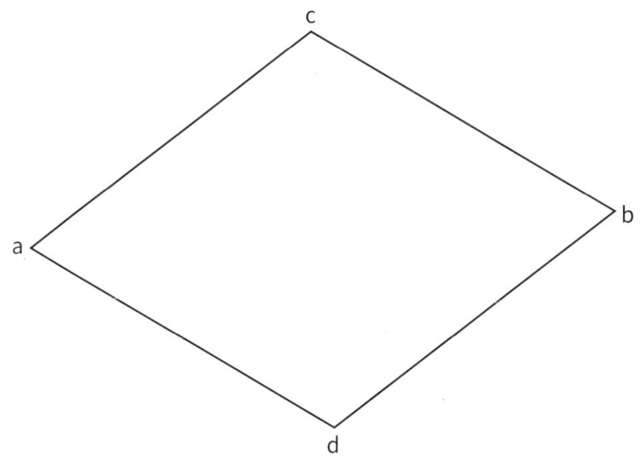

문제 63 #삼각형 #내심 #내접원

문제

삼각형의 내심을 그리고 3개의 변과 맞닿는 내접원을 그리세요.

[내심은 다각형의 내각들의 이등분선이 만나는 지점으로 내접원의 중심입니다.]

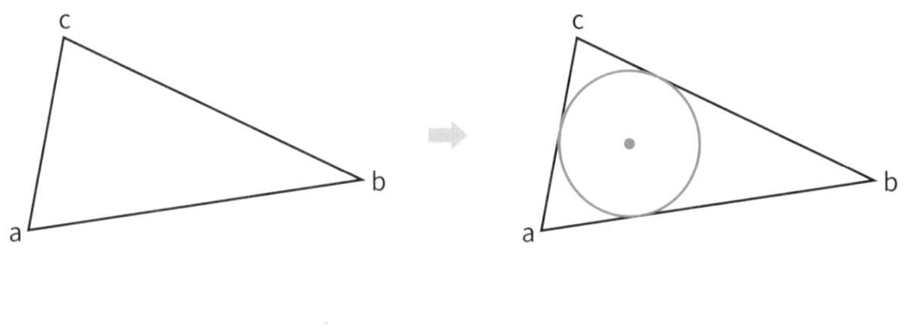

작도 1

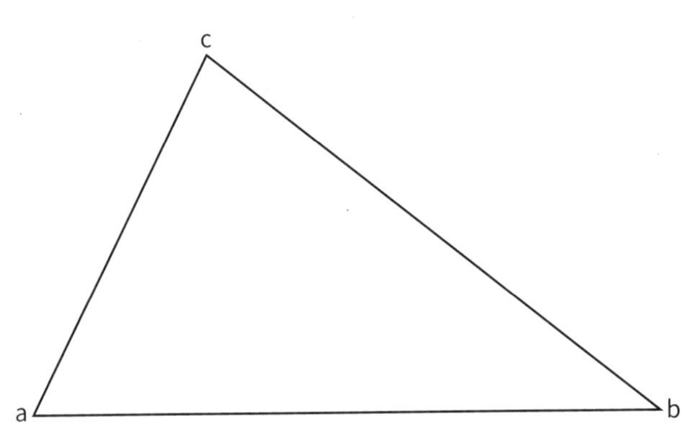

풀이

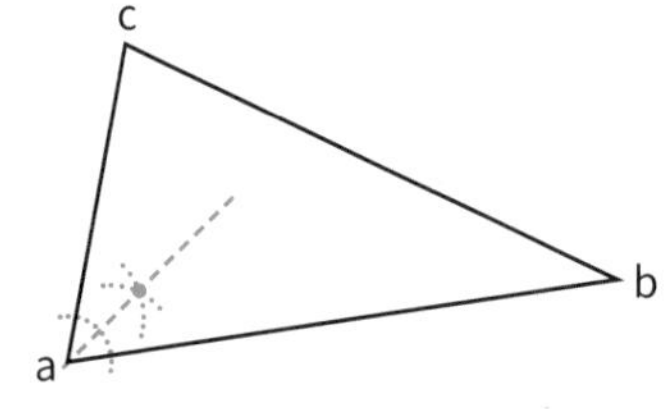

1. [기초 다지기 문제 7]의 풀이법을 이용하여 ∠a의 각이등분선을 그린다.

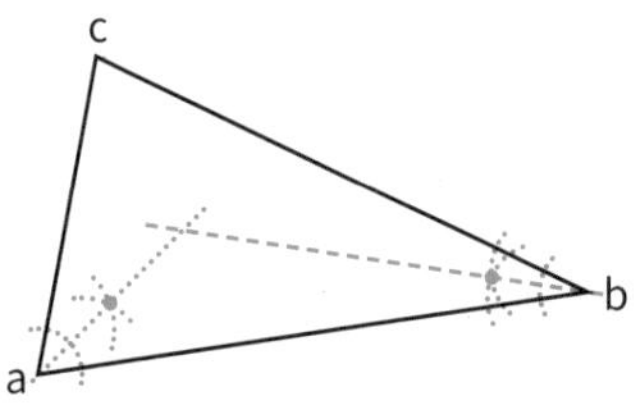

2. 같은 방법으로 ∠b의 각이등분선도 그린다.

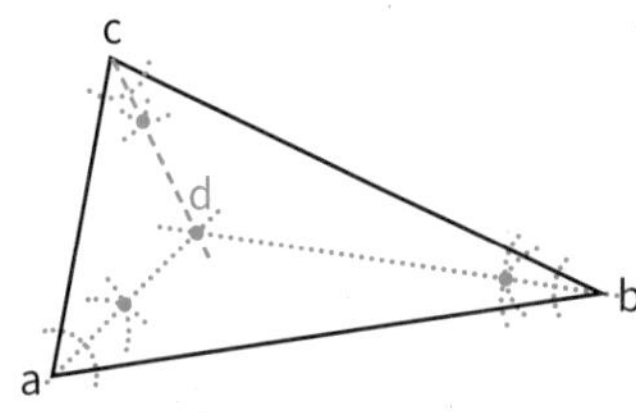

3. 같은 방법으로 ∠c의 각이등분선도 그린다. 세개의 각이등분선이 만나는 지점을 d라 정한다.

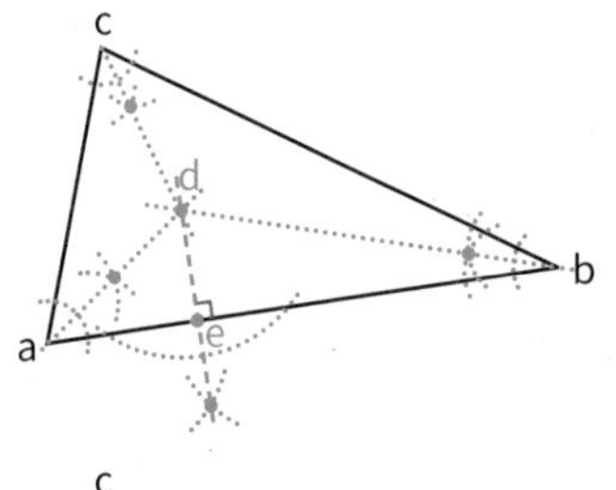

4. [기초 다지기 문제 4]의 풀이법을 이용하여 삼각형의 한 변(ab)에서 점d에 이르는 수직선을 그리고 그 변과 수직선이 만나는 지점을 e라 정한다.

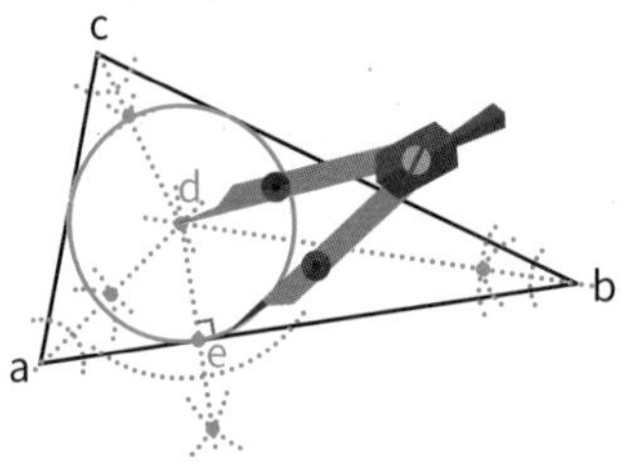

5. 컴퍼스 중심축 바늘을 점d에 두고 점e까지 폭을 넓혀 원을 그리면 삼각형의 3개 변과 만나는 내접원이 완성된다. 내접원의 중심인 점d는 내심이 된다.

작도 2

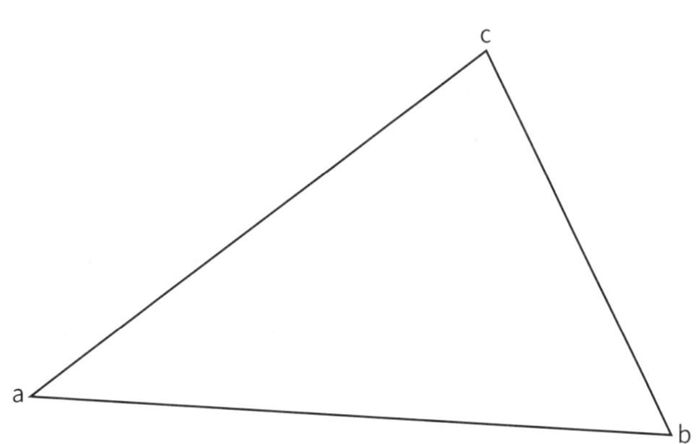

작도 3

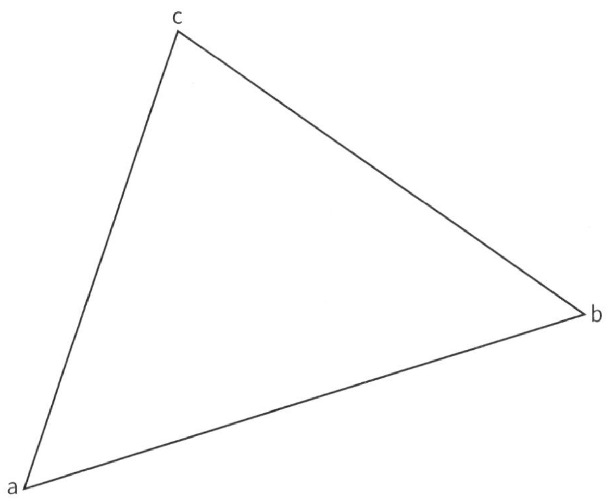

작도 4

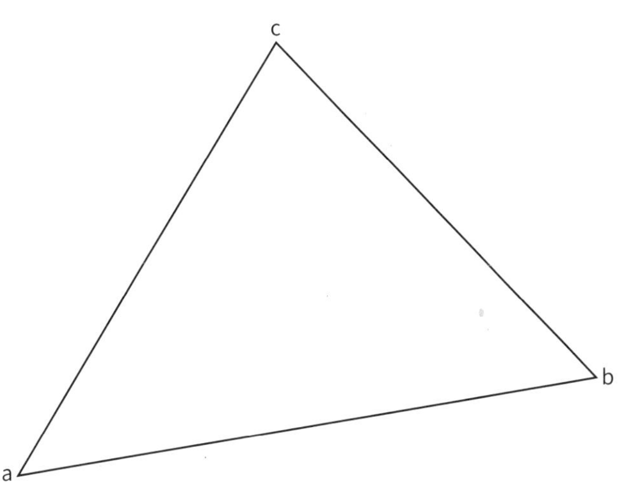

작도 5

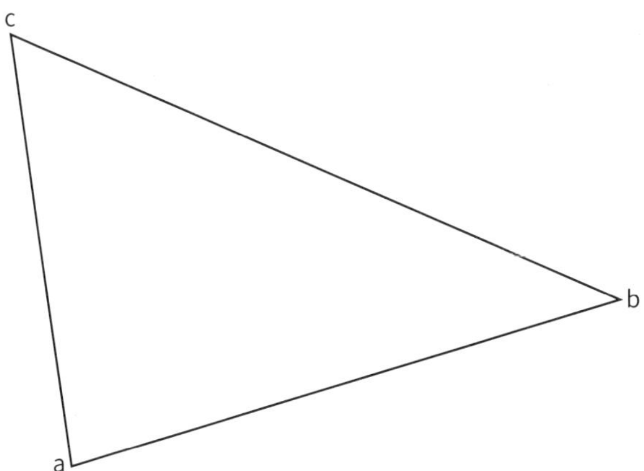

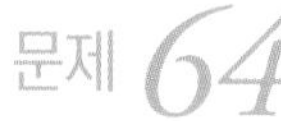

#삼각형 #외심 #외접원

문제

삼각형의 외심을 그리고 3개의 꼭지각과 맞닿는 외접원을 그리세요.

[외심은 다각형 모든 변의 수직이등분선이 교차하는 지점이며, 외심과 다각형의 각 꼭짓점 사이의 거리는 외접원의 반지름이므로 모두 같습니다.]

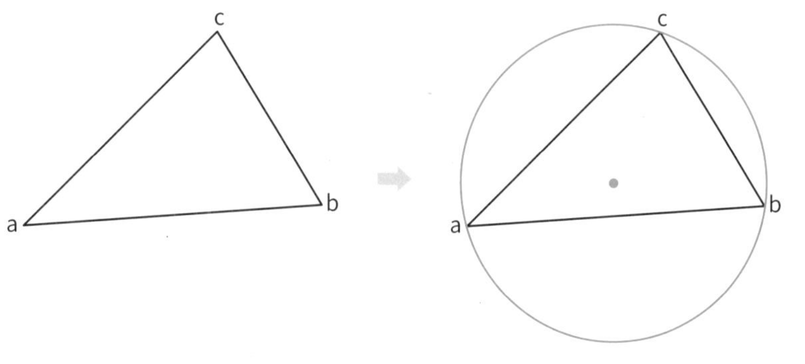

작도 1

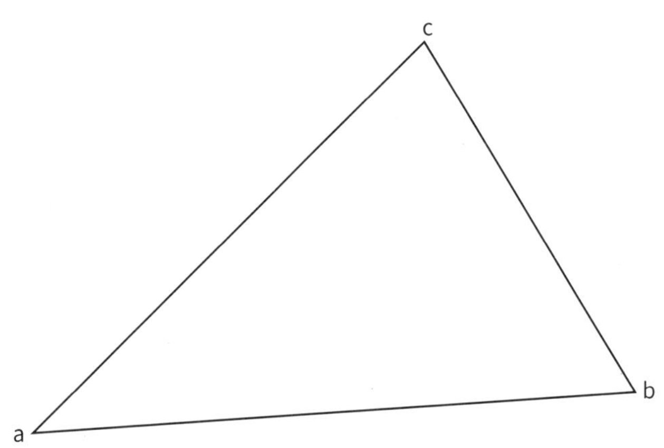

풀이

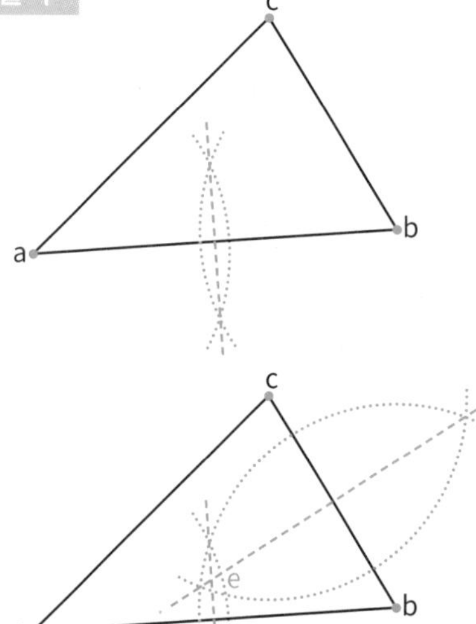

1. [기초 다지기 문제 3]의 풀이법을 이용하여 변 $\overline{ab}$의 수직이등분선을 그린다.

2. 같은 방법으로 변 $\overline{bc}$의 수직이등분선을 그린다.

3. 같은 방법으로 변 $\overline{ac}$의 수직이등분선을 그린다. 수직이등분선이 교차하는 지점을 e라 정한다.

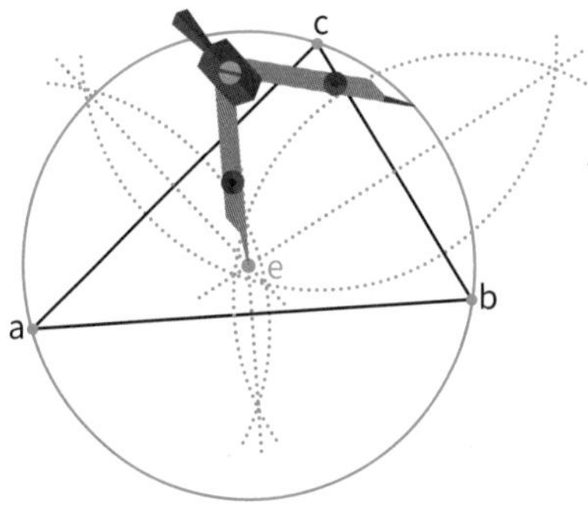

4. 컴퍼스 중심축 바늘을 점e에 두고 삼각형의 3개 꼭지각 중 하나까지 폭을 넓혀 원을 그리면 나머지 2개 꼭지각을 지나는 외접원이 완성된다. 외접원의 중심인 점e는 외심이 된다.

작도 2

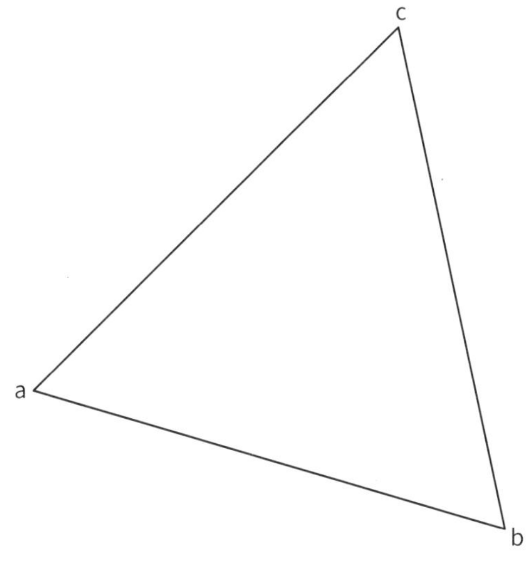

작도 3

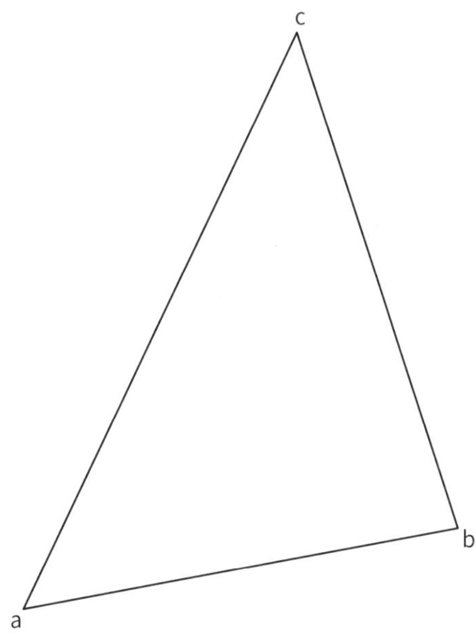

작도 4

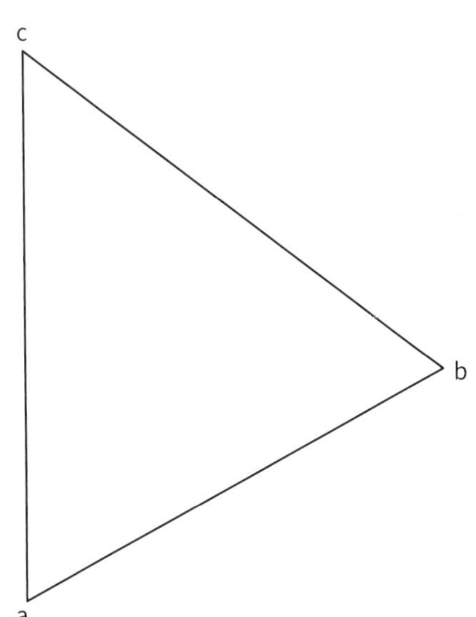

작도 5

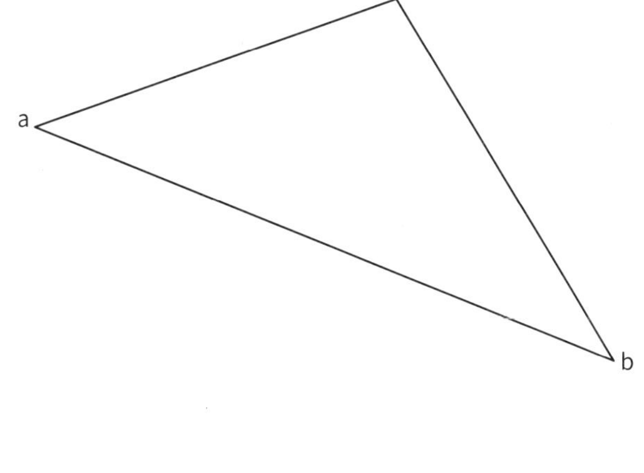

문제 65 #삼각형 #무게중심

문제

삼각형의 무게중심을 찾아서 표시하세요.

[무게중심은 삼각형의 꼭짓점과 마주보는 변의 중점을 이은 3개의 선(중선)이 만나는 교점입니다.]

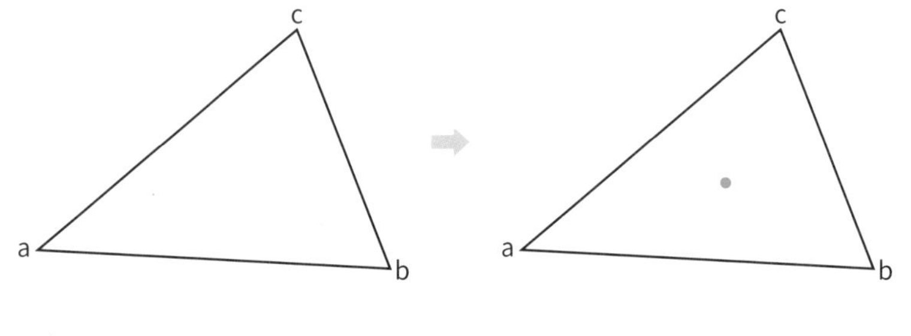

작도 1

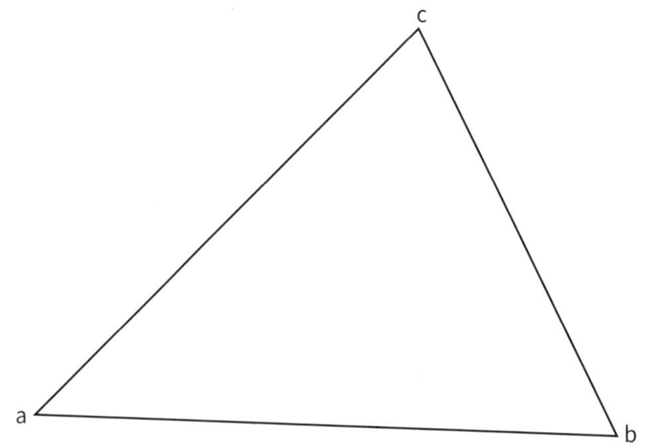

풀이

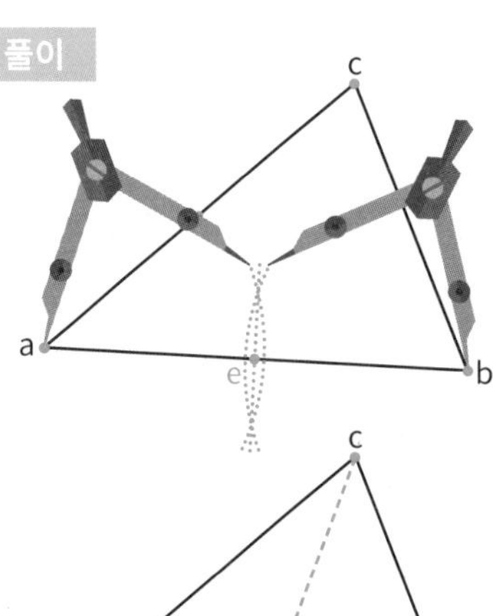

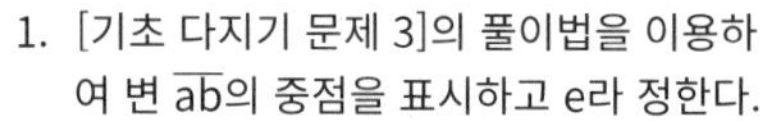

1. [기초 다지기 문제 3]의 풀이법을 이용하여 변 $\overline{ab}$의 중점을 표시하고 e라 정한다.

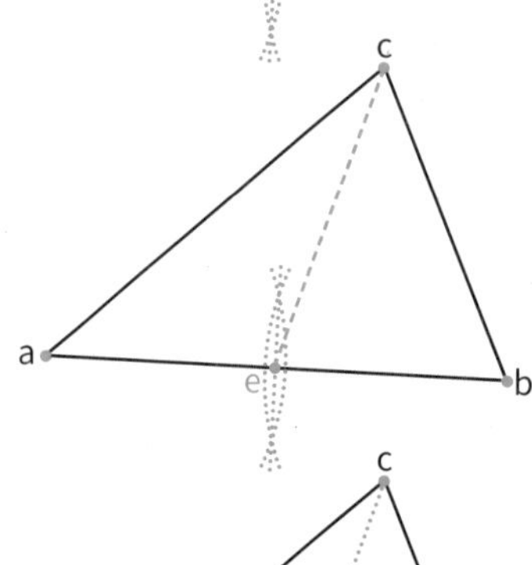

2. 점e와 마주보는 꼭짓점c를 잇는 직선(중선)을 그린다.

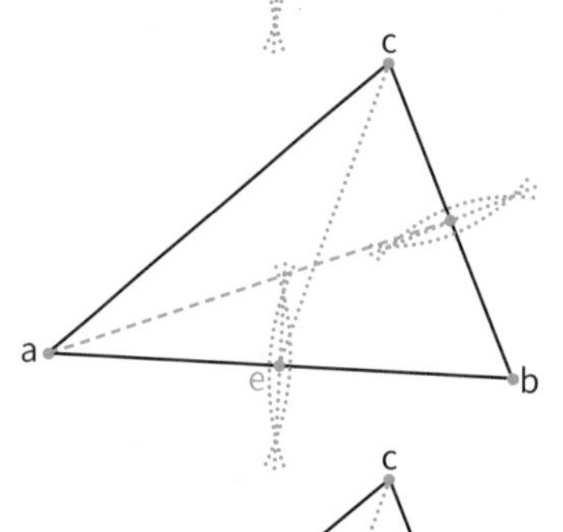

3. 같은 방법으로 변 $\overline{bc}$의 중점을 표시하고 마주보는 꼭짓점a를 잇는 직선(중선)을 그린다.

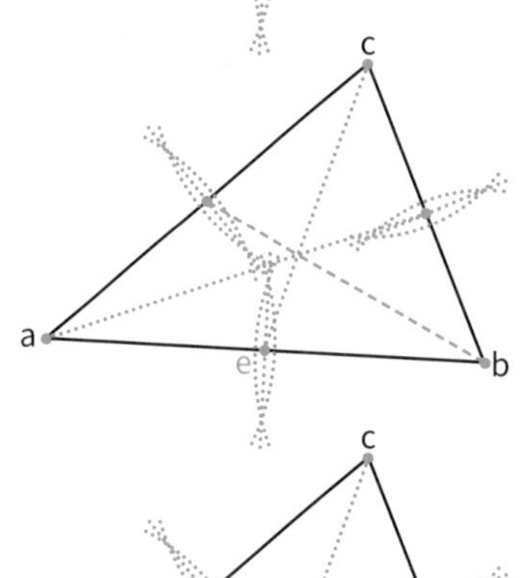

4. 같은 방법으로 변 $\overline{ac}$의 중점을 표시하고 마주보는 꼭짓점b를 잇는 직선(중선)을 그린다.

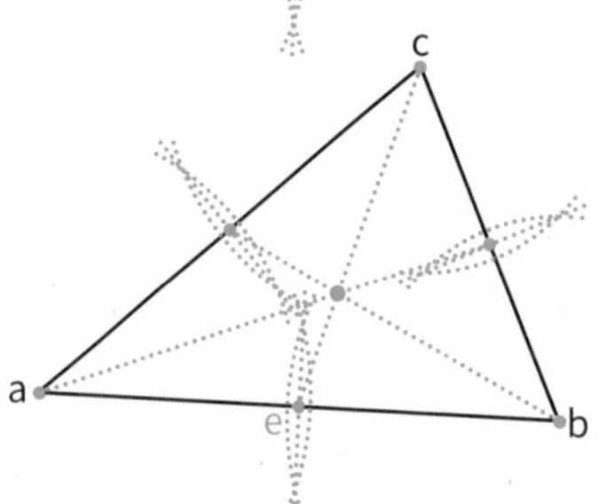

5. 3개의 중선이 교차하는 지점이 삼각형의 무게중심이다.

작도 2

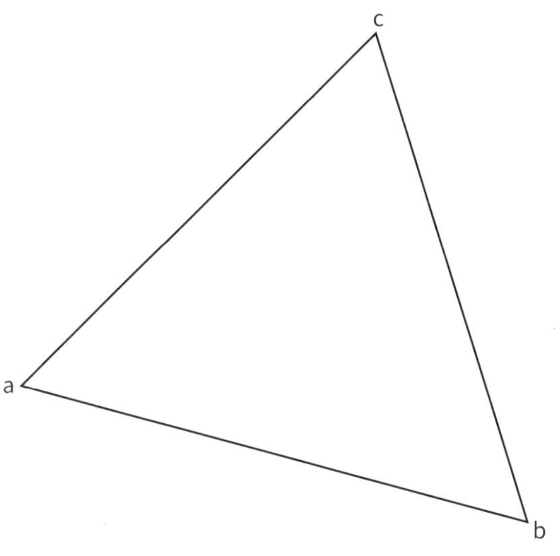

작도 3

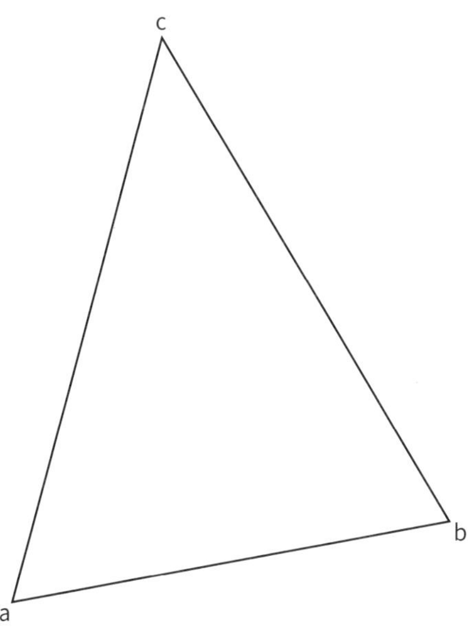

작도 4

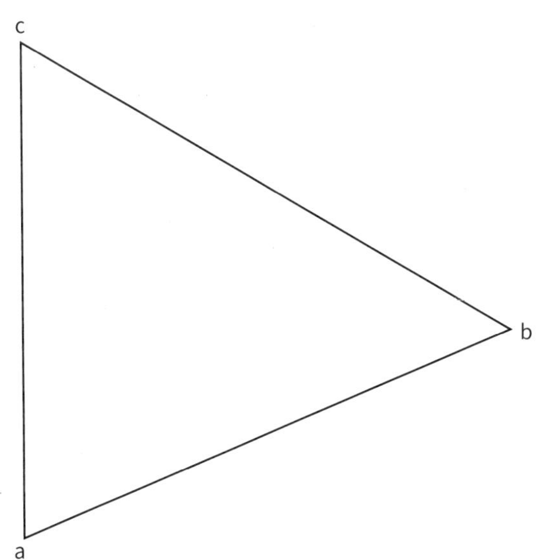

작도 5

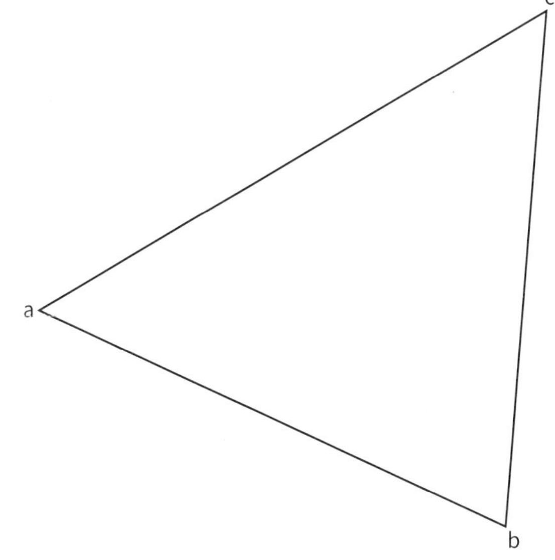

문제 66 #삼각형 #수심

문제

삼각형의 수심을 찾아서 표시하세요.

[수심(垂心, orthocenter)은 삼각형 세 변의 수직선을 각 변의 맞은편 꼭지각을 지나도록 그릴 때 수직선들이 만나는 지점입니다.]

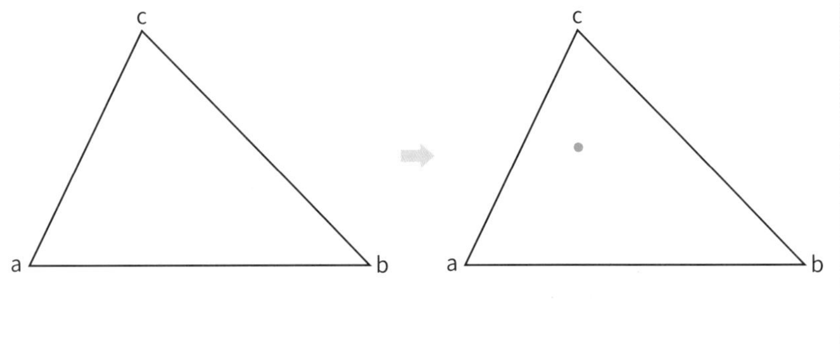

작도 1

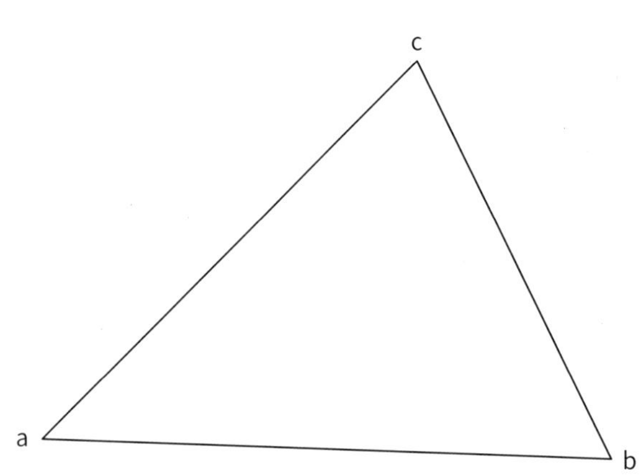

풀이

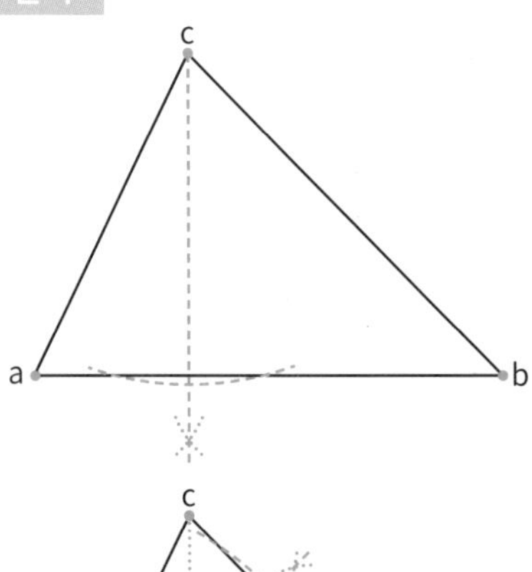

1. [기초 다지기 문제 4]의 풀이법을 이용하여 꼭짓점c를 지나는 변 $\overline{ab}$의 수직선을 그린다.

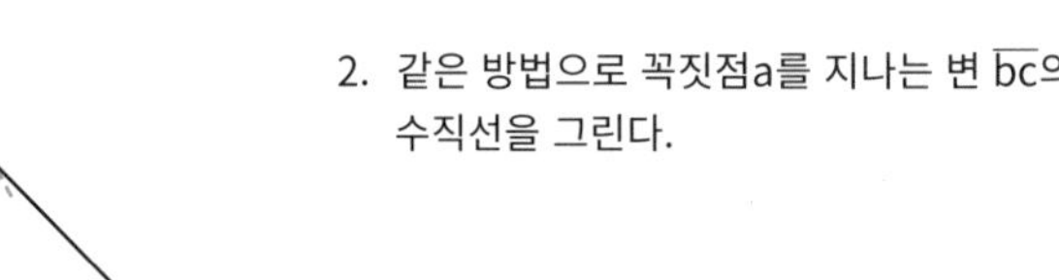

2. 같은 방법으로 꼭짓점a를 지나는 변 $\overline{bc}$의 수직선을 그린다.

3. 같은 방법으로 꼭짓점b를 지나는 변 $\overline{ac}$의 수직선을 그린다.

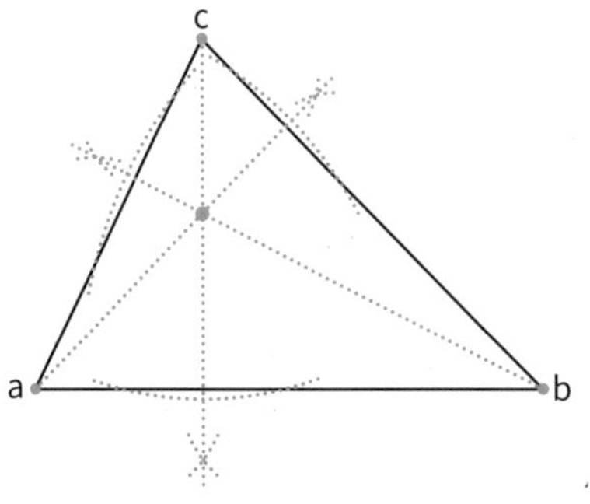

4. 3개의 수직선이 교차하는 지점이 삼각형의 수심이다.

작도 2

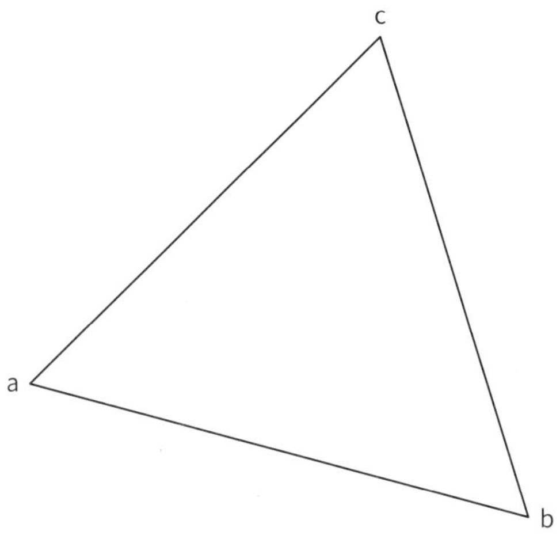

작도 3

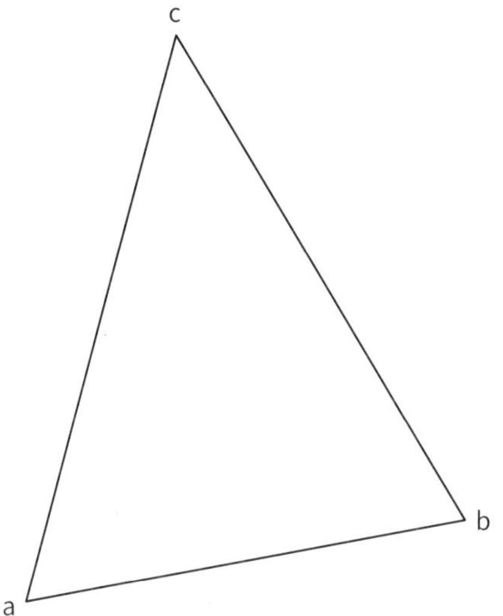

작도 4

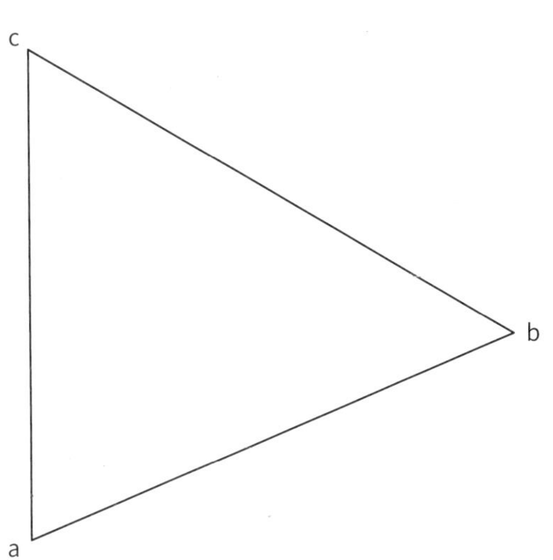

작도 5

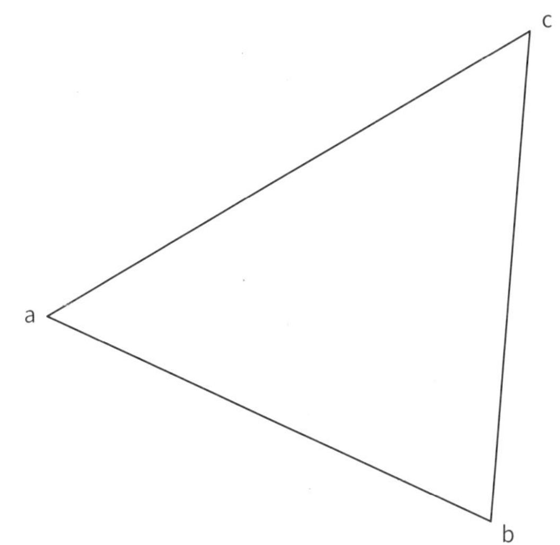

문제 67 #나선

문제

주어진 점a와 점b의 간격을 유지하는 나선을 그리세요.

[나선은 어떤 점의 둘레를 계속 돌면서 멀어지는 곡선입니다.]

풀이

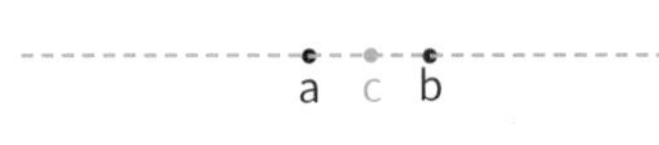

1. 점a와 점b를 지나는 직선을 그린다. [기초 다지기 문제 3]의 풀이법을 이용하여 점a와 점b 사이의 중점을 표시하고 c라 정한다.

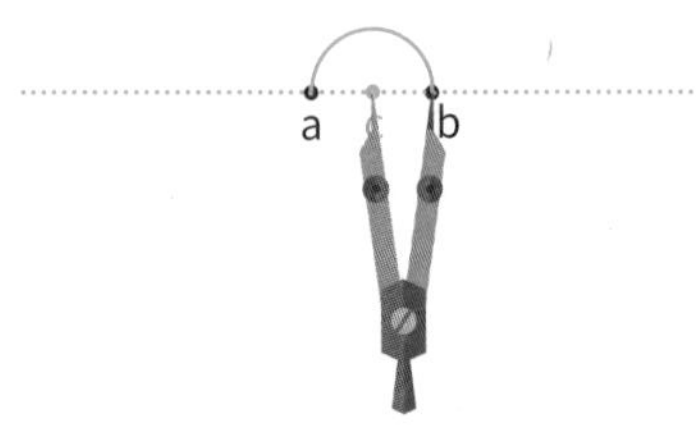

2. 컴퍼스 중심축 바늘을 점c에 두고 점a까지 폭을 넓혀 호(반원)를 그린다.

3. 컴퍼스 중심축 바늘을 점a에 두고 점b까지 폭을 넓혀 호(반원)를 그린다. 호와 직선이 만나는 지점을 d라 정한다.

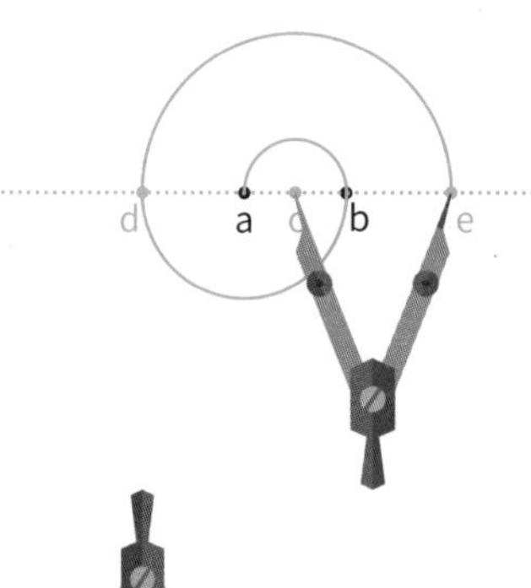

4. 컴퍼스 중심축 바늘을 점c에 두고 점d까지 폭을 넓혀 호(반원)를 그린다. 호와 직선이 만나는 지점을 e라 정한다.

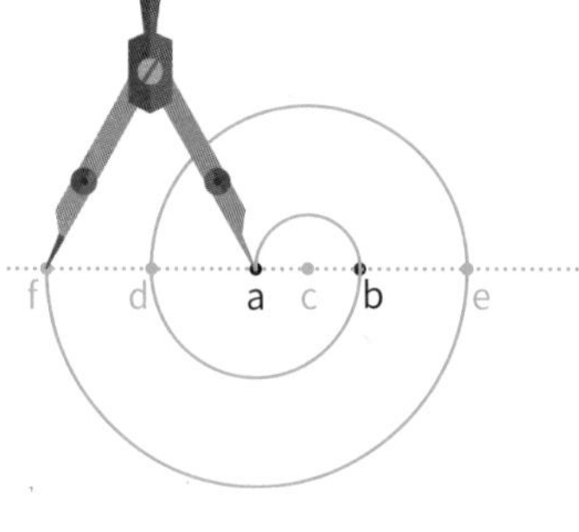

5. 컴퍼스 중심축 바늘을 점a에 두고 점e까지 폭을 넓혀 호(반원)를 그린다. 호와 직선이 만나는 지점을 f라 정한다.

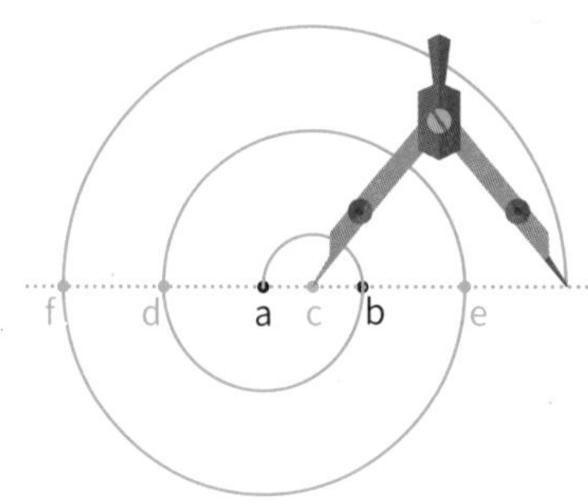

6. … 같은 방법으로 나선을 그려 나간다.

작도 1

a b

작도 2

a b

작도 3

a b

작도 4

a b

문제 68 #타원

문제

선분 $\overline{ab}$의 길이를 장축으로 하는 타원을 그리세요.

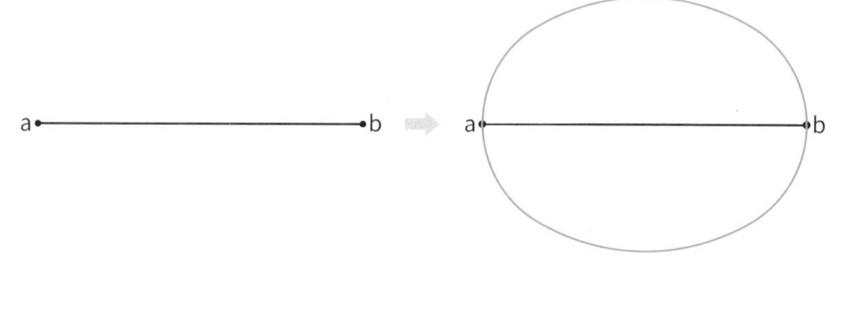

풀이

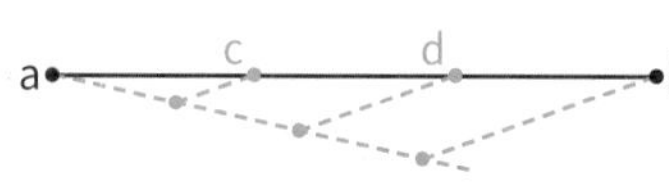

1. [기초 다지기 문제 9]의 풀이법을 이용하여 선분 $\overline{ab}$를 3등분하고 각 구분점을 c와 d라 정한다.

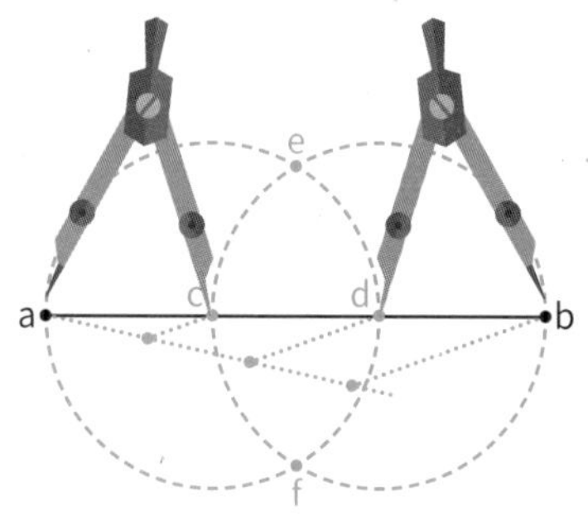

2. 컴퍼스 중심축 바늘을 점c에 두고 점a까지 폭을 넓혀 원을 그린다. 컴퍼스 중심축 바늘을 점d에 두고 점b까지 폭을 넓혀 원을 그린다. 두 원이 만나는 지점을 각각 e와 f라 정한다.

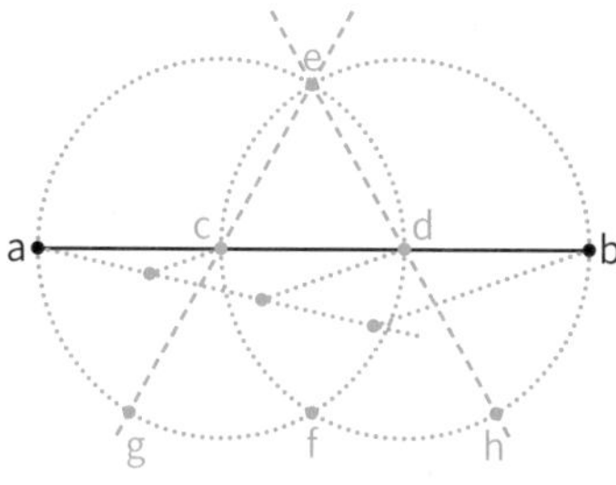

3. 점e와 점c를 지나는 직선을 그린다. 그 직선이 원과 만나는 지점을 g라 정한다. 점e와 점d를 지나는 직선을 그린다. 그 직선이 원과 만나는 지점을 h라 정한다.

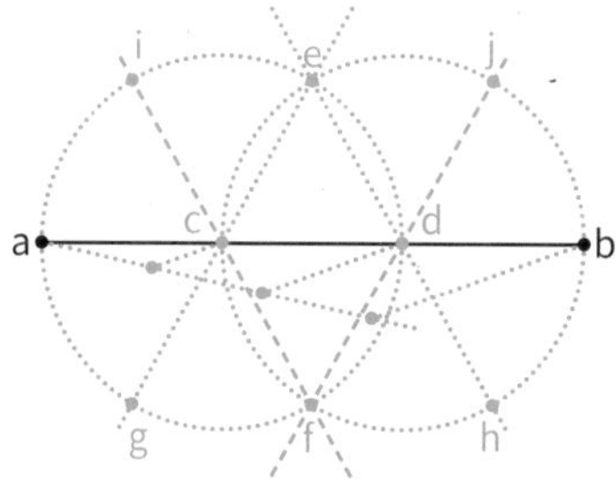

4. 점f와 점c를 지나는 직선을 그린다. 그 직선이 원과 만나는 지점을 i라 정한다. 점f와 점d를 지나는 직선을 그린다. 그 직선이 원과 만나는 지점을 j라 정한다.

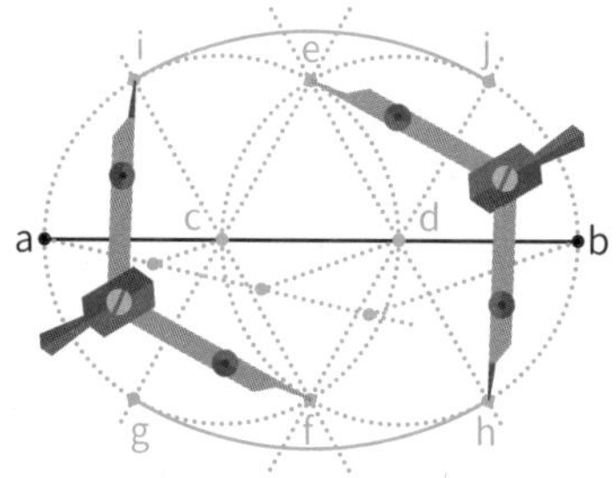

5. 컴퍼스 중심축 바늘을 점e에 두고 점g까지 폭을 넓혀 점h까지 호를 그린다. 컴퍼스 중심축 바늘을 점f에 두고 점i까지 폭을 넓혀 점j까지 호를 그린다.

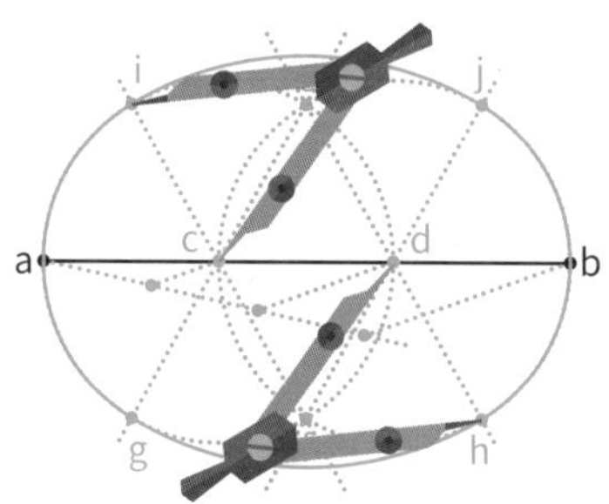

6. 컴퍼스 중심축 바늘을 점c에 두고 점g까지 폭을 넓혀 점i까지 호를 그린다. 컴퍼스 중심축 바늘을 점d에 두고 점h까지 폭을 넓혀 점j까지 호를 그린다.

작도 1

a b

작도 2

a b

작도 3

a b

작도 4

a b

문제 69 #타원

문제

선분 $\overline{ab}$의 길이를 단축으로 하는 타원을 그리세요.

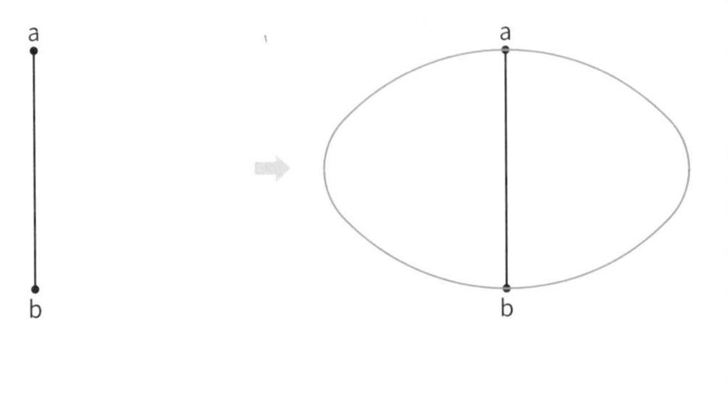

풀이

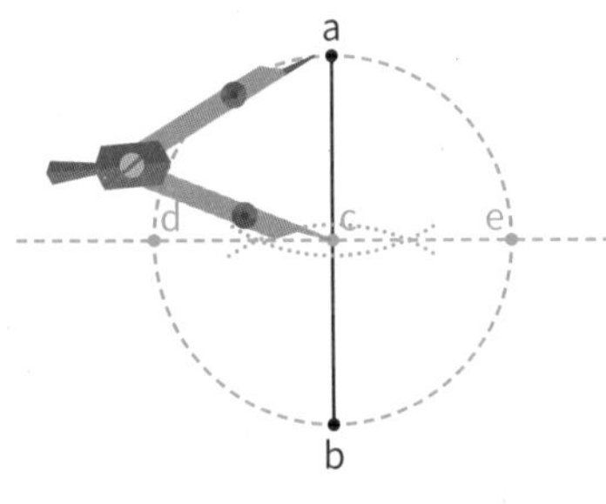

1. [기초 다지기 문제 3]의 풀이법을 이용하여 선분 $\overline{ab}$의 수직이등분선을 그리고 두 선이 만나는 지점을 c라 정한다.
   컴퍼스 중심축 바늘을 점c에 두고 점a까지 폭을 넓혀 원을 그린다. 원과 수직이등분선이 만나는 지점을 각각 d와 e라 정한다.

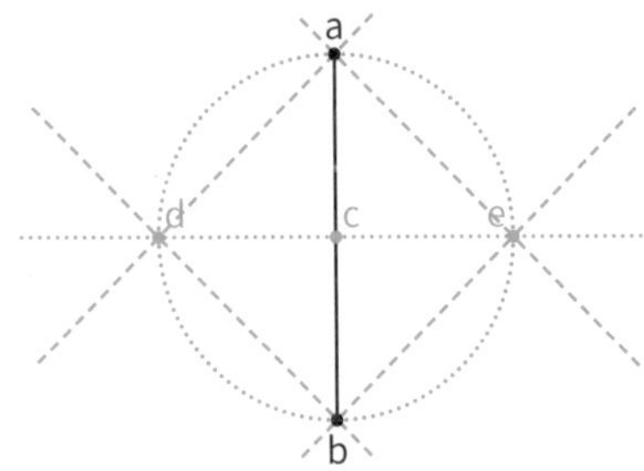

2. 점a와 점d를 지나는 직선을 그린다. 점a와 점e를 지나는 직선을 그린다. 점b와 점d를 지나는 직선을 그린다. 점b와 점e를 지나는 직선을 그린다.

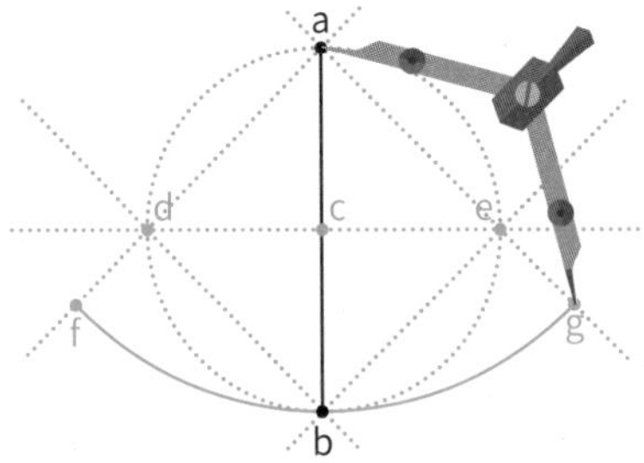

3. 컴퍼스 중심축 바늘을 점a에 두고 점b까지 폭을 넓혀 두 직선 사이에 호를 그리고 호와 직선이 만나는 지점을 각각 f와 g라 정한다.

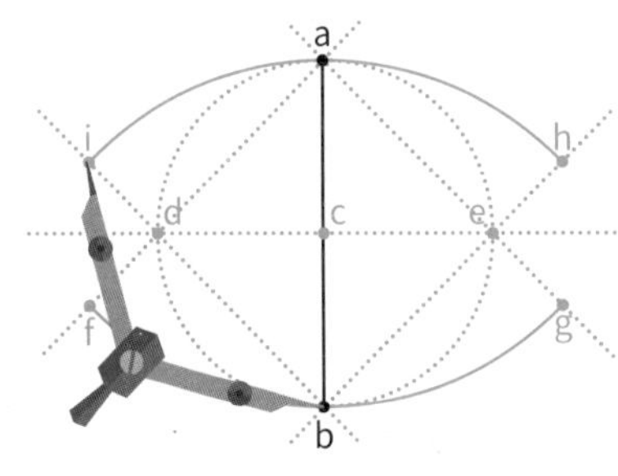

4. 컴퍼스 중심축 바늘을 점b에 두고 점a까지 폭을 넓혀 두 직선 사이에 호를 그리고 호와 직선이 만나는 지점을 각각 h와 i라 정한다.

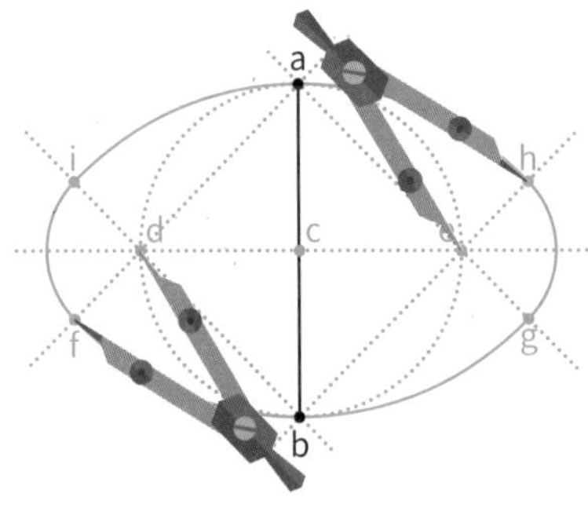

5. 컴퍼스 중심축 바늘을 점d에 두고 점f와 점i를 잇는 호를 그린다.
   컴퍼스 중심축 바늘을 점e에 두고 점g와 점h를 잇는 호를 그리면 완성된다.

작도 1

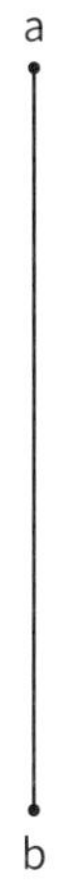

a

b

작도 2

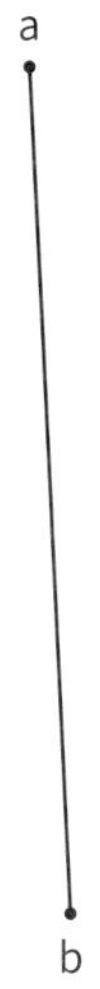

a

b

작도 3

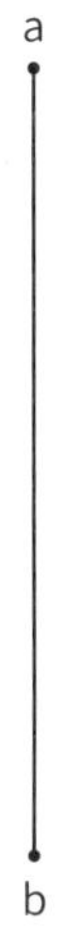

a

b

작도 4

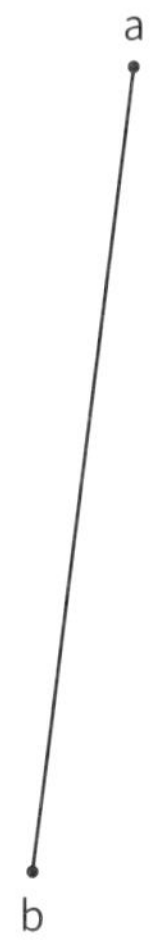

a

b

문제

주어진 선분 $\overline{AB}$가 변심거리가 되게 정오각형을 그리세요.

[변심거리란 정다각형의 중심에서 변까지의 거리를 뜻합니다.]

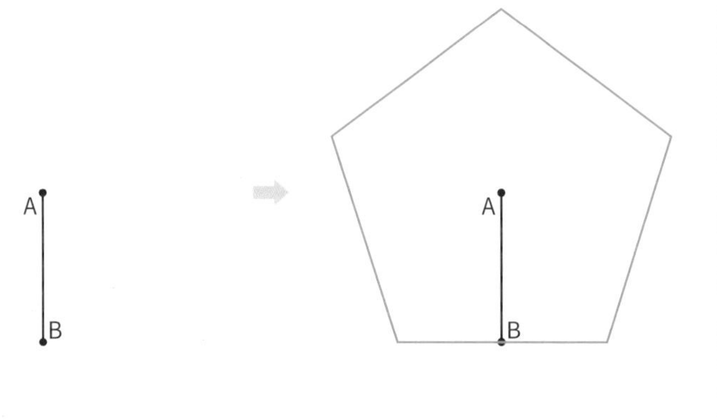

풀이

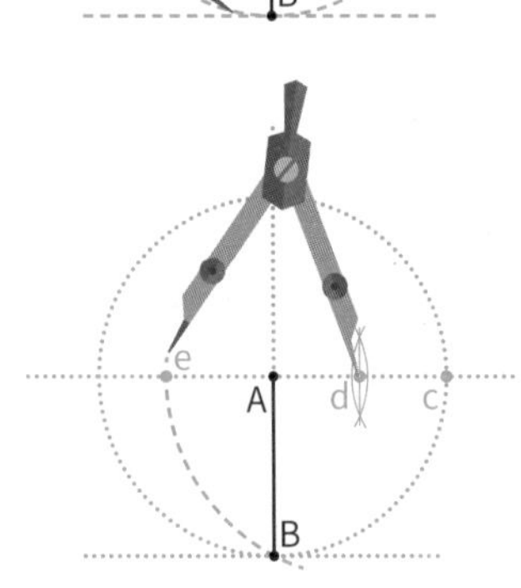

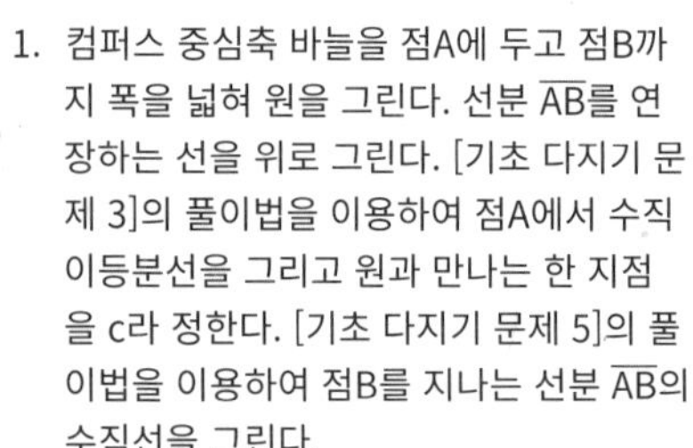

1. 컴퍼스 중심축 바늘을 점A에 두고 점B까지 폭을 넓혀 원을 그린다. 선분 $\overline{AB}$를 연장하는 선을 위로 그린다. [기초 다지기 문제 3]의 풀이법을 이용하여 점A에서 수직이등분선을 그리고 원과 만나는 한 지점을 c라 정한다. [기초 다지기 문제 5]의 풀이법을 이용하여 점B를 지나는 선분 $\overline{AB}$의 수직선을 그린다.

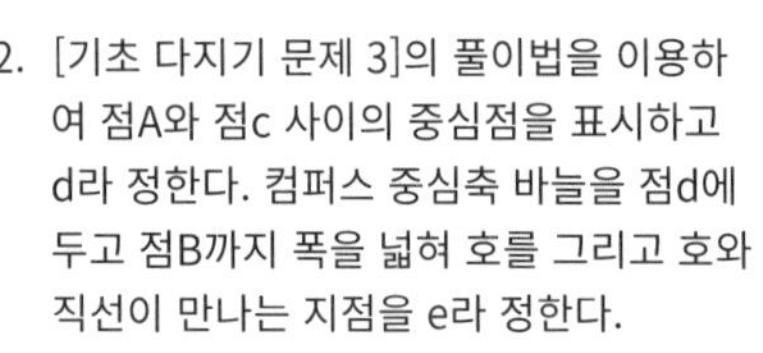

2. [기초 다지기 문제 3]의 풀이법을 이용하여 점A와 점c 사이의 중심점을 표시하고 d라 정한다. 컴퍼스 중심축 바늘을 점d에 두고 점B까지 폭을 넓혀 호를 그리고 호와 직선이 만나는 지점을 e라 정한다.

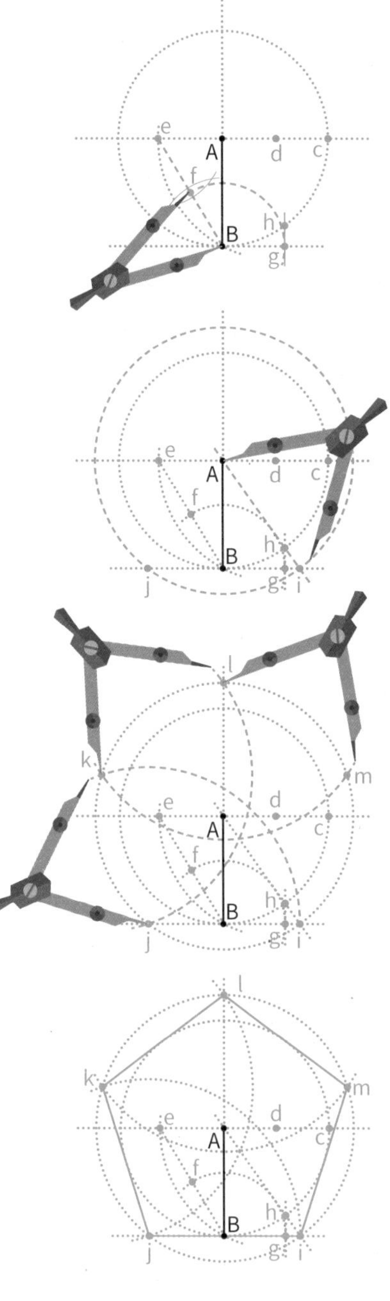

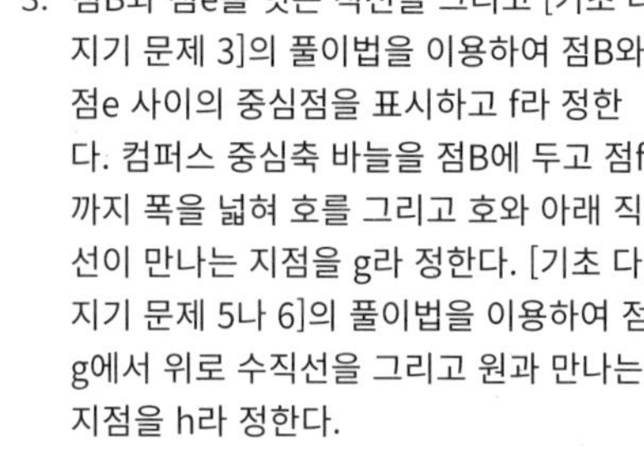

3. 점B와 점e를 잇는 직선을 그리고 [기초 다지기 문제 3]의 풀이법을 이용하여 점B와 점e 사이의 중심점을 표시하고 f라 정한다. 컴퍼스 중심축 바늘을 점B에 두고 점f까지 폭을 넓혀 호를 그리고 호와 아래 직선이 만나는 지점을 g라 정한다. [기초 다지기 문제 5나 6]의 풀이법을 이용하여 점g에서 위로 수직선을 그리고 원과 만나는 지점을 h라 정한다.

4. 점A에서 점h를 지나는 직선을 그리고 아래 직선과 맞나는 지점을 i라 정한다. 컴퍼스 중심축 바늘을 점A에 두고 점i까지 폭을 넓혀 원을 그린다. 그 원이 아래 직선과 만나는 다른 한 점을 j라 정한다.

5. 컴퍼스 중심축 바늘을 점j에 두고 점i까지 폭을 넓혀 호를 그린다. 그 호가 바깥 원과 만나는 다른 한 점을 k라 정한다. 컴퍼스 중심축 바늘을 점k에 두고 점j까지 폭을 넓혀 호를 그린다. 그 호가 바깥 원과 만나는 다른 한 점을 l이라 정한다. 컴퍼스 중심축 바늘을 점l에 두고 점k까지 폭을 넓혀 호를 그린다. 그 호가 바깥 원과 만나는 다른 한 점을 m이라 정한다.

6. 점i－점j－점k－점l－점m－점i를 잇는 직선을 그리면 문제가 요구하는 정오각형이 완성된다.

작도 1

A

B

작도 2

A

B

작도 3

A

B

작도 4

A

B

문제

다섯 변의 길이가 모두 선분 $\overline{AB}$의 길이와 같은 오각별을 그리세요.

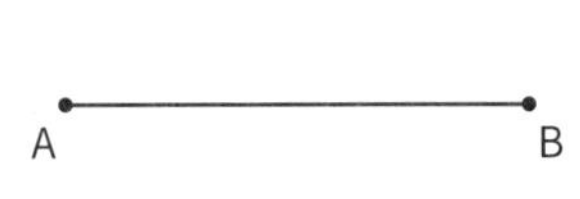

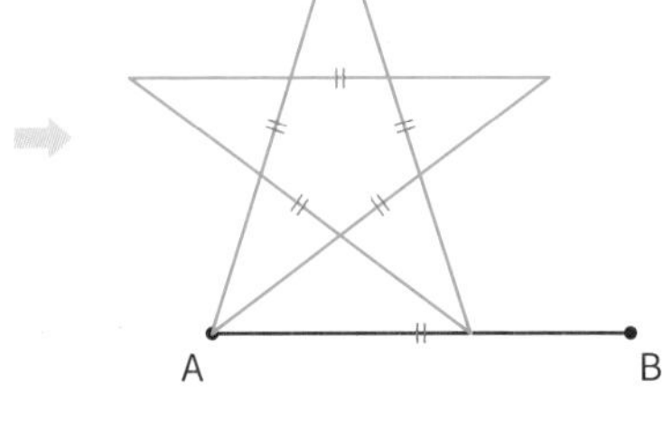

풀이

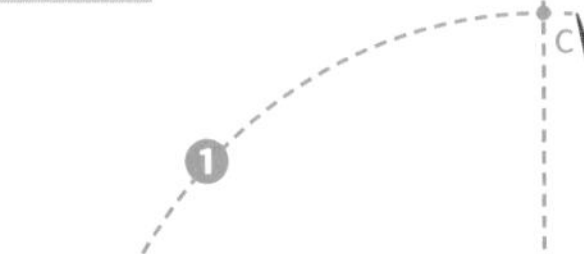

1. [기초 다지기 문제 5나 6]의 풀이법을 이용하여 점B를 지나는 수직선을 그린다. 컴퍼스 중심축 바늘을 점B에 두고 점A까지 폭을 넓혀 호(❶)를 그린다. 호와 수직선이 만나는 지점을 c라 정한다.

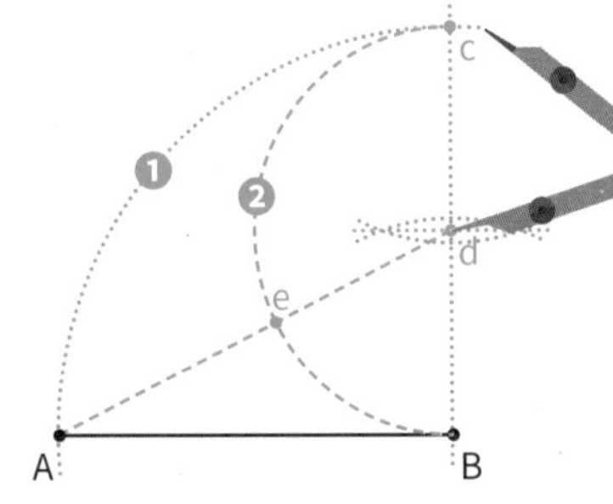

2. [기초 다지기 문제 3]의 풀이법을 이용하여 점B와 점c 사이의 중간점을 표시하고 d라 정한다. 컴퍼스 중심축 바늘을 점d에 두고 점B까지 폭을 넓혀 호(❷)를 그린다. 점d에서 점A까지 직선을 그리고 호(❷)와 만나는 지점을 e라 정한다.

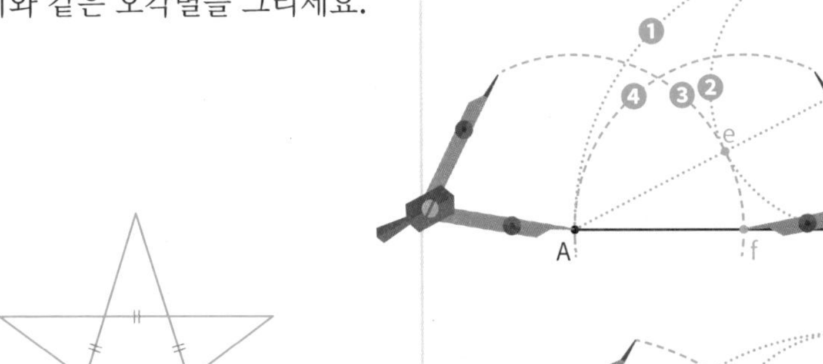

3. 컴퍼스 중심축 바늘을 점A에 두고 점e까지 폭을 넓혀 호(❸)를 그리고 호(❸)가 선분 $\overline{AB}$와 만나는 지점을 f라 정한다. 컴퍼스 중심축 바늘을 점f에 두고 점A까지 폭을 넓혀 호(❹)를 그린다.

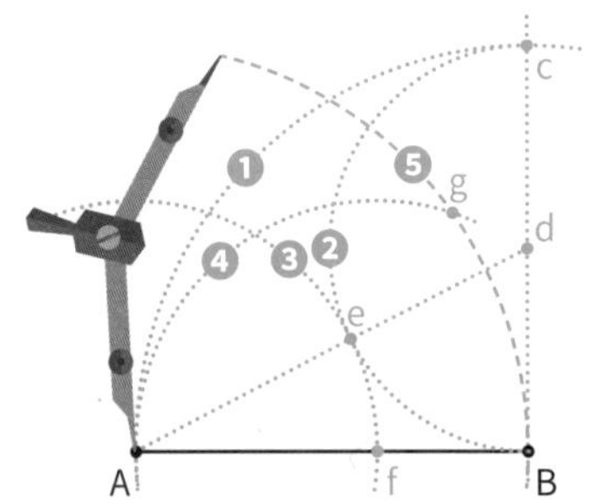

4. 컴퍼스 중심축 바늘을 점A에 두고 점B까지 폭을 넓혀 호(❺)를 그린다. 호(❹)와 호(❺)가 만나는 지점을 g라 정한다.

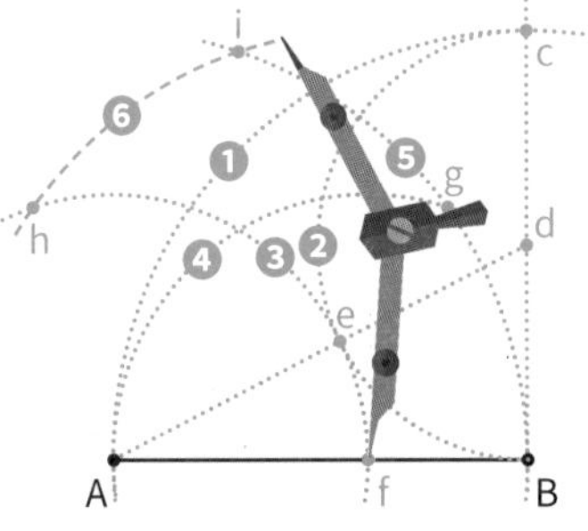

5. 컴퍼스 폭을 그대로 유지하여 컴퍼스 중심축 바늘을 점f에 두고 호(❻)를 그린다. 호(❸)와 호(❻)가 만나는 지점을 h라 정한다. 호(❺)와 호(❻)가 만나는 지점을 i라 정한다.

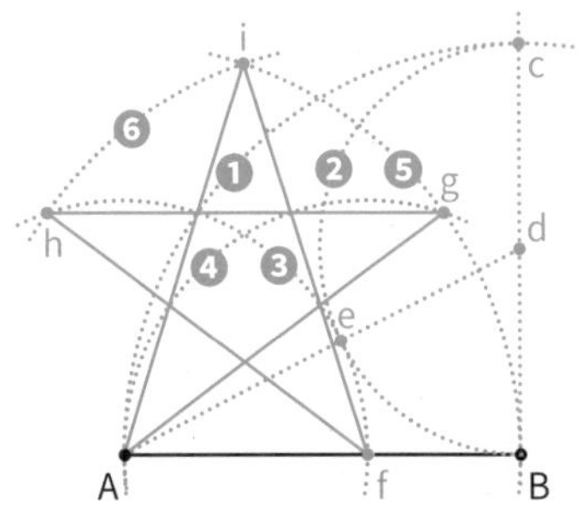

6. 점A－점g－점h－점f－점i－점A를 잇는 직선을 그리면 문제가 요구하는 오각별이 완성된다.

작도 1

A B

작도 2

A B

작도 3

A B

작도 4

A B

문제

주어진 두 점 사이의 중점을 그리세요.
컴퍼스만을 사용해야 합니다.

A • • B

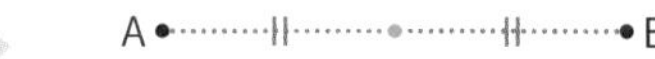

풀이

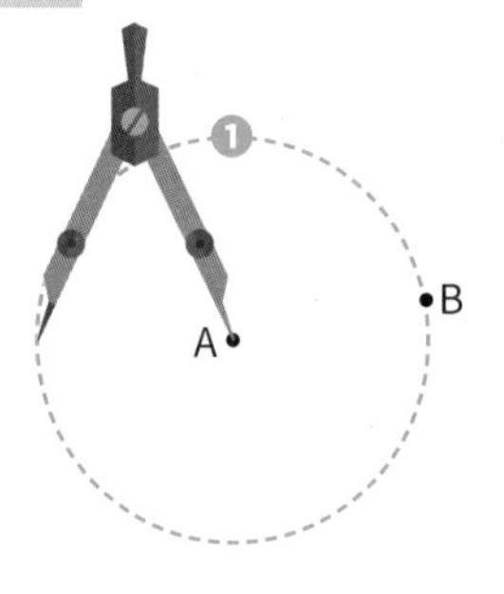

1. 컴퍼스 중심축 바늘을 점A에 두고 점B까지 폭을 넓혀 원(❶)을 그린다.

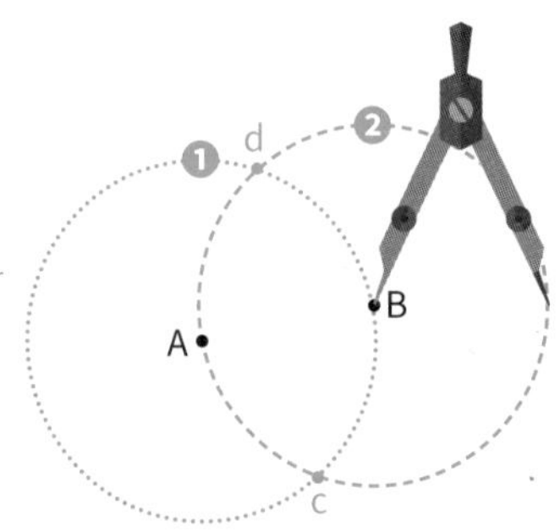

2. 컴퍼스 중심축 바늘을 점B에 두고 점A까지 폭을 넓혀 원(❷)을 그린다. 두 원이 만나는 지점을 각각 c와 d라 정한다.

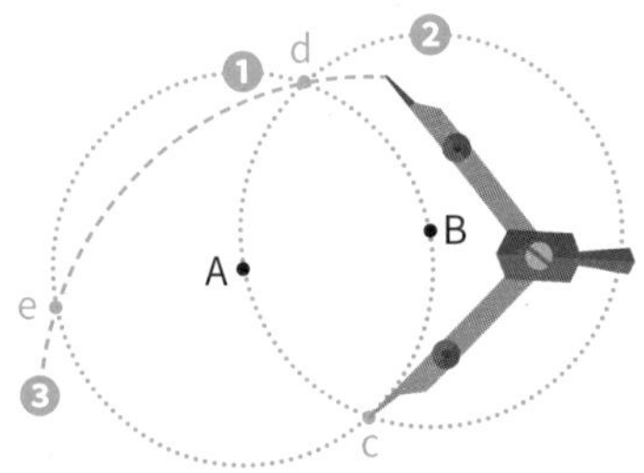

3. 컴퍼스 중심축 바늘을 점c에 두고 점d까지 폭을 넓혀 호(❸)를 그리고 원(❶)과 만나는 지점을 e라 정한다.

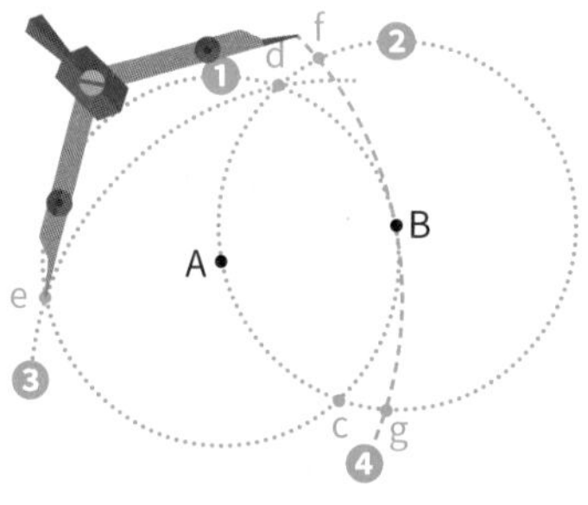

4. 컴퍼스 중심축 바늘을 점e에 두고 점B까지 폭을 넓혀 호(❹)를 그리고 원(❷)과 만나는 지점을 각각 f와 g라 정한다.

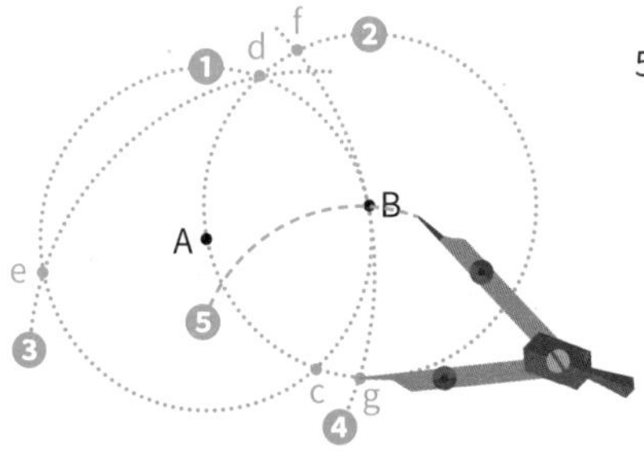

5. 컴퍼스 중심축 바늘을 점g에 두고 점B까지 폭을 넓혀 호(❺)를 그린다.

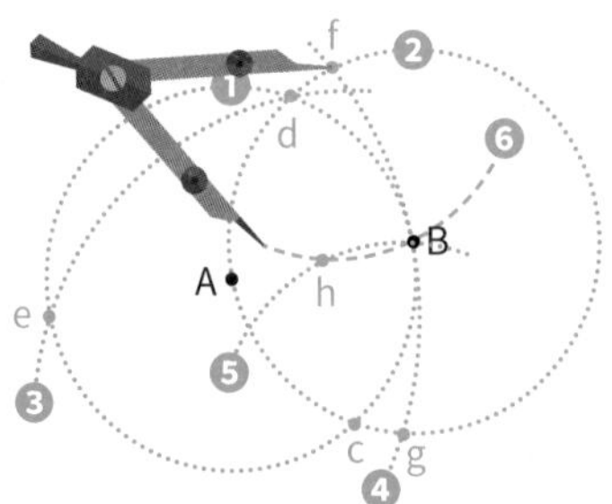

6. 컴퍼스 중심축 바늘을 점f에 두고 점B까지 폭을 넓혀 호(❻)를 그린다.
호(❺)와 호(❻)가 만나는 점h가 점A와 점B의 중점이 된다.

작도 1

A •　　　　　　　• B

작도 2

• B

A •

작도 3

• B

A •

작도 4

A •

• B

문제 73 #원

문제

원(❶)에 내접하고 원(❷)와 원(❸)에 외접하는 원을 그리세요.
원(❶), 원(❷), 원(❸)의 중점은 각각 점a, 점b, 점c입니다.

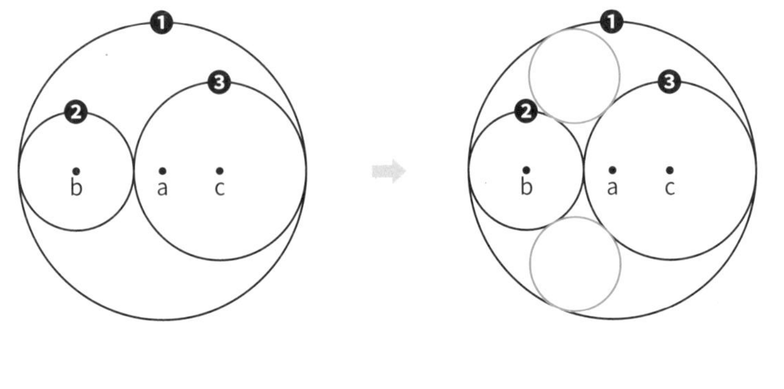

풀이

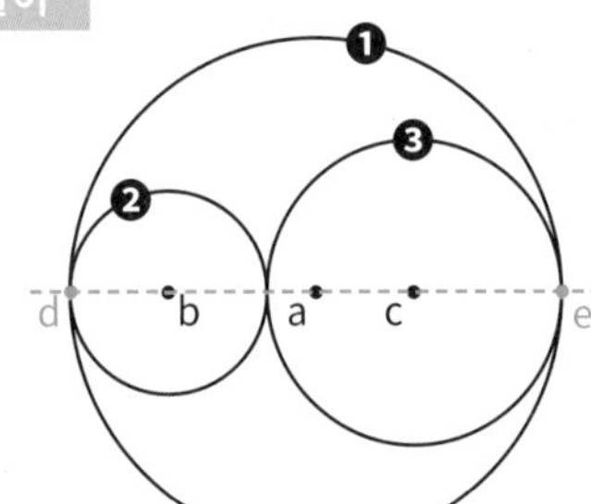

1. 원❶과 원❷가 만나는 교점을 d라 정한다. 원❶과 원❸이 만나는 교점 e라 정한다. 점d와 점e를 잇는 직선를 그린다.

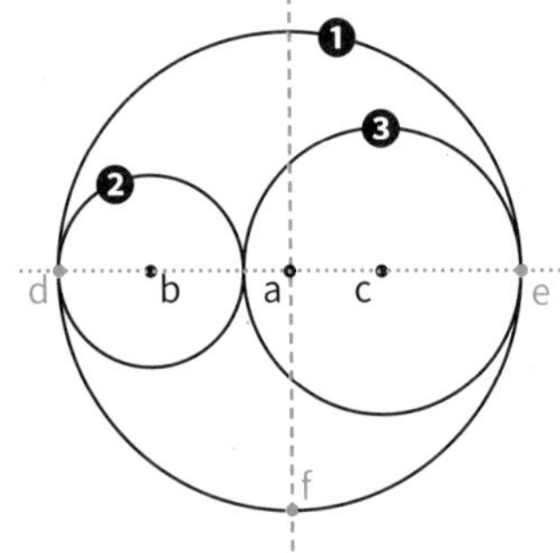

2. [기초 다지기 문제 3]의 풀이법을 이용하여 점d와 점e를 잇는 직선의 수직이등분선을 그린다. 이 수직이등분선이 원❶과 만나는 아래 지점을 f라 정한다.

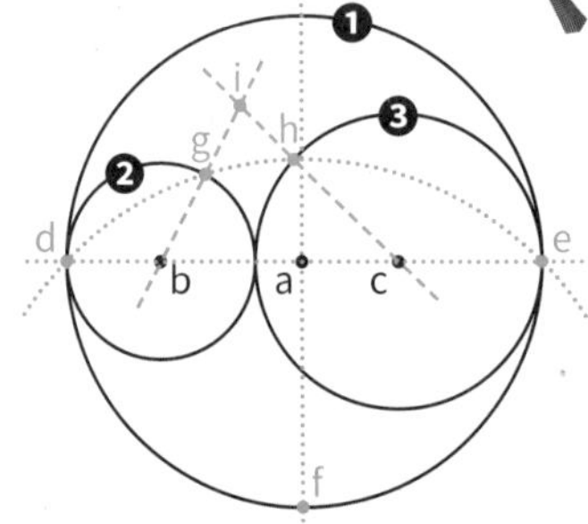

3. 컴퍼스 중심축 바늘을 점f에 두고 점d까지 폭을 넓혀 호를 그린다. 이 호가 원❷와 원❸을 만나는 지점을 각각 g와 h라 정한다.

4. 점b와 점g를 지나는 직선을 그린다. 점c와 점h를 지나는 직선을 그린다. 두 직선이 만나는 지점을 i라 정한다.

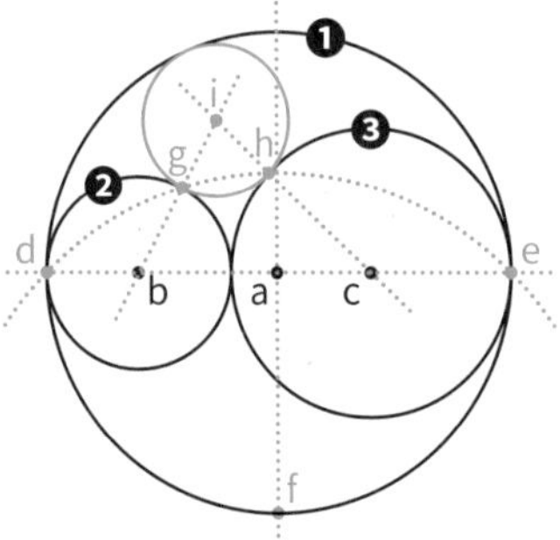

5. 컴퍼스 중심축 바늘을 점i에 두고 점g까지 폭을 넓혀 원을 그리면 완성된다.

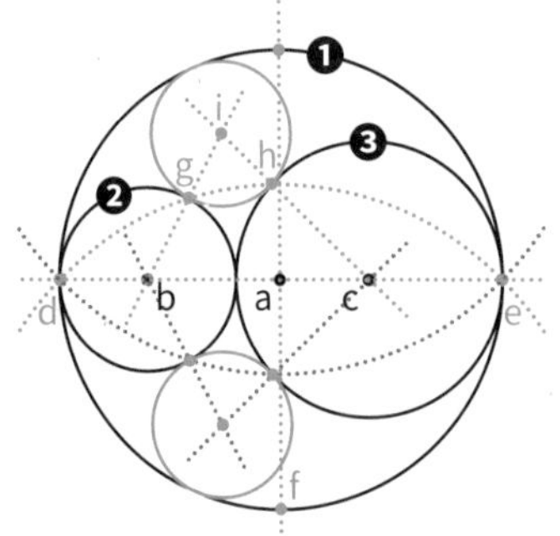

6. 같은 방법으로 반대편 아래 공간에도 원을 그릴 수 있다.

작도 1

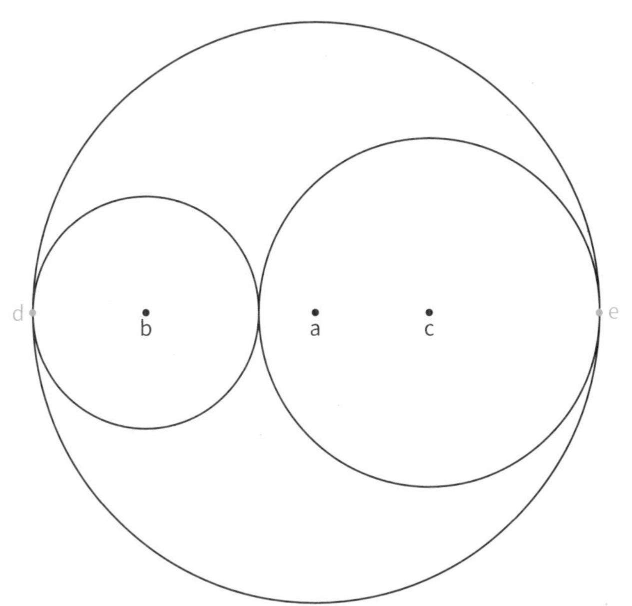

작도 2

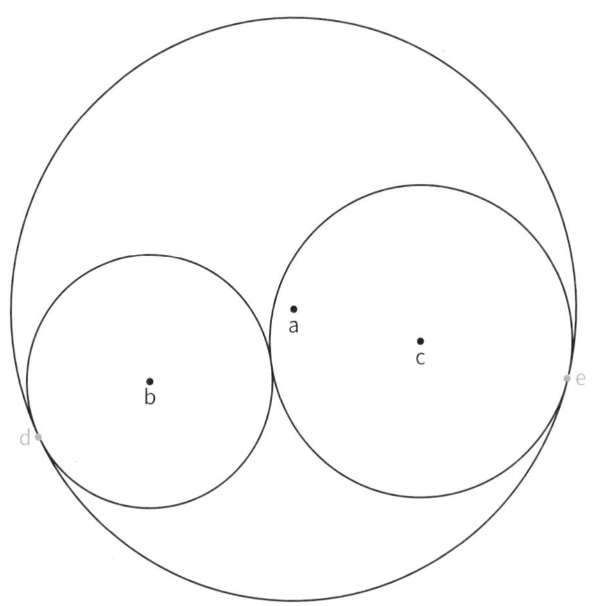

작도 3

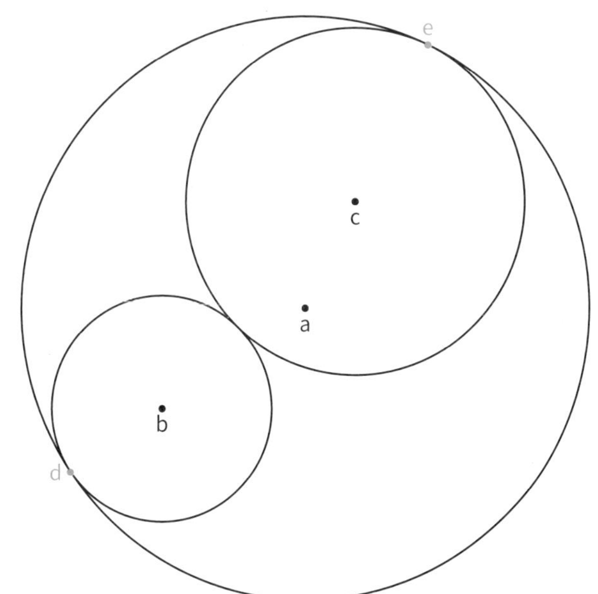

작도 4

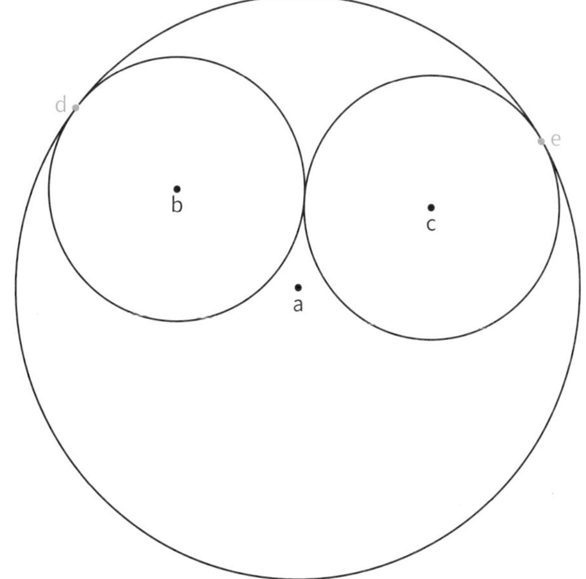

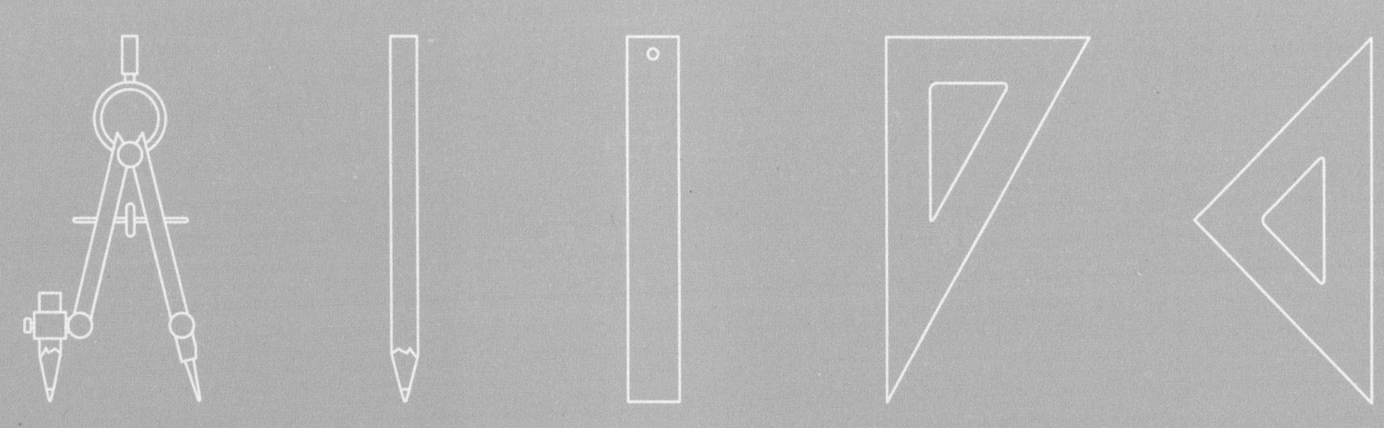

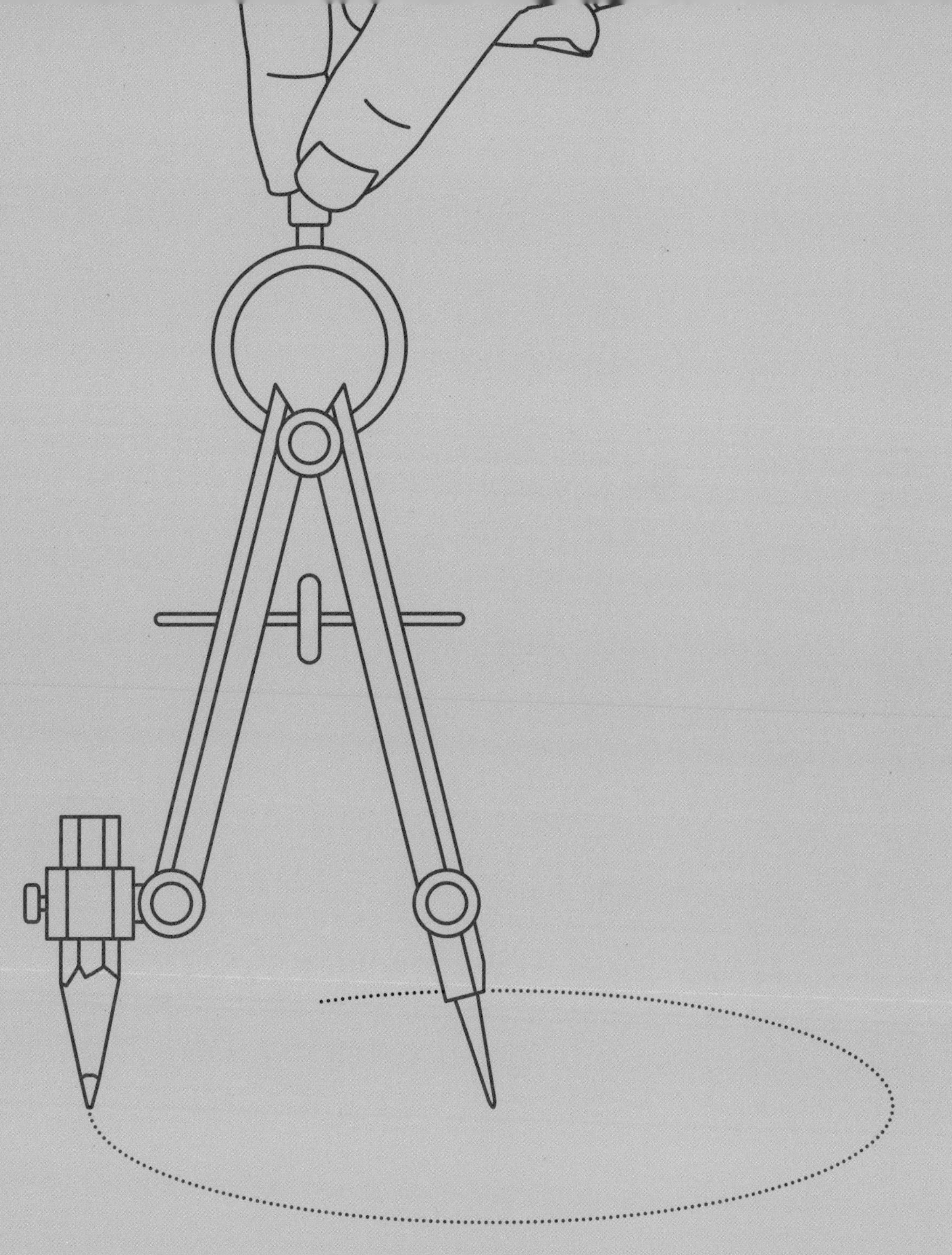

응용 문제

응용 문제 1 #도형복사

주어진 도형을 점선만큼의 거리에, 크기·모양·방향이 같게 그리세요.

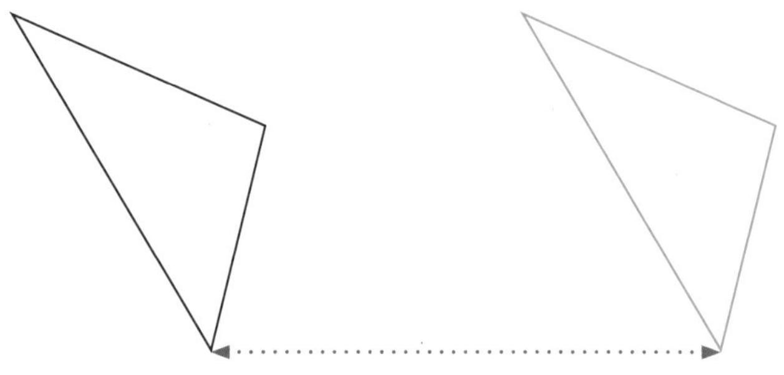

실마리: 평행선. 선분복사.

참고: 기초 다지기 문제 9번의 삼각자로 평행선 그리는 방법. 기초 다지기 문제 1번의 선분 길이의 복사 방법.

작도 1

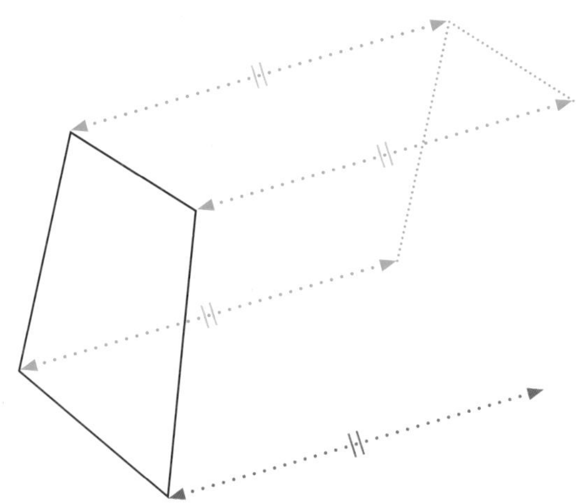

작도 2

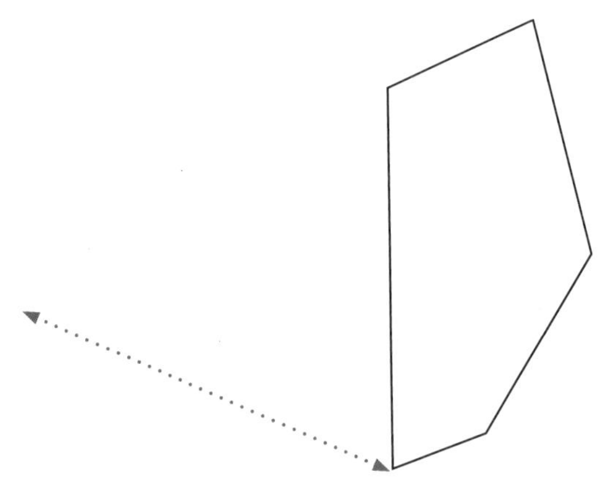

작도 3

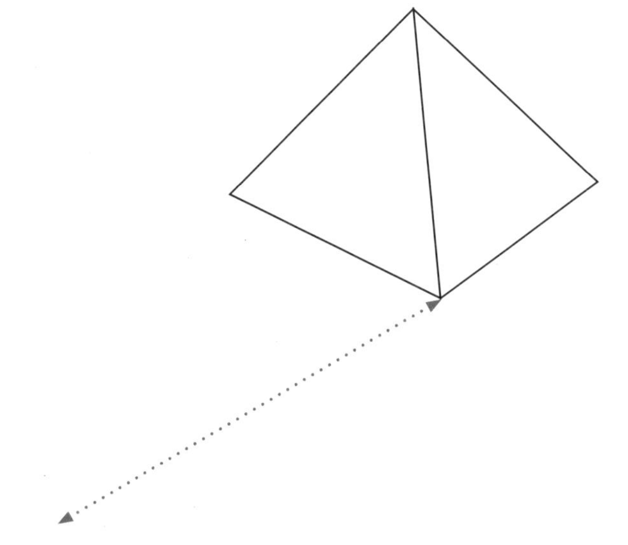

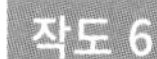

작도 4

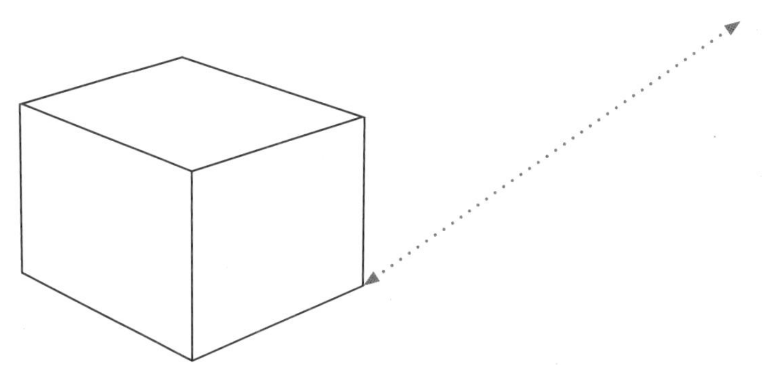

작도 5

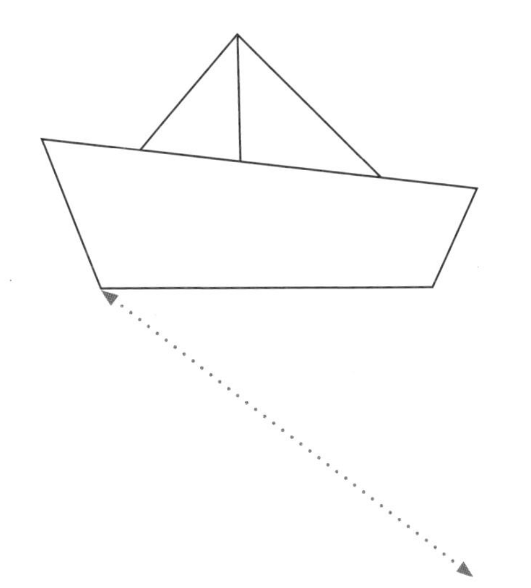

작도 6

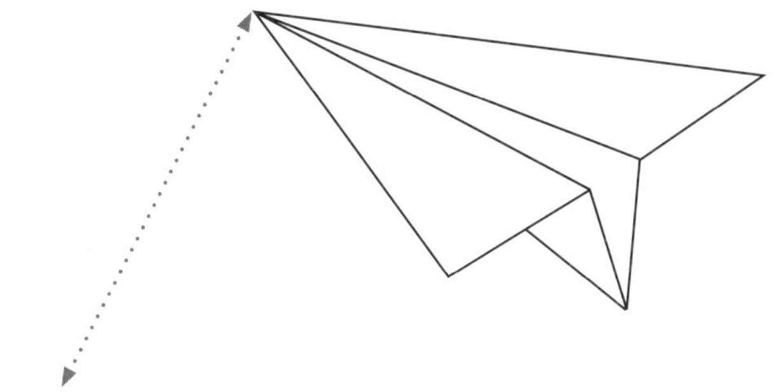

작도 7

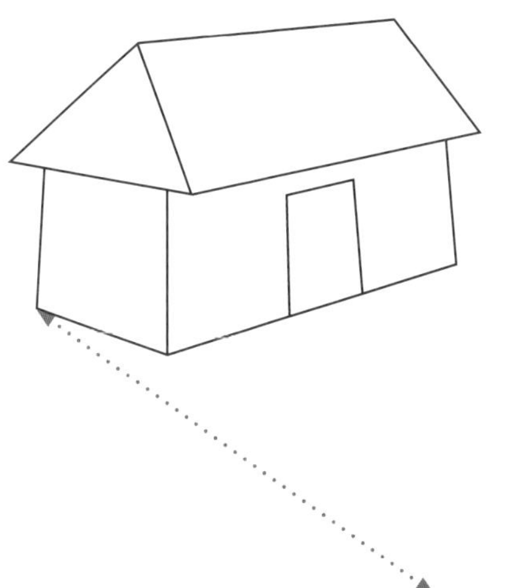

응용 문제 2 #각 #각이등분선

주어진 반직선의 점a에 ∠22.5°의 각도를 그리세요.

실마리: 직각(90°)을 이등분하면 45°다. 45°를 이등분하면 22.5°다.
참고: 기초 다지기 문제 6번. 기초 다지기 문제 7번.

작도 1

a

작도 2

a

작도 3

a

응용 문제 3

#각 #각이등분선

주어진 반직선의 점a에 ∠75°의 각도를 그리세요.

a

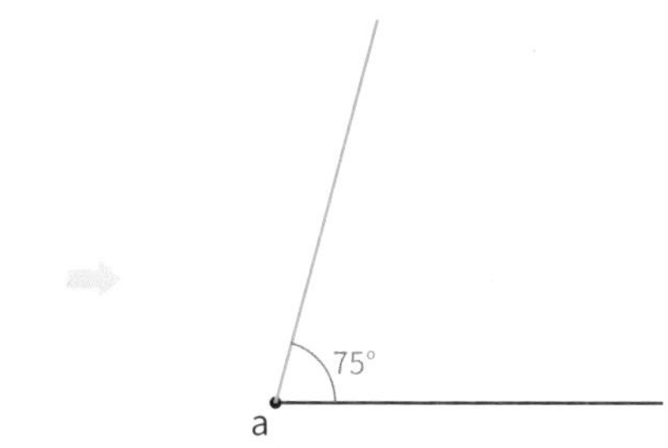

실마리: 60°와 90° 사이를 각이등분하면 75°다.

참고: 기초 다지기 문제 6번. 문제 14, 15번. 기초 다지기 문제 7번.

작도 1

a

작도 2

a

작도 3

a

응용 문제 4

#각 #각이등분선

주어진 반직선의 점a에 ∠105°의 각도를 그리세요.

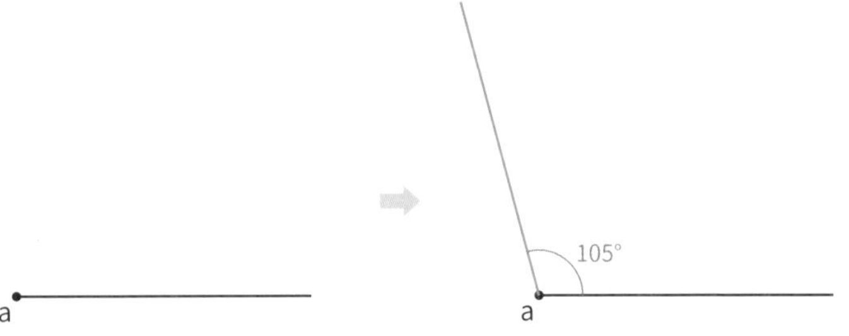

실마리: 120°와 90° 사이를 각이등분하면 105°다. 120°는 60°를 2배하여 그린다.
참고: 기초 다지기 문제 6번. 문제 16번. 기초 다지기 문제 7번.

작도 1

a

작도 2

a

작도 3

a

응용 문제 5 #각 #각이등분선

주어진 반직선의 점a에 ∠135°의 각도를 그리세요.

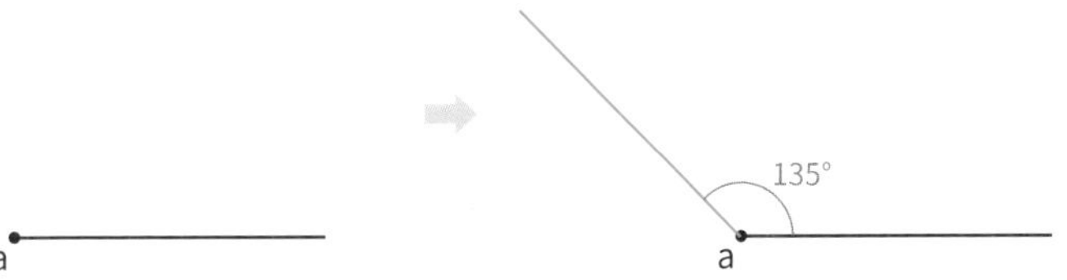

실마리: 60°의 3배는 180°다. 180°와 120°의 사이를 각이등분하면 150°다. 150°와 120°의 사이를 각이등분하면 135°다.

참고: 문제 16번. 기초 다지기 문제 7번.

작도 1

a

작도 2

a

작도 3

a

응용 문제 6 #등분

주어진 선분을 같은 길이로 5등분하세요.
삼각자를 사용해도 됩니다.

실마리: 선분 끝의 한 점에서 임의의 사선을 그리고 등분하고자 하는 갯수만큼 일정한 간격을 표시.
사선의 마지막 표시와 선분의 다른 끝점과 직선으로 연결. 차례대로 수평선 그리기.

참고: 기초다지기 문제 9.

작도 1

작도 2

작도 3

응용 문제 7 #정오각형 #별

정오각 별모양을 그리세요.

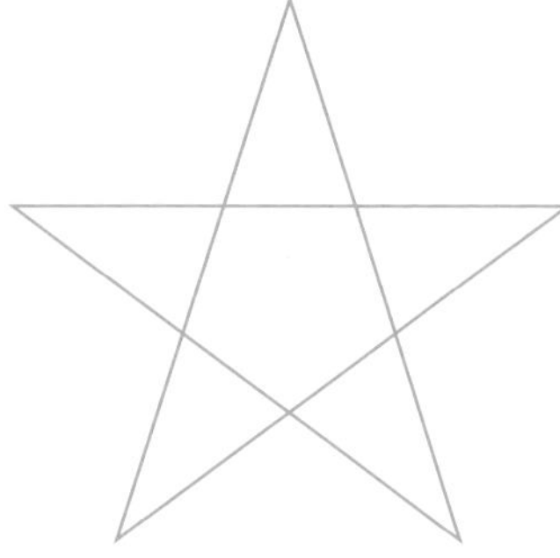

실마리: 정오각형을 그린 다음 각 꼭짓점을 하나씩 건너 뛰어서 직선으로 이어준다.
참고: 문제 43. 문제 71.

작도 1

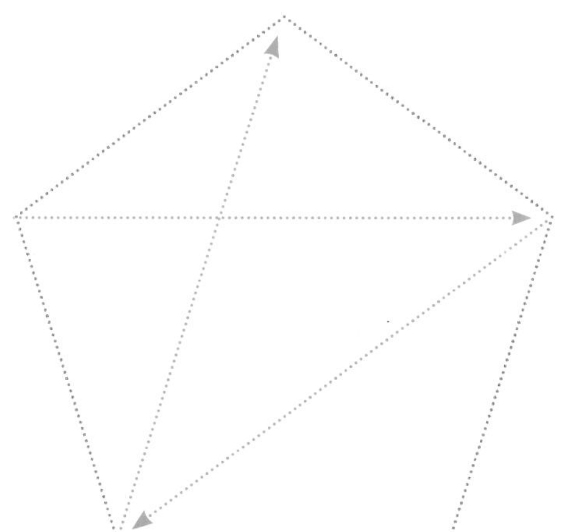

작도 2

작도 3

응용 문제 8

#정육각형 #별

정육각 별모양을 그리세요.

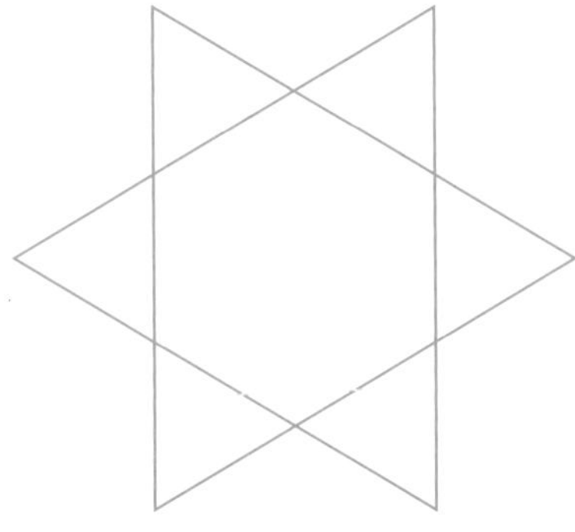

실마리: 정육각형을 그린 다음 각 꼭짓점을 하나씩 건너 뛰어서 직선으로 이어준다.

참고: 문제 44.

작도 1

작도 2

작도 3

응용 문제 9

#정팔각형 #별

정팔각 별모양을 그리세요.

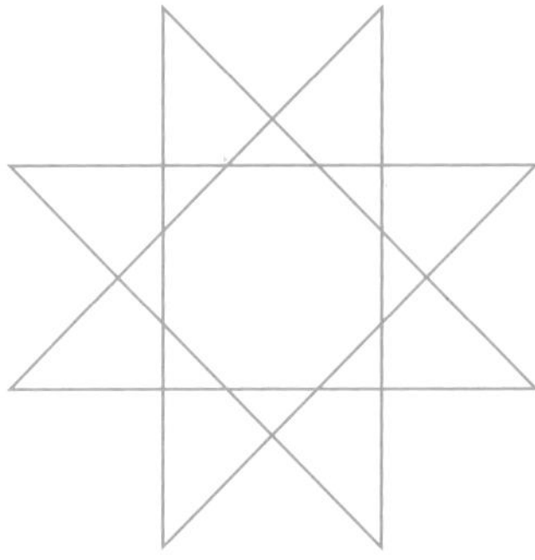

실마리: 정팔각형을 그린 다음 각 꼭짓점을 둘씩 건너 뛰어서 직선으로 이어준다.
참고: 문제 47.

작도 1

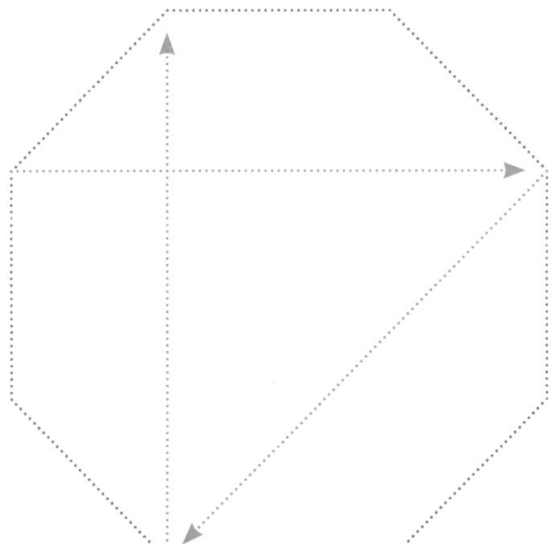

작도 2

작도 3

응용 문제 10 #원 #중점 #반지름

태극 모양을 그리세요.

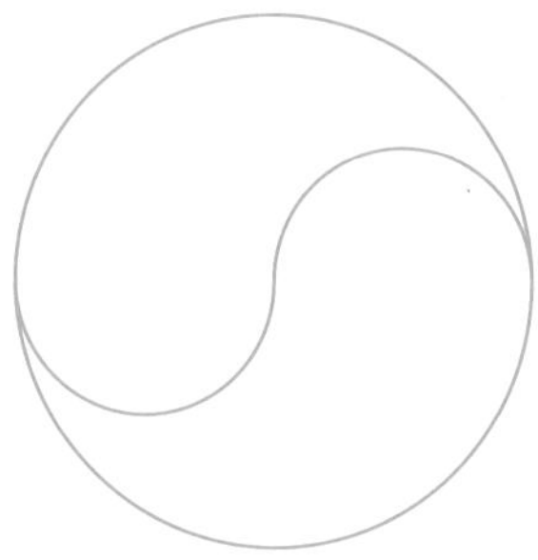

중심점이 주어진 경우의 실마리: 원 그리기. 지름 그리기. 수직이등분선 그리는 방법으로 양쪽 반지름의 중점을 각각 찾기. 반원 그리기.

원이 주어진 경우의 실마리: 중심점 찾기부터.

참고: 기초 다지기 문제 3. 기초 다지기 문제 10.

작도 1

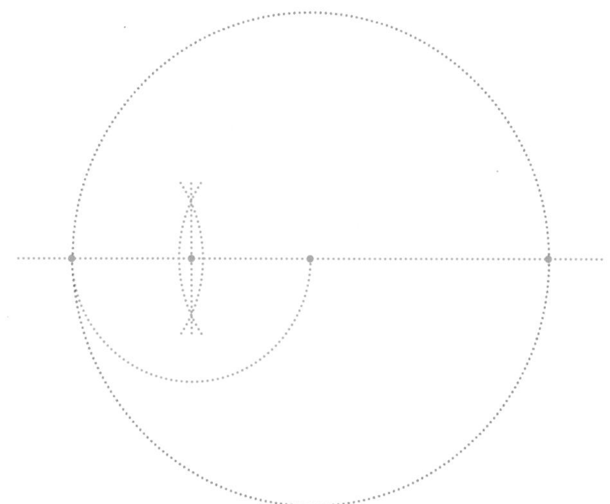

작도 2

작도 3

작도 4

작도 6

작도 5

작도 7

응용 문제 11

#삼각형 #오일러선 #외심 #무게중심 #수심

삼각형의 오일러선을 그리세요.

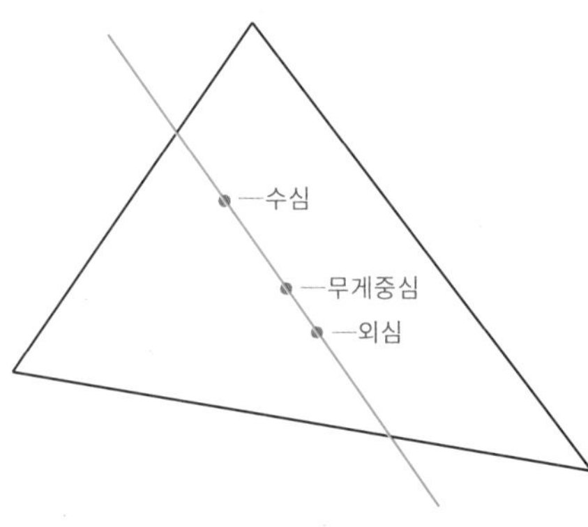

실마리: 오일러선이란 삼각형의 외심, 무게중심, 수심을 모두 지나는 일직선이다.

참고: 문제 64. 문제 65. 문제 66.

작도 1

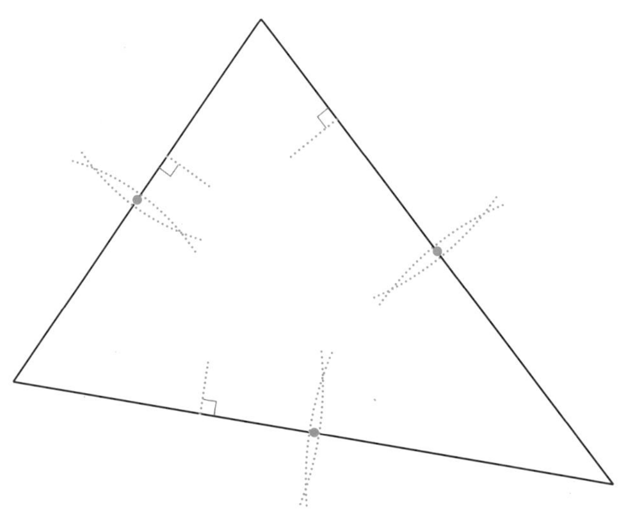

작도 2

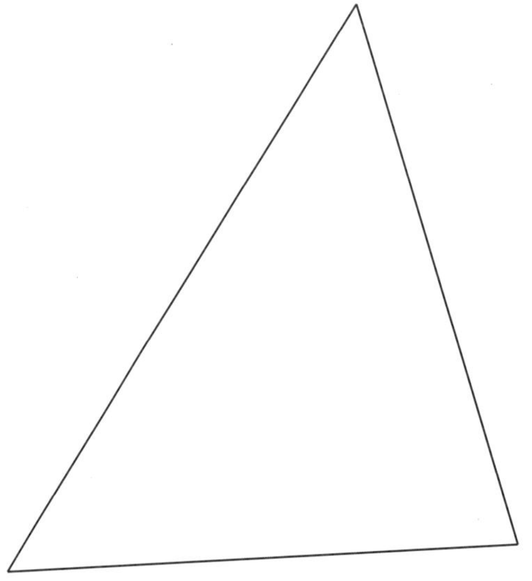

작도 3

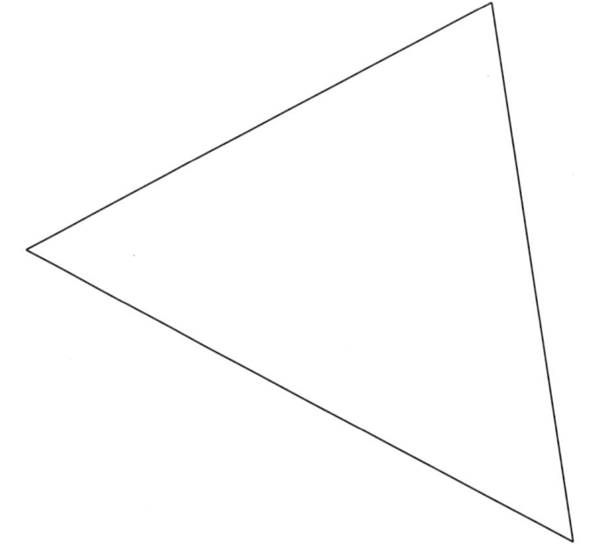

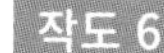

작도 4

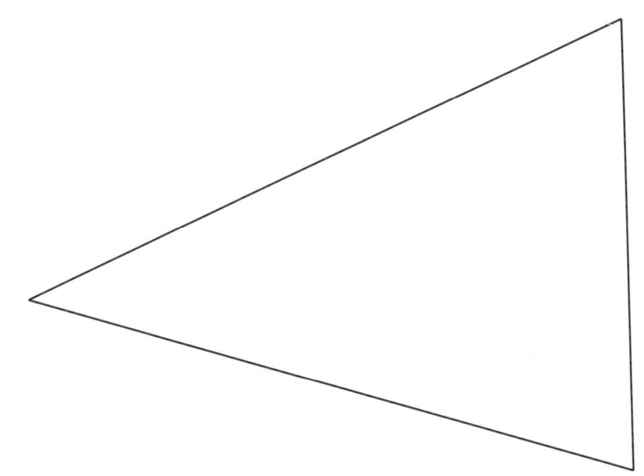

작도 5

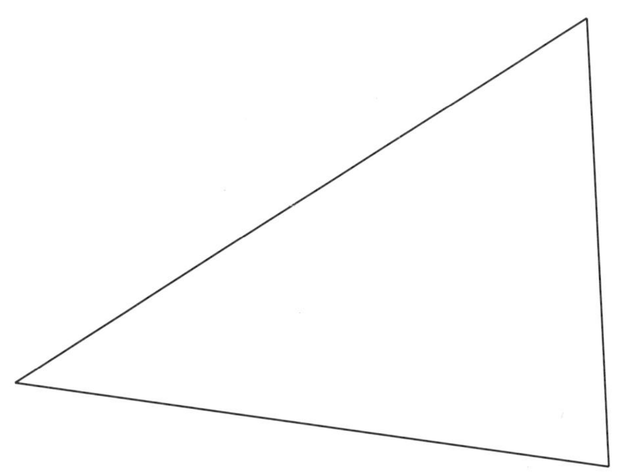

작도 6

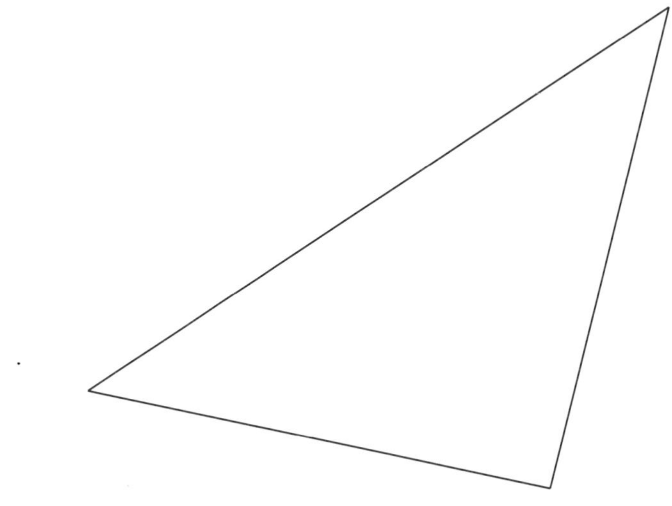

작도 7

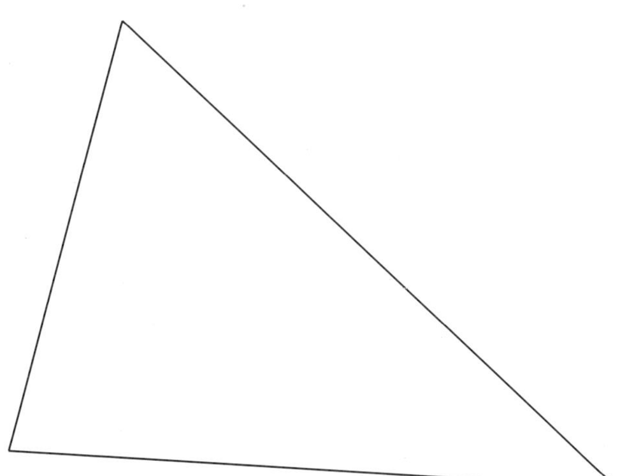

이 책을 쓴 김태주는 오랫동안 언론과 출판계 등에서 작업해 온 그래픽 아티스트입니다. 그는 그래픽이라는 시지각의 관점에서 기하학에 대한 각별한 매력을 느끼고 있었습니다. 그러던 차에 사람들이 기하학의 묘미를 쉽고 재미있게 느낄 수 있도록 이와 같은 책을 만들게 되었습니다.
이 책의 문제와 풀이로 등장하는 원리들은 수천 년 전부터 내려오는 것들로, 지은이는 현대의 독자가 종이 위에서 효과적으로 즐길 수 있는 형태로 엮고 그림으로 표현했습니다.

독자 여러분도 컴퍼스와 자와 연필을 들고, 우아하고 고전적인 즐거움을 함께 누리시기 바랍니다.

고맙습니다!

초판 1쇄 후원자명 (가나다순)
다짜고짜 후원해 주셔서 감사합니다.

권기현	권순철	김남용	김단	김라미	김미나	김미분
김미애	김배꽃송이	김보연	김성찬	김수현	김오지덕현	김원령
김윤명	김은진	김정환	김주미	김한별	김현지	김혜지
김희원	남지호	남혁우	노보나	도정희	문주희	박상수
박상호	박숙영	박재환	박정민	박지호	박호철	방준수
서종구	서형만	송수정	심현진	안병관	안종갑	오윤숙
윤건	윤다희	윤송아	윤정일	이건영	이광상	이기호
이상철	이상현	이선영	이송학	이수진	이승환	이유빈
장나영	장석전	전영준	전용희	전재용	전지혜	정민
정성기	정창환	정현정	조성자	조용기	조원준	조은이
최대림	최원석	최인정	최훈화	표정현	한성숙	허지연
홍수창	그 밖의 여러분들